幼 儿 园 公 用 活 动 室 研 究 丛 书

● 丛书主编 虞永平 副主编 郑楚楚 张春霞 ●

幼儿园科学活动室

主 编 丁 颖

副主编 肖瑞星 张可心

编 委 潘 娜 符惠萍 李 丽

李虹丽 叶丹青

南京师范大学出版社

图书在版编目(CIP)数据

幼儿园科学活动室 / 丁颖主编. --南京：南京师范大学出版社，2023.12

(幼儿园公用活动室研究丛书 / 虞永平主编)

ISBN 978 - 7 - 5651 - 5871 - 1

Ⅰ. ①幼⋯ Ⅱ. ①丁⋯ Ⅲ. ①幼儿园—教室—环境设计 Ⅳ. ①G617

中国国家版本馆 CIP 数据核字(2023)第 182540 号

书 名	幼儿园科学活动室
主 编	丁 颖
丛 书 名	幼儿园公用活动室研究丛书
丛 书 主 编	虞永平
丛 书 副 主 编	郑楚楚 张春霞
丛 书 策 划	张 莉
责 任 编 辑	徐文娟
出 版 发 行	南京师范大学出版社
地 址	江苏省南京市玄武区后宰门西村 9 号(邮编:210016)
电 话	(025)83598919(总编办) 83598319(客户服务部) 83598332(区域渠道部)
网 址	http://press.njnu.edu.cn
电 子 信 箱	nspzbb@njnu.edu.cn
照 排	南京凯建文化发展有限公司
印 刷	南京迅驰彩色印刷有限公司
开 本	787 毫米×1092 毫米 1/16
印 张	15.75
字 数	308 千
版 次	2023 年 12 月第 1 版
印 次	2023 年 12 月第 1 次印刷
书 号	ISBN 978 - 7 - 5651 - 5871 - 1
定 价	56.00 元
出 版 人	张 鹏

总 序

让公用活动室成为给予幼儿的宝贵礼物！

这套系列丛书的筹备灵感源自两个方面：一是对幼儿教育深刻的理解和对幼儿成长需求的敏锐洞察，二是高质量学前教育发展对于幼儿园环境创设、保教质量提升的现实要求。

在瑞吉欧体系中，"环境"被视为儿童的"第三位老师"。空间环境是儿童成长、游戏的场所，也是儿童发展的重要资源。当教室无法满足儿童不断拓展的内在需要和发展需求时，公用活动室作为一种独立于教室之外的公共环境和活动空间，就成为幼儿园中一片蕴藏着无限可能和发展机会的创意天地。有效地创设和利用幼儿园公用活动室，能够满足幼儿游戏、操作、探索和学习的需要，为幼儿园实践保教活动、提升保教质量助力。幼儿园公用活动室的规划和运用不仅仅是空间设计，更是对高质量学前教育理念的践行。

多年来，在《幼儿园工作规程》《幼儿园教育指导纲要（试行）》等的倡导下，各级各类幼儿园陆续开始筹备和建设幼儿园公用活动室，但对于活动室的定位、材料配备、课程建设、科学使用和管理仍在探索阶段。为此，我们在全国范围内邀请了在公用活动室建设和使用上卓有成效的十余所幼儿园，分享他们在公用活动室筹建、发展、使用和管理中的宝贵经验和智慧结晶，汇编成了这套"幼儿园公用活动室研究"系列丛书。

整套丛书涵盖了科学、艺术、游戏、民俗、阅读、工程、生活等各类主题的公用活动室。每一本书都是对一个活动室多元功能的深度挖掘。书中不仅详细展示幼儿园公用活动室的布置、区域的规划、材料的投放和管理，更提供了大量完整、鲜活、优质的公用活动室活动方案，呈现出公用活动室是如何提供一个充满想象力和探索欲望的环境，成为儿童生活和教育互动的一部分，并为儿童多样化的探索和表达提供机会和可能的。我们希望通过这套系列丛书,为幼儿园教育者、家长以及关心幼儿成长的所有人在幼儿园公用活动室的建设和使用上提供启发和指导。

丛书的顺利出版离不开社会各界的支持和帮助。感谢所有参与丛书编写的成员幼儿园,是你们的实践探索和慷慨分享,使得丛书的诞生成为可能。感谢南京师范大学研究生李可心、向诗雨、郭诗怡为书稿撰写做出的前期研究工作。感谢南京师范大学出版社学前教育分社张莉总编为丛书出版发行所付出的辛劳。

衷心希望"幼儿园公用活动室研究"系列丛书能够成为幼儿教育的得力助手,为幼儿的快乐成长添砖加瓦。愿每一位读者都能在这套丛书中找到灵感,让公用活动室成为给予幼儿的宝贵礼物,为幼儿创造一个充满欢笑和美好的世界!

谨以此序,献给所有关心幼儿成长的您。

郑楚楚

目 录

第一章　科学活动室概述

一、创建背景

(一) 基于社会发展的全面需要

1. 国际 STEM 教育热潮影响

当今世界正处于新一轮科技与产业革命的重要时期,科技创新对社会的引领作用变得越来越重要,全社会对于创新型人才的需求与日俱增。中国教育科学研究院 STEM 教育研究中心发布的《中国 STEM 教育白皮书》指出:我国教育当前的任务就是提高对学科的本质认知和科学素养。在这一大背景下,以科学、技术为主体,强调跨学科知识的融合,注重理论学习与动手实践相联系的 STEM 教育日渐成为近十几年国际科学教育发展的新趋势,并开始影响到我国的幼儿园教育。

2. 我国新时代人才培养需求

建设创新型国家,核心是把增强自主创新能力作为发展科学技术的战略基点。进入21 世纪,要把科技人力资源视为战略资源和提升国家竞争力的核心因素,大力加强科技人力资源能力建设。习近平明确提出了我国人才工作的宏伟战略目标——加快建设世界重要人才中心和创新高地,并擘画了清晰路线图:到 2025 年,科技创新主力军队伍建设取得重要进展,顶尖科学家集聚水平明显提高,人才自主培养能力不断增强,在关键核心技术领域拥有一大批战略科技人才、一流科技领军人才和创新团队。因此,培养高素质的具有蓬勃创新精神的科技人才,直接关系到我国科技事业的前途,直接关系到国家和民族的未来。

(二) 基于幼儿教育的重要地位

1. 幼儿科学教育的必要性

孩子天生好奇好问,当他们面对未知事物时,第一反应就是去弄清楚"这是什么""为什么会这样"。科学教育所强调的科学素养养成,是一种基于天性而发展形成的习惯和品质,是一种与生俱来的对未知世界的好奇心和求知欲发展而成的探究兴趣和探究欲望,习惯和品质的养成、探究兴趣和探究欲望的养成都需要从幼儿教育做起。幼儿教育是基础教育的重要组成部分,应毫无疑问地承担起培养儿童包括探究兴趣和探究欲望在内的科学素养的任务,为儿童科学素养的形成和可持续发展奠定坚实的基础。

2. 幼儿科学探究的重要性

以科学探究为主要途径来培养幼儿的科学素养,所带来的不仅是幼儿科学素养,还是一种生活、学习方式的获得;不仅有益于丰富幼儿科学活动内涵,也为幼儿教师理解探究和支持探究提供了一种新的思考。《3—6 岁儿童学习与发展指南》(以下简称《指南》)中指出,幼儿科学学习的核心是激发探究兴趣,体验探究过程,发展初步的探究和解决问题的能力,凸显了"探究和解决问题"这一终身受益的核心价值。海口市教育幼儿园科学活动室的创建就是以培养探究型幼儿为目的,满足幼儿的探究需要,支持幼儿的探究行为,丰富幼儿的探究体验,发展幼儿的探究能力。

(三)基于我园教育的发展历程

海口市教育幼儿园始建于 1950 年,因原园舍年久失修,于 2007 年暂停办园。2011年,海口市政府重新选址,修建新海口市教育幼儿园。新建的幼儿园占地面积约 6 600 平方米,办学规模为 15 个班级,于 2014 年正式开园运行。初期,教师队伍年轻,整体专业基础薄弱,教学活动过度依赖教材。为了有效提升教师队伍的专业化水平,加快推进幼儿园的质量发展,基于对幼儿认知规律以及未来人才需要的理解,我们以幼儿园生活化科学活动的组织与实施为切入点,带动幼儿园保育教育各项工作的开展。在教育实践中,我们逐步明晰了不同年龄段幼儿科学领域核心经验和发展目标,明确了科学活动的价值、目标和基本策略,并聚焦生活材料和探究过程,形成了 5E 模式生活化科学活动设计与实施指南。基于在科学教育理论及实践方面的基础和经验,我们决定重点打造、升级科学活动室,深入推动我园在科学领域的探索和尝试,不断促进幼儿科学素养及学习品质的持续发展。

二、 创建历程

结合科学课程发展的历程,我园科学活动室经历了两次规模化建设。

(一)初始建设期

2014 年,我园根据幼儿科学活动的需要首次建立科学活动室。当时科学活动室面积为 55 平方米,主要投放了声、光、电、磁、力、标本等相关材料,并以园本教研和课题研究为主要渠道,以幼儿园生活化科学探究活动为主要内容进行研究和实践。2017 年,幼儿园在相关专家的引领下,申请了海南省科学规划专项课题"5E 课程模式中幼儿科学活动材料投放研究"。课题研究强化了教师对科学活动中环境、材料价值的理解,丰富了教师对幼儿科学活动的支持策略。同时,随着社会对高质量学前教育的需求,幼儿园办学规模扩大到 21 个班级,原科学活动室空间小、材料不够丰富、没有水源、部分材料老化等问题较为突出,已无法满足科学活动的需求。

(二)升级建设期

2020—2021 年,通过 5E 课程模式的研究和实践,教师们形成了较为成熟的教育理念和实践模式,结合课程开展需求以及对原有环境材料的反思,我们对科学活动室进行了升级改造。新建的科学活动室室内面积为 110 平方米,增设了水源、一体机、电子显微镜、体视仪等设备,按照生命、物质、地球、技术四个维度组织和投放成品和半成品、辅助类材料约 200 种,打造了"镜面隐身屋""光影小屋""光影隧道"等特定空间;同时,利用走廊增设了视觉旋转、手摇旋涡、声悬浮、太空轨道球、LED 板、互动音乐墙、磁力墙等光、电、力、磁、声大型墙面探究设施;在户外投放了水管、手摇水车、泡泡池、气象台、水培土培观察台、玩沙漏斗、玩沙天平等设备,延伸了科学活动室的物理空间和探究环境。2022年,结合幼儿园课程整体改革的实际情况,我们成立了"科学专用室研究小组",在前期研究和实践的基础上,通过升级改造科学活动室的环境,结合开展生命、物质、地球、技术四大类幼儿科学探究活动,深入研究科学活动室如何为集体感知探究、小组深入探究、个人自主探究三类探究活动创设条件,形成了大、中、小班幼儿科学活动室系列活动案例,并进一步调整了科学公用活动室管理办法。改造后的科学活动室成了孩子们最为向往的公用空间。

图 1　海口市教育幼儿园科学公用活动室修缮前环境

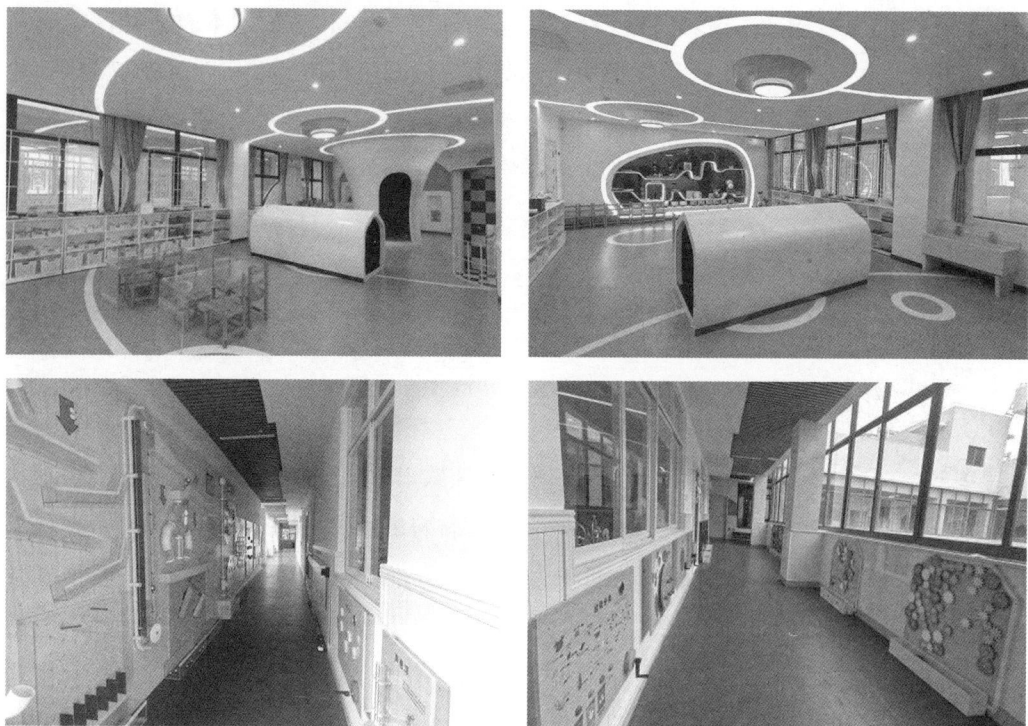

图 2　海口市教育幼儿园科学公用活动室修缮后环境

三、 创建目的

(一)总体目的

为满足幼儿自主进行科学探索提供开放、多元、适宜的空间和材料；通过具有科学元素、探索材料的情境性环境激发幼儿主动探究的兴趣；为幼儿自主开展小组化、个性化、集体化科学探究提供丰富的支持性工具和材料；为幼儿创造自主选择活动时间、活动内容、活动形式提供可能；使幼儿在特定的氛围下感知操作、亲历探索，获得在幼儿园其他环境下无法形成的科学经验与能力。

(二)功能与价值

1. 功能

(1)激趣功能。科学活动室利用声、光、电、形状、色彩等创设符合幼儿心理发展特点的科技化情境，激发了幼儿的好奇心和探究欲；同时，为幼儿营造了宽松的探究氛围，提供了互相交流、展示的时间和空间，有利于幼儿获得探究的成就感，持续深化探究兴趣。

（2）普适功能。科学活动室收集了多层次、多结构、多维度的生活化工具和材料，贴近幼儿生活，利于幼儿自我建构经验。

（3）补充功能。科学活动室提供了班级活动室无法投放的设施设备，最大限度适应和满足幼儿各个阶段、各种类型的科学探究活动的需要。

（4）交互功能。科学活动室满足了幼儿小组学习或混龄学习的需求，使幼儿在相互交流中拓展科学经验，支持幼儿个性化学习和相互学习。

（5）促进功能。科学活动室为幼儿进行科学观察、实验、操作、讨论提供支持性环境，推动幼儿感知、发现、思考、探究、理解生活中各种事物和现象，逐步习得发现和提出问题、探索和解决问题的能力，培养主动、积极、独立、自信、专注的学习品质和认真细致、严谨求真的科学精神，同时也为幼儿后续的学习和生活积累经验、奠定基础，对幼儿的一生带来深刻影响。

2. 价值

（1）满足幼儿操作探索的需要。科学活动室空间较大、材料丰富，弥补班级科学区域空间、材料、内容、形式的局限性，使幼儿有充分的选择空间，满足幼儿操作科学材料的需要。

（2）展现幼儿体验发现的过程。科学活动室神秘、有趣的环境以及丰富多样的工具材料可以让幼儿更加从容地沉浸在科学探索的过程中，尽情享受探索带来的乐趣，从而满足好奇心、获得科学发现。

（3）尊重幼儿原有水平的探索。科学活动室的材料允许幼儿自由地选择不同难度的探索材料，为幼儿提供了多样的选择，满足了不同发展水平和不同兴趣爱好的幼儿在自己的经验水平上进行探索，为幼儿自主学习、创造性开展科学活动提供了可能。

（4）支持幼儿深入探究的欲望。科学活动室拥有情境化设备、科技化仪器、生活化工具和多样化材料，为幼儿个性化的持续操作、深入探索提供了保障，使幼儿能够按照自己的经验需要和探索欲望进行持续的观察、发现和探究，满足幼儿的需要，支持幼儿的发展。

四、 创建要点

（一）重点目标

1. 知识与技能

创设丰富多样的探究环境和材料，支持幼儿通过直接感知、实际操作、亲身体验开展各种科学探究活动，从中获得经验，丰富科学知识，发展探究能力。

2. 过程与方法

帮助幼儿逐步养成有目的地选择探究内容、有计划地开展探究活动、有重点地记录探究过程、认真地思考并总结梳理探究经验的科学探究习惯,形成初步的探究策略和探究方法。

3. 情感态度与价值观

尊重幼儿的个体差异,支持幼儿在丰富、有趣、安全、便利、宽松的探究环境中自由地、愉快地探索和游戏,持续激发幼儿开展科学探究的兴趣,促进幼儿主动学习、整体发展。

(二)关键要点

1. 关注幼儿学习精要

幼儿学习精要包括"主动发现、主动计划、主动准备、主动探索、主动建构"的习惯和能力。科学活动室的活动是常规科学活动的延伸和拓展,指导教师要充分利用活动室的材料优势,引导幼儿观察和发现丰富的工具材料,启发幼儿根据自己的经验、活动需要以及实际水平自主地制订活动计划和选择材料,有序地开展探究活动,利用好活动室的环境及材料,主动探索、建构经验,持续形成科学探究兴趣和科学探究能力。

2. 关注幼儿操作过程

科学探究的过程,是操作材料和科学原理互相作用的过程。科学活动室为幼儿提供了充分与材料互动的机会,指导教师应关注幼儿对科学活动室材料的选择、运用以及操作的过程,鼓励幼儿围绕一个核心经验尝试运用多种材料进行探究,使幼儿既感受到活动室生活材料的丰富性,又感受到活动室实验材料的严谨性,从而不断地尝试和发现,获得认知体验。同时,指导教师要适时减少操作探究中的干扰因素,助推幼儿的探究和发现。

3. 关注幼儿学习效能

"教别人"或者"马上应用"能将学习效能最大化,指导教师要善于运用科学活动室的电子资源以及科学设备引导幼儿进行探究活动的回顾与分享,利用活动结束前的几分钟,邀请幼儿通过观察形象画面、链接操作实践,回顾探究的过程,表达自己的感受。这种方式不仅有利于幼儿发展语言表达能力、社会交往能力,更有利于幼儿提高逻辑思维能力和培养学习习惯,有利于幼儿形成科学探究品质。

(三)注意事项

1. 安全性

要注意材料和环境的安全性。科学探究工具,如锤子、剪刀、螺丝刀等均应放置在安全的地方,教师应教会幼儿安全使用的方法;探究材料应符合安全检测标准,并遵循环保性原则,注意减少一次性用品;桌椅的摆放、特定空间的设置应充分考虑幼儿活动人数的需要,适量、适宜、安全、舒适;电源应安装在 1.8 米以上墙面,远离水源;水源要保障排放的安全;地面要保持干燥清洁;科学活动室管理消毒工作要定时、定人、定责,如有幼儿患手足口病等传染性疾病应及时调整活动安排,严格消毒相关用品后再投入使用。

2. 主体性

科学活动室面向不同年龄、不同兴趣的全体幼儿开放,指导教师应遵循"以幼儿为主体"的原则,做好幼儿探究活动的观察者、陪伴者、支持者,切忌主导、干扰、控制幼儿的探究行为。

3. 适切性

幼儿科学探究活动的内容广泛丰富,具有一定的范畴、逻辑、层次。幼儿自主自发地探究活动一般都与幼儿自身的经验、能力水平相吻合,指导教师不仅应熟练掌握科学活动的原理方法,还应关注幼儿的身心发展特点,灵活支持不同年龄、不同兴趣爱好、不同活动计划目标的幼儿开展活动,切忌简单拔高幼儿活动的目标,制造学习探索的难点,无形中抑制幼儿探究的兴趣和能力的发展。

第二章　环境布置与设施设备

一、整体布局

（一）占地面积

2022 年，海口市教育幼儿园完成了科学活动室的升级与改造，新建科学活动室总占地面积达到 146 平方米，其中，室内面积 110 平方米，走廊面积 36 平方米。

（二）设计理念

科学活动室以激发幼儿科学兴趣、满足幼儿探究需要为目标，被命名为"小问号"科学活动室，遵循"以美激趣、以情萌愿、动静结合、全面促进"的理念进行设计。

我们以黑、白、灰为基本色彩，以圆形、弧线为基本造型，打造了充满科技感、简约美的环境。黑色的玻璃背景墙上定制椭圆形的展示架，辅以灯带强化造型感；白色的屋顶上定制大小不同的圆形吊灯，辅以隐藏的灯带，强化空间感；灰色地面定制圆形图案和弧形线条，使整体空间的色彩与造型相互融合与呼应；横卧在活动室中央的"光影隧道"、竖立在活动室南侧的"光影小屋"、倚墙而建的"隐身小屋"等，丰富了活动室的探究情境，让幼儿充满好奇心；活动室东西两侧是宽敞明亮的窗户，满足了采光通风的需要；依窗而设的白色材料柜上有序摆放着丰富的探究材料和工具，方便幼儿自主取放；活动室北侧摆放着一体机、亚克力操作台、椅子等，满足幼儿集体和小组探究的需要；在操作区设置了安全电源，活动室中间靠墙的部分设置了水源水槽，满足幼儿游戏活动和实验探索用电用水的需要。室内为相对静态的生命、地球、物质、科技类操作区域，室外走廊是相对动态的声、光、电、力、磁科学游戏区域，动静分离，全方位满足幼儿科学探索的需要。

（三）功能区划分

1. 室内

根据科学活动的特点，我们打造了材料区、展示区、操作区、情境区、视听区 5 大功能区。

（1）材料区，主要指活动室内北侧固定材料架和东西两侧可移动的材料柜，我们依次按照生命、地球、物质、科技 4 大板块投放了丰富的探究材料和探究工具。

（2）展示区，主要指活动室内南北两侧的固定展示架和东西两侧可移动材料柜的顶层，用于陈列科学模型、标本以及幼儿的探究作品。

（3）操作区，主要指活动室内"光影隧道"以北区域，摆放了两组亚克力操作台，可满足幼儿进行小组探究或个别探究。

（4）情境区，主要指活动室内包括"光影隧道""光影小屋""隐身小屋"在内的情境性探究区域，满足幼儿自主探究的需要。

（5）视听区，主要指活动室内南侧固定材料架，我们在此投放了科学绘本、工具书以及视听设备，满足幼儿活动的需要。

2. 走廊

我们利用科学活动室外走廊空间增设了声、光、电、力、磁等大型墙面游戏探究区和兴趣收集区。

（1）声音探索区，包括声悬浮墙面小板、繁星点点音乐小板、敲打铝管、触摸架子鼓、感应无皮鼓、感应钢琴等墙面游戏设施。

（2）光学探索区，包括 LED 板、视觉旋转等墙面游戏大板、小板。

（3）电学探索区，主要包括电流迷宫和使用电源的声音探索材料。

（4）力学探索区，包括手摇旋涡、互动齿轮迷阵、欢乐球坊、太空轨道球等大型墙面游戏设备。

（5）磁性探究区，主要包括互动式磁力墙等。

（6）兴趣收集区，主要指在走廊墙面创设了一块磁性黑板，并投放了纸笔、粉笔、磁铁等，满足幼儿自我表达的需要，便于教师根据幼儿近期的兴趣及需求对科学室材料进行及时的动态更新。

3. 户外

我们充分利用户外的游戏活动环境，创设沙水区、种植区、饲养区、气象区 4 个科学探究功能区，延伸了科学活动室的探究空间。

（1）沙水区，投放了手摇水车、玩水转转乐、南水北调、运动型水管接龙、玩沙漏斗、玩沙滑滑乐、玩沙摩天轮、多功能玩沙墙、天平沙漏、管道、筛子、乒乓球等材料，满足幼儿进行沙水游戏时发现和探索的需要。

（2）种植区，投放了水培观察台、土培观察台、动物养殖观察台、小铲子、安全小刀、放大镜、镊子、昆虫盒等设施和工具材料，满足幼儿在种植活动中发现和探究的需要。

（3）饲养区，投放了温度计、电子秤、放大镜等，满足幼儿在饲养活动中发现和探究的需要。

（4）气象区，建立了户外气象观察站，设置了风速计、风向标、雨量计、温度计、湿度计、雨水收集杯、小型日晷、互动式晴雨表、互动式记录黑板等。

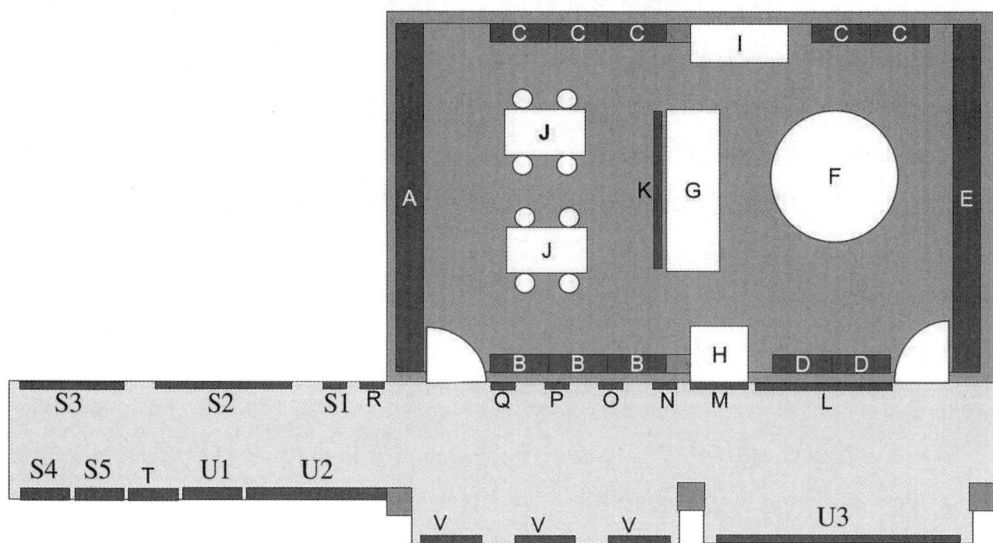

图3　海口市教育幼儿园"小问号"科学活动室布局示意图

表1　海口市教育幼儿园"小问号"科学公用活动室布局图注释

室内布局	走廊布局
A：生命科学类材料柜	L：LED墙面操作板
B：地球科学类材料柜	M：兴趣收集区
C：物质科学类材料柜	N：手摇旋涡墙面小板
D：科学技术类材料柜	O：视觉旋转墙面小板
E：视听区展示柜	P：熊猫迷宫墙面小板
F：光影小屋	Q：垃圾分类墙面小板
G：光影隧道	R：声悬浮墙面小板
H：魔法隐身屋	S1：繁星点点音乐小板
I：取水台	S2：墙面敲打铝管
J：幼儿桌椅	S3：墙面触摸架子鼓
K：一体机	S4：墙面感应无皮鼓
	S5：墙面感应钢琴
	T：墙面电流迷宫
	U1：墙面互动齿轮迷阵
	U2：墙面欢乐球坊组合
	U3：墙面太空轨道球
	V：互动式磁力墙

二、 区域设置

良好的科学环境更能激发幼儿科学探究的兴趣,使其主动参与探究并保持专注。基于科学活动室的普适功能、补充功能、个性功能和交互功能,我园规划了科学活动室的区域设置,探索形成了蕴含18种性质的6大功能区的全新探索与交互空间。每个空间既保持独立的属性,又与其他空间相互联系。

表2 海口市教育幼儿园"小问号"科学活动室科学区域设置

功能区	性质	功能描述	位置	场地
材料区	探究类	主要包括生命科学、物质科学、地球科学、科学与技术4大板块的动手操作类和科学实验材料	室内四周材料柜	室内
	观察类	主要投放引导幼儿观察、比较的材料,如标本、模型等	室内北侧置物架	
	工具类	包括观察工具、计量工具、视听工具等,例如放大镜、量杯、水体视镜,支持幼儿科学探究	室内靠近水源的材料柜	
	辅助类	常见的低结构的支持幼儿科学探究的材料,如吸管、纸杯、橡皮筋等	与工具材料区相邻	
展示区	立体展示	用于展示幼儿立体的科学小制作、构建模型等	相应材料柜顶层	
	平面展示	用于展示常识类图片、挂图、流程图、记录表征等	相应区域的墙面	
	兴趣收集区	用于收集近期各班幼儿对科学活动室的探索需求,教师按需投放调整材料	走廊黑板	
主题区	光影区	光影属性特定活动空间,例如魔法隐身屋、光影小屋、光影隧道等特定空间	室内中央活动区	
	声电区	声音、电力墙面操作材料,让幼儿感受声与电的相互融合、相互转化	走廊墙面	
	磁力区	高结构材料与低结构玩法有机融合的大型磁力游戏探究空间	走廊墙面	
视听区	图书区	投放支持幼儿开展4大板块科学探究活动的书籍、拓展幼儿科学知识经验的书籍	室内南侧置物架	
	电子阅览区	投放支持幼儿自主查阅网络资源的平板电脑、手机等设备;科学活动室资源库建设	室内南侧置物架	
操作互动区	集中操作区	幼儿进行集体或小组操作的桌面或地面区域	桌椅区	
	分享互动区	师幼、幼幼集中交流互动区,包含多媒体教学与幼儿集中操作区域	多媒体+桌椅区	

续表

功能区	性质	功能描述	位置	场地
户外	种植区	各班设置常规种植区;投放水培、土培、沙培观察台进行对比观察	种植园	室外
	饲养区	饲养家禽、飞禽、家畜等常见动物让幼儿随时观察不同种类动物的习性	饲养角	
	沙水区	南水北调、水管接龙、泡泡池、手摇水车、玩沙漏斗	沙池	
	气象区	气象记录站	园门口	

三、设备与材料

从微观层面,科学活动室要投放不同种类的材料,具有多样性的材料才能满足幼儿的经验发展需要,让幼儿获得全面、持续的发展。《幼儿园科学教育活动指导》(张俊,2016)指出幼儿园科学教育的内容大致可以分为生命科学、物质科学、地球和空间科学以及科学与技术 4 个范畴。我们以这 4 大内容为中心,本着层次性、动态性、开放性和结构性原则创设丰富、多元的材料环境,使幼儿能充分发挥主观能动性,自主选择材料、自主探究,通过直接感知、亲身体验和实际操作的过程获得探究能力、思维能力的发展。

表3　海口市教育幼儿园"小问号"科学活动室探究材料投放表

类型	分类	材　料
生命科学	植物	各类叶子、种子、花朵、树皮、树根、树枝、蘑菇菌包实物; 各类种子、根、叶子、果实、花朵标本; 大豆、玉米、花生、小麦、水稻、棉花发育成长过程标本; 米饭来源标本、蕨类植物生活史标本、菌类植物标本; 植物玻片; 植物标本制作压花器、造纸工具等
	动物	蝴蝶生长周期操作板、青蛙生长周期操作板、食物链游戏卡; 饲养箱/盒、孵蛋器、照蛋器、蚕茧太空舱、蚂蚁观察箱; 蝴蝶标本、昆虫标本等
	人体	人体消化系统肚兜围裙、拼图; 人体孕育生命的游戏卡; 人体可拆卸结构器官语音教玩具; 可插拔牙齿模型; 模拟血液循环针管注射器; 人体内脏模型、人体骨骼模型、鼓膜模型、蛀牙发展演变模型等

类型	分类	材 料
物质科学	声	牛皮小鼓、手摇铃铛、水鸟哨、6 人趣味传话筒、儿童听诊器； 自制排箫、自制传声筒、真空中的声音操作包； 音叉、收音筒等
	光	凸透镜、凹透镜、凸面镜、凹面镜、平面镜； 小、中、大号镜子，万花筒，三棱镜，光学实验箱，手电筒，激光笔； 彩色玻璃纸、各种不同透明程度的低结构材料；皮影戏材料、各类小动物的泥塑、剪纸作品等
	电	电池、灯泡、开关、电线； 玻璃棒、橡胶棒、碎纸屑、丝绸、毛皮； 风力发电套装、电路实验盒、水果电池实验材料、盐水发电材料、迷你太阳能小车制作材料、自制电动小风扇材料等
	力	滚动：小汽车、圆球积木、塑料车轮、乒乓球、玻璃球、网球、斜坡、锥形物体； 弹力：弹力球、绷带、皮筋、皮球、弹力圈；弹力弓箭、弹力小丑、弹力跳绳、弹力袜子、弹力裤、弹力圆珠笔、自制的弹力套盒； 平衡：弹珠、乒乓球、塑料小球、棉жий；不倒翁、自制的不倒翁仿真鸡蛋；冰棍棒、筷子、羽毛、蜡烛； 旋转：圆形本色陀螺、圆形纸片、彩色折纸、自制风车材料、彩色瓶盖、彩色吸管、彩色卡纸、牙签、黄色橡皮筋、即时贴标签
	磁	条形磁铁、U 形磁铁、圆形空心磁铁、强力磁铁、磁粉； 磁力片、磁力排斥小车、磁性钓鱼竿、自制磁力小车材料、金属陀螺；旋转线圈、铜线、电池、自制电动机材料、电磁摆、"12 合 1"磁铁实验套装
地球和空间科学	地球物质	水雨：水、油、色素、小型加湿器； 沙：天然水晶沙、神奇不湿沙、太空沙；模拟沙尘暴的材料、自制净水器的材料、分离铁粉和沙子的材料；时间沙漏； 石：鹅卵石、河洗松皮石、火山喷发实验岩石标本、矿石标本； 土：土壤渗水实验材料、净水器、钉耙、筛子、土壤标本等
	大气和气象	大气：自制风向标、木质风向标、倒吸喷泉实验、虹吸和喷泉实验的相关材料，小型加湿器，吸盘、蜡烛、泡泡液； 气象：太空气象站、气象标识卡、天气预报时钟、生态气象站操作包等
	宇宙	图片：太空银河星球宇宙立体拼图、太阳系行星语音投影仪、月相图片； 模型：八大行星太阳系模型、地球内部构造模型图、地球仪、三球仪、月相演示盒、火箭发射模型等
科学与技术	玩具材料	3D 打印笔，儿童编程机器人，机械齿轮积木，拼装工程遥控车磁力积木、遥控编程积木等
	科技产品	智能音箱、扫地机器人、机器狗、点读笔等

除了围绕4大范畴分类投放材料外,我们还重点投放了工具类材料,并创设视听区域。工具类材料能够与科学活动室4大活动内容任意组合使用,幼儿根据具体探究内容按需选择。视听区域则更多作为一个资源库为幼儿探究提供支持。幼儿可随时查阅相关的科学工具书,上网动态构建科学活动室活动资源包,包含活动影像资源、实验操作指南等,更充分地发挥主观能动性。(详见表4、表5)

表4 海口市教育幼儿园"小问号"科学活动室工具类材料投放表

分类	材 料
计量工具	直尺、卷尺;量杯、量筒、烧杯、滴管、试管;电子秤、天平、砝码;温湿度计;计数器、沙漏等
观察工具	放大镜、电子显微镜、体视镜、幼儿天文望远镜、植物观察窗、昆虫观察盒等
记录工具	纸、笔、夹板;照相机、录像机等
搜索工具	平板电脑、手机、电脑等
其他工具	剪刀、小锤子、镊子;固体胶、透明胶、乳胶、热熔枪;绳类;长尾夹、塑料夹子;回形针、订书机等

表5 海口市教育幼儿园"小问号"科学活动室视听材料投放表

区域	类别	内 容
图书区	地球和空间科学	大气类:《气候是如何运转的》《揭秘天气:画给孩子的气象密码》等; 地质类:《儿童宝石圣典》《小石头里的大秘密》等; 宇宙类:《从诞生到消亡:超级简单的宇宙史》《大宇宙》等
	生命科学	植物类:《植物百科全书》等; 动物类:《生物界的食物链》《蚕的日记》等; 人体类:《我从哪里来》《我们的身体》等
	物质科学	声音类:《这是什么声音》《声音的魔力》等; 光影类:《手影童话:锻炼手脑协调的手指游戏》《手影游戏》等; 电学类:《万能的电》《粉红色的小闪电》等; 力学类:《有趣的科学·有趣的力学:感受到的力》《宝宝的量子物理学》等; 磁类:《神奇的磁铁》《神秘的电与磁》
	科学与技术	《机器人百科全书》《神奇的3D打印》《孩子一看就懂的尖端技术:3D打印》等
电子阅览区	设备	点读笔、电脑、平板电脑、手机等设备
	资源	生命科学、物质科学、地球和空间科学以及科学与技术4个范畴的科学活动电子资源包,包含视频、演示文稿、操作指南等

第三章　科学活动室活动方案

一、 总体规划

（一）使用规划

科学活动室作为幼儿班级科学活动和区域科学活动的有效补充,在我园"双轨制"课程实施背景下,为幼儿提供了多层次、多方位的探究环境,满足了幼儿个性化学习的需要,促进了幼儿在不同经验水平上的发展,做到了因人而异、因材施教。根据时间和形式的不同,科学活动室主要用于开展集体感知探究(A)、小组深入探究(B)以及个体自主探究(C)三种类型的活动,具体安排详见表6:

表6　海口市教育幼儿园"小问号"科学活动室活动安排表

年龄段	大班组活动		小、中班组活动		自选活动
探究时间	8:50—9:20	9:30—10:00	10:10—10:40	10:50—11:20	15:00—16:30
探究形式	集体探究A	小组探究B	集体探究A	小组探究B	自主探究C
使用方式	计划申请	即时申请	计划申请	即时申请	计划申请
活动说明	A类活动为班级集体科学活动的补充,满足全体幼儿对多种材料的探究; B类活动为班级区域科学活动的补充,满足部分幼儿自主多元的探究; C类活动为个人学习中心的自选活动,满足幼儿个性化的学习与探究				

（二）实施原则

1. 补充性原则

科学活动室研究小组在学期初制订教学计划时,会根据科学活动的内容及所需材料,预设本学期科学活动室集体探究活动内容(A类活动),按照相应时间段进行安排,作为班级集体科学活动的补充,以便在材料、仪器、设备及空间上支持幼儿的探究活动。

2. 灵活性原则

为满足幼儿持续的探究需求和兴趣,在科学活动室 B 类活动时间,支持部分幼儿深入探究,需要使用科学活动室的班级,可以在电子资源平台进行申请,如果课程安排无冲突,便可使用活动室开展活动;如果计划在科学活动室开展 A 类活动的班级,因计划调整未使用活动室,也应在电子资源平台及时取消活动,以便其他有需求的班级能够使用,灵活开展活动。

二、内容与组织形式

表 7　海口市教育幼儿园"小问号"科学活动室活动内容、组织形式

核心概念	板块内容	活动主题	关键经验	活动方案	年龄段	活动形式
生命科学	植物	有趣的叶子	叶脉种类	方案 1:有趣的叶子	中班	集体
		植物运水	根茎吸水	方案 2:爱喝水的小芹菜	大班	集体
		叶子的颜色	叶绿素	方案 3:神奇的叶绿素	大班	集体
	动物	毛毛虫变蝴蝶	生命周期	方案 4:毛毛虫变装记	中班	集体
		小蝌蚪变青蛙	生命周期	方案 5:小蝌蚪变变变	大班	集体
		昆虫大聚会	昆虫特征	方案 6:这是昆虫吗	大班	集体
		草原的动物	食物链	方案 7:谁吃谁	大班	集体
		蛋的孵化	生命产生	方案 8:小鸡"蛋"生记	中班	小组
	人体	宝宝长大了	生长发育	方案 9:我从哪里来	大班	集体
		我们的身体	血液循环	方案 10:血液循环的秘密	大班	集体
		食物去哪儿了	消化系统	方案 11:肚子里有个火车站	大班	集体
				方案 12:西瓜旅行记	大班	小组
				方案 13:神奇的唾液	中班	小组
物质科学	物质与材料	有趣的材料	溶解	方案 14:什么不见了	中班	小组
				方案 15:会变的颜色	中班	小组
			测量	方案 16:认识温度计	中班	集体
				方案 17:颜色与温度	大班	小组
			温度	方案 18:比比谁重	大班	小组
	物体运动	神奇的力	重力	方案 19:不倒翁不倒	中班	集体
				方案 20:倒立的小丑	中班	小组

核心概念	板块内容	活动主题	关键经验	活动方案	年龄段	活动形式
物质科学	物体运动	神奇的力	重力	方案21:翻滚吧,锡纸	大班	集体
				方案22:陀螺转起来	大班	小组
				方案23:有趣的漩涡	大班	小组
				方案24:有趣的滚动	大班	小组
				方案25:滚动吧,小球	大班	小组
			弹力	方案26:弹起来	中班	小组
			浮力	方案27:有趣的沉浮	小班	小组
				方案28:悬浮的鸡蛋	中班	小组
				方案29:沉下去,浮起来	大班	集体
			摩擦力	方案30:哪辆汽车跑得快	大班	集体
	物理现象	神秘的电	静电	方案31:摩擦起电	中班	集体
			电路	方案32:组装小能手	大班	小组
			发电	方案33:瞧,风来啦	大班	小组
				方案34:盐水发电	大班	小组
		好玩的磁铁	磁铁吸铁	方案35:磁铁找朋友	小班	集体
			磁极相斥相吸	方案36:小车碰碰碰	大班	小组
			磁的穿透性	方案37:磁力大穿透	大班	小组
				方案38:磁铁串串乐	大班	小组
		有趣的声音	声音种类	方案39:会唱歌的瓶子	小班	小组
				方案40:好玩的音乐瓶	中班	小组
			声音产生	方案41:看得见的声音	中班	小组
				方案42:自制小乐器	大班	小组
			声音传播	方案43:有趣的传声筒	大班	小组
		神奇的光	光与影	方案44:有趣的影子	中班	小组
				方案45:影子变变变	大班	集体
				方案46:好玩的皮影戏	大班	小组
			光的直射	方案47:小孔成像	中班	小组
				方案48:小孔成像的小妙用	大班	小组

核心概念	板块内容	活动主题	关键经验	活动方案	年龄段	活动形式
物质科学	物理现象	神奇的光	光的折射	方案 49：光的折射	中班	小组
				方案 50：神奇的镜子	大班	小组
			光的反射	方案 51：趣味反射	中班	集体
			光的色散	方案 52：漂亮的霓虹灯	大班	小组
地球与空间科学	地球物质	好玩的水	水的特征	方案 53：水的秘密	小班	集体
			水的密度	方案 54：油和水的故事	大班	小组
			水的渗透	方案 55：水宝宝不见了	中班	小组
				方案 56：水宝宝去哪了	大班	集体
			水的表面张力	方案 57：神奇的水面	大班	集体
				方案 58：神奇的魔法水	中班	小组
			水的扩散	方案 59：停不下来的水分子	小班	集体
			水的三态	方案 60：冰宝宝不见啦	小班	小组
				方案 61：水宝宝去哪了	中班	小组
				方案 62：雨的秘密	中班	集体
		好玩的沙	沙子的类型	方案 63：各种各样的沙子	小班	集体
			沙子的特性	方案 64：好玩的沙子	小班	集体
			沙的流动性	方案 65：谁漏得快	大班	小组
		有趣的泥土	土的黏结力	方案 66：有魔法的泥土	中班	小组
		多样的石头	石头的外部特征	方案 67：多样的石头	小班	小组
			石头的基本特性	方案 68：各种各样的石头	中班	集体
			石头的外部特征	方案 69：制作化石	大班	小组
			石头的种类与多样性	方案 70：神奇的石头	中班	小组

核心概念	板块内容	活动主题	关键经验	活动方案	年龄段	活动形式
地球与空间科学	天气和气象	神奇的空气	空气的特性	方案 71:捉空气	小班	小组
			空气的存在	方案 72:神奇的空气宝宝	大班	小组
			空气的重量	方案 73:空气有重量吗	大班	小组
			热胀冷缩	方案 74:神奇的热胀冷缩	大班	小组
	宇宙	神秘太阳系	地球的特征	方案 75:神奇的地球	大班	集体
			八大行星	方案 76:有趣的行星	大班	小组
			太阳与月亮运动	方案 77:宇宙三友:地球、太阳、月亮	大班	小组
			月相的变化	方案 78:月亮变变变	大班	小组
科学与技术	科学现象	神奇的净水器	水的过滤净化	方案 79:神奇的净水器	大班	小组
		流动的大气	虹吸技术	方案 80:虹吸魔法	大班	小组
		有趣的风向标	风向标工作原理	方案 81:自制风向标	大班	小组
		机械风车	力的传递	方案 82:风车转呀转	中班	小组
	技术	神奇的 3D 打印笔	3D 打印技术	方案 83:3D 打印太阳花	小班	集体
		编程游戏创作	编程	方案 84:自动烧烤架	大班	小组

三、活动方案展示

方案 1：有趣的叶子（中班）

活动目标

1. 了解叶脉的不同种类,比较菜叶和树叶的叶脉差别。

2. 在观察和操作中感知叶脉的奇特性和多样性,愿意表达自己的发现。

3. 养成细致的观察力和热爱大自然的情感。

活动准备

1. 经验准备。

(1) 幼儿有使用显微镜的经验,会使用双面胶。

(2) 认识叶脉的典型特征及叶子各部分的名称。

2. 物质准备。

(1) 公用室教师资源:白色托盘、电插板。

(2) 公用室幼儿操作材料:事先收集的树叶和菜叶,显微镜、白纸、黑色水笔。

活动过程

1. 回顾分类结果,导入活动。

(1) 请幼儿讲述分类情况。(各组请一名幼儿介绍小组讨论分类的结果)

◆ 提问:我们用眼睛观察的时候,你们还记得叶子可以根据什么来分类吗?

◆ 小结:叶子有各种各样的,我们可以根据颜色、形状、大小、边缘的不同来分类。

(指导要点:叶子有许多种分类方式,请注意观察和辨别幼儿的分类方式,如按颜色分类、按形状分类等,引导幼儿说明分类的根据)

2. 自由操作,观察探索。(出示显微镜)

◆ 教师引导幼儿自主去植物材料区拿取叶子实验有关材料进行探索。

◆ 提问:老师这里有一位新朋友,看看是谁? 在显微镜的帮助下,我们还可以怎么样
　　分类呢?

◆ 导语:一会儿请两位小朋友合作,一位小朋友负责操作显微镜,一位小朋友负责用

记录纸和笔记录你们的观察和发现。请注意,把你们观察到的画在这张纸的一边,再把相应的叶子粘贴在另一边。

(1) 游戏一:探索树叶的叶脉。

◆ 利用显微镜,对树叶的叶脉进行观察与探究,在操作中感知树叶叶脉的奇特性和多样性。

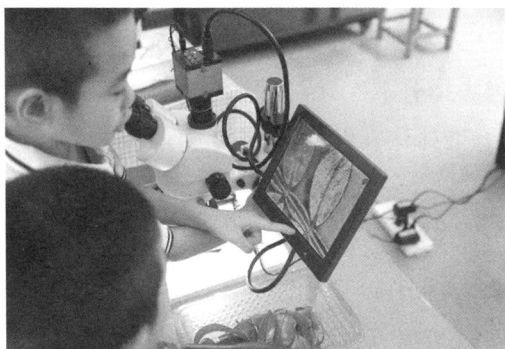

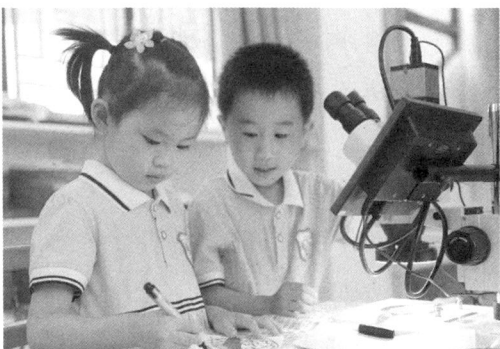

(2) 游戏二:探索菜叶的叶脉。

◆ 利用显微镜,对菜叶的叶脉进行观察与探究,在操作中感知菜叶叶脉的奇特性和多样性。

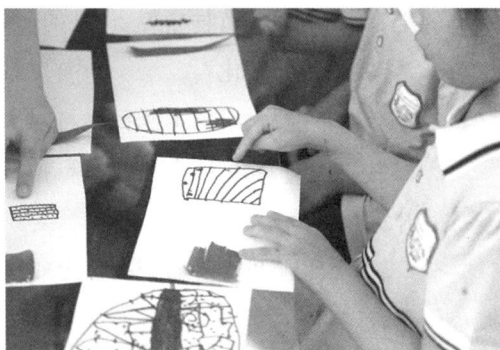

(3) 游戏三:对比材料,拓展叶脉探究。

◆ 在操作中比较和感知树叶与菜叶叶脉的差别。

(指导要点:在操作过程中,引导幼儿观察叶脉的不同种类,并鼓励幼儿小声交流自己的发现)

3. 讨论交流,提升经验。(引导幼儿讲述显微镜下的观察与分类)

◆ 提问:谁来分享一下你们的新发现?

◆ 小结:原来,显微镜可以放大我们肉眼发现不了的叶子秘密。叶子除了可以根据颜色、形状、大小、边缘分类外,还可以根据它们身上独特的横、竖平行脉和像网一样的网状脉来分类。

活动延伸

★ 活动名称:漂亮的叶脉标本。

在活动室中,小组一同探索制作叶脉标本。

材料:碱水、松香、颜料、调漆水、画笔、叶片较厚且叶脉较粗的树叶、绳子。

玩法:先将叶子放入碱水中煮,煮到叶肉去掉剩下叶脉,再将松香、颜料和调漆水进行混合并充分搅拌,接着用画笔将混合液体涂在叶脉上,最后等叶脉晾干后穿上绳子。

★ 活动名称:腊叶标本。

在活动室中,小组自主选择材料,使用标本夹制作叶子的标本。

材料:标本夹板、吸水纸、植物叶子、记录卡、胶棒。

玩法:首先在标本夹板上放 3 层吸水纸,接着放上植物叶子,使叶片尽可能展开,使同一标本同时看到正面与反面叶的形态,然后在植物叶子上再放 3 层吸水纸,再将另一片标本夹板压上,用绳子捆紧。等植物叶子压干后,取出并将其放置在标本纸上,盖上一张塑料膜,再用胶棒将塑料膜和标本纸粘牢,最后在标本纸上贴上记录卡,写上植物名称、自己的名字和标本编号。

★ 活动名称:叶脉化石。

在活动室中,小组自主选择材料制作叶脉化石。

材料:2 个烧杯,1 杯水,石膏粉、搅拌棒、勺子、塑料膜、画笔、颜料、叶脉较粗的树叶等。

玩法:先将水和石膏粉少量多次地倒入烧杯,接着用搅拌棒进行搅拌,直至呈酸奶状,然后用勺子取出石膏放在塑料膜上,再将叶子放在石膏上轻轻按压,10 分钟后轻轻揭去叶子,等到石膏完全硬化后,用画笔将自己喜欢的颜色涂在树叶拓印的石膏上。

活动反思

在"有趣的叶子"活动中,我们深切地感受到了幼儿与幼儿之间、幼儿与教师之间以及幼儿与科学活动室之间的互动和交融。在活动准备阶段,我们基于中班孩子的年龄特点、兴趣和已有的经验,重点借助功能室中的显微镜这一观察工具,打开孩子们观察微观世界的大门,为孩子们提供了更充分、更丰富的观察和操作的机会,从而使他们对"叶子"

的认识更加立体、全面、深入。在活动过程中,我们通过小组讨论、游戏互动等方式,引导孩子们从颜色、形状、大小、边缘等多方面对叶子进行观察和分类。通过材料对比,孩子们更深入地感知了树叶与菜叶叶脉的差别。幼儿从日常观察和微观两个维度对叶子进行观察与分类,深化了自身对叶脉的认识。在探究过程中,我们引导幼儿在观察和操作中感知叶脉的奇特性和多样性,不仅使幼儿掌握了显微镜的正确使用方法,养成了细致的观察力,而且激发了他们探究微观世界的兴趣,更难能可贵的是,孩子们在过程中表现出了对大自然的热爱和尊重。

(教师:孙庆秀 张可心)

方案2：爱喝水的小芹菜（大班）

活动目标

1. 通过观察发现植物是靠根部吸水、茎部输送水分的。
2. 在操作中感知植物茎部的功能,并积极表达自己的发现。
3. 萌发对植物吸水现象的探究热情。

活动准备

1. 经验准备。

    认识芹菜,了解芹菜各部位的名称。

2. 物质准备。

    （1）公用室教师资源:植物茎吸水前和吸水后对比图。

    （2）公用室幼儿操作材料:已吸水的芹菜每组一根,放大镜、安全小刀、红色和黑色水笔、记录纸每人一份。

活动过程

1. 回顾实验,激发幼儿的探究兴趣。

◆ 导语:昨天我们一起将芹菜放在红色的颜料水里,现在大家来看看,芹菜发生了什么变化?

◆ 教师出示吸了水的芹菜和芹菜吸水前后的对比图,引导幼儿观察前后变化。

◆ 提问:你看到了什么?哪里有了变化?为什么?植物是靠什么喝水的呢?

◆ 小结:原来植物是靠茎部来传输水分的,植物的茎到底是怎么吸水的呢? 今天我们来做小小植物学家,解剖一下芹菜的茎。

(指导要点:教师重点引导幼儿认识芹菜根和叶之间的部分称为"茎")

2. 合作探究,感知茎的运输功能。

◆ 导语:拿一根吸过红色水的芹菜,用横切和竖切两种方式把芹菜切开,然后用放大镜看看茎的样子有什么不一样。

[指导要点:教师观察并指导幼儿切芹菜(横着切、竖着切);提醒幼儿使用刀时注意安全]

(1) 游戏一:横切芹菜探究游戏。

◆ 幼儿使用工具进行芹菜横切面的探究,在观察和操作中感知茎运输水分的部位,记录自己的发现。

(2) 游戏二:纵切芹菜探究游戏。

◆ 幼儿进行芹菜纵切面的观察与探究,感知茎运输水分的路线,记录自己的发现。

(指导要点:幼儿自主进行芹菜的切割与观察。教师引导幼儿发现芹菜横切面和竖切面的不同,横切可以观察到茎运输水分的部位,纵切可以观察到茎运输水分的路线,请幼儿以自己的方式进行记录)

3. 集中交流,表达自己的发现。

◆ 提问:你发现了什么? 为什么会这样? 植物是怎样"喝水"的?

(指导要点:教师引导孩子观察植物茎的横切面有红色的点,在纵切面能看到红色的线)

◆ 小结:植物的茎纵向看像长长的通道,横向看有一个个小孔,植物就是靠根吸收水分,然后利用茎这根长长的细细的小圆管运输水分的。

活动延伸

★ 活动名称:多彩的百合花。

在活动室,小组观察探索白色百合花"喝"四种不同颜色的水产生的现象。

材料:一支白色百合花,四个透明杯,四种不同颜色的水,安全小刀若干。

玩法:教师支持幼儿将百合花茎的末端切成四份,先让幼儿猜测把四小枝花茎分别放入已稀释好的四种不同颜色的水中,白色百合花会变成什么颜色,再进行操作观察,记录下白色百合花的变化,同伴间交流和分享。

★ 活动名称:比比谁喝水多。

在活动室,小组观察并对比娃娃菜和芹菜的吸水速度。

材料:娃娃菜、芹菜、红色水。

玩法:引导幼儿用透明杯准备一样多的两杯红色水,将娃娃菜、芹菜分别放入红色水中,一天过后,观察并比较哪种植物的喝水量多。

活动反思

该活动让孩子们在实践中学习和理解了植物是如何"喝水"的这一科学现象。科学活动室为幼儿提供了良好的学习环境和实践机会,让他们能够更加深入地了解和探究科学现象。幼儿在科学活动室中自由探索、发现和学习,不仅提高了自己的科学素养,也激发了对科学现象的探究热情。我们在科学活动室中提供了丰富的操作材料和工具,如已吸水的芹菜、放大镜、安全小刀、红色和黑色的水笔以及记录纸等。这些材料不仅为幼儿们的探究活动提供了便利,而且也有助于他们在实践中学习和发现问题。

在活动过程中,我们带领幼儿积极开展了回顾实验和合作探究两个环节。他们仔细观察了吸水前和吸水后的芹菜,尝试着用不同方式切开了芹菜,并使用放大镜观察了芹菜的茎部。我们旨在通过观察和操作,让幼儿了解植物是如何通过根部吸收水分,并利用茎部进行水分运输的。这些操作不仅锻炼了他们的观察力和动手能力,还帮助他们直观地理解了植物吸水的过程。这个过程不仅增强了幼儿们对植物生长和生存方式的认知,也激发了他们对自然现象的探究欲望。

(教师:张可心 孙庆秀)

方案 3：神奇的叶绿素（大班）

活动目标

1. 通过实验知道叶绿素是可以使叶子变绿的一种天然色素。
2. 在观察和对比中感知叶子在酒精或水中是否变绿的现象。
3. 萌发对植物的探究热情。

活动准备

1. 经验准备。

   认识叶绿素，知道叶绿素在叶子的身体里面。

2. 物质准备。

   (1) 公用室教师资源：白板、黑色记号笔、课件。

   (2) 公用室幼儿操作材料：有刻度的烧杯、吸水滴管、剪刀、叶子若干、热水、白色托盘、透明盒、海绵吸纸等。

活动过程

1. 经验回顾，激发幼儿的探究兴趣。

◆ 提问：你们知道这些叶子为什么是绿色的吗？

◆ 小结：叶绿素是一种天然色素，藏在叶子的身体里面，可以让叶子变色，还可以帮助叶子进行光合作用。

（指导要点：教师重点引导幼儿回忆对叶绿素的已有经验）

◆ 教师出示水和酒精，引发幼儿猜想叶绿素溶于水还是酒精。

◆ 提问：猜一猜，叶绿素会去谁的家里"做客"呢？是水还是酒精？

（指导要点：教师在白板上记录幼儿的猜想）

2. 小组探究，感知叶绿素的可溶性。

◆ 操作要求：请选择水的小朋友坐在 A 小组，选择酒精的小朋友坐在 B 小组。先把叶子用剪刀剪碎，放到烧杯中，用滴管加入液体至 40 毫升处；接着把杯子放入热水盒子中等待变化；最后用海绵吸纸吸取杯中的液体，观察其现象。

［指导要点：教师指导幼儿观察加入液体时是否达到要求的刻度（40 毫升），确保液体量的一致，减少其他因素对实验的干扰；提醒幼儿使用剪刀时注意安全］

◆ A 小组：探索叶绿素和水之间可溶性的关系。

◆ 教师引导幼儿使用工具进行叶绿素和水的可溶性探究，在观察和操作中感知叶绿素是否溶于水，验证自己的猜想，鼓励幼儿小声交流自己的发现。

◆ B 小组：探索叶绿素和酒精之间可溶性的关系。

◆ 教师引导幼儿进行叶绿素和酒精的可溶性探究，在观察和操作中感知叶绿素是否溶于酒精，验证自己的猜想，鼓励幼儿小声交流自己的发现。

（指导要点：幼儿自主进行叶绿素可溶性的探究，教师引导幼儿发现叶绿素溶于酒精而不溶于水的现象，并引导幼儿用海绵吸纸进行对比观察，验证自己的猜想）

3. 集中交流，表达自己的发现。

◆ 提问：你发现了什么？叶绿素去谁的家里"做客"了？为什么会这样？

◆ 小结：我们发现酒精的家变绿了，叶绿素去了酒精的家里"做客"；水没有变绿，说明叶绿素没有去水的家里"做客"。叶绿素可溶于酒精，不溶于水。

（指导要点：教师引导孩子观察和描述叶绿素可溶于酒精、不溶于水的现象）

4. 联系生活，了解色素的重要性。

◆ 导语：A 小组的海绵吸纸没有变绿，B 小组的海绵吸纸变绿了。其实，叶绿素是一种可以染色的色素。我们一起来看看色素都运用在生活中的哪些地方吧！

（出示课件）

◆ 小结：色素让食物看起来更美味了，让衣服看起来更漂亮了。色素让我们的生活变得丰富多彩，大自然还有更多神奇又美丽的现象等待着我们去探究、去发现。

活动延伸

★ 活动名称：植物大世界。

在活动室，小组自主阅读与植物相关的图书。

材料：植物相关的图书。

玩法：通过观察、阅读和讨论，了解多种多样的植物的相关知识内容，开阔眼界。

★ 活动名称：变色的叶子。

在活动室，小组自主进行叶子的光合作用实验。

材料：一盆生长状态良好的绿色植物、一张黑卡纸、六枚回形针。

玩法：先将黑色卡纸对折，然后用黑色卡纸遮住绿色植物上的一片叶子，使它见不到阳光，最后用回形针夹紧卡纸。三天后，打开卡纸，观察叶子的变化。

活动反思

在"神奇的叶绿素"活动中，我们深深地感受到了科学活动室对于幼儿科学教育的独特价值和意义。在活动准备阶段，幼儿积极参与了实验前的猜想环节。他们大胆猜测叶绿素会溶于水还是酒精，这种猜想和验证的过程不仅锻炼了他们的观察和推理能力，也为后续的实验操作提供了探究的动机。在小组探究环节中，幼儿分别进行了叶绿素溶于水和酒精的实验。他们使用剪刀剪碎叶子，用滴管加入液体至指定刻度，再将杯子放入热水盒子中等候变化。在这个过程中，幼儿们不仅提高了手眼协调能力，锻炼了精细动作，还学习了如何通过实验的方法去证明自己的猜想。在集中交流环节中，他们通过观察和描述叶绿素在不同溶剂中的可溶性现象，进一步理解了叶绿素的特点和作用。这种交流和分享的过程不仅锻炼了他们的口语表达和倾听能力，还培养了他们尊重彼此、分享发现的科学精神。

此外，通过联系生活的环节，幼儿了解到色素在生活中的广泛应用。这一环节不仅开阔了他们的视野，也激发了他们对科学现象的好奇心和探究欲望。

（教师：符惠萍　孙庆秀）

方案 4：毛毛虫变装记（中班）

活动目标

1. 了解蝴蝶的外形变化特征和生命周期。

2. 在操作中学习有序地观察，尝试用生长过程图卡或周期模型表达对蝴蝶的认识。

3. 喜欢观察蝴蝶，对蝴蝶生长有初步的兴趣。

活动准备

1. 经验准备。

看见过蝴蝶，知道毛毛虫变蝴蝶的故事。

2. 物质准备。

(1) 教师资源：《蝴蝶的一生》视频、蝴蝶生长过程图。

(2) 幼儿操作材料：蝴蝶生长过程序列图卡、仿真蝴蝶生长过程模型等。

(3) 视听材料：蝴蝶标本，"毛毛虫变蝴蝶""蝴蝶小百科"等相关书籍。

活动过程

1. 观察标本，激发兴趣。

◆ 导语：小朋友，你见过漂亮的蝴蝶吗？你知道蝴蝶小时候是什么样子的吗？

◆ 提问：毛毛虫是怎样一步步变成蝴蝶的？

（指导要点：从观察蝴蝶标本入手，引导幼儿观察蝴蝶的基本特征，引发幼儿对蝴蝶的兴趣）

2. 小组操作，观察探索。

◆ 教师引导幼儿去生命科学区选取与蝴蝶生长周期相关的材料，让他们分小组自主选择一种游戏材料进行探索。

(1) 游戏一：仿真蝴蝶生长过程模型。

◆ 部分小组进行仿真蝴蝶生长过程模型的操作，在操作中有序观察、正确排列蝴蝶生长过程。

（指导要点：引导幼儿观察蝴蝶生长变化的细节，发现蝴蝶生长变化的规律，并鼓励幼儿小声交流自己的发现）

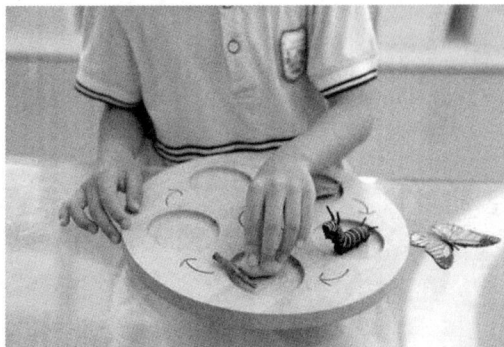

(2) 游戏二:操作蝴蝶生长过程序列图卡。

◆ 部分小组进行蝴蝶生长过程图卡的操作,在操作中有序观察并排列出蝴蝶生长
过程。

(指导要点:引导幼儿根据蝴蝶生长变化的细节发现蝴蝶生长变化的规律,并鼓励幼
儿小声交流自己的发现)

3. 小组间相互交换材料进行探究操作。

◆ 导语:刚才我们已经选择了一份材料来观察和操作,现在请你们和旁边的小组交
换材料,看看我们有什么不一样的发现,可以小声地和别的小朋友交流一下。

4. 相互交流,提升经验。

◆ 集体通过观看视频材料或蝴蝶生长过程图,了解蝴蝶的生长变化过程。教师鼓励
幼儿用语言描述毛毛虫变蝴蝶的过程,总结出蝴蝶的生命周期变化规律。

◆ 小结:原来蝴蝶是这样产生的:先是卵里面孵出毛毛虫,毛毛虫不断地吃东西,再慢
慢地吐丝将自己包围起来变成一个茧,茧破了,里面飞出来漂亮的蝴蝶。

活动延伸

★ 活动名称:百变蝴蝶。

在活动室小组自主阅读与蝴蝶相关的图书。

材料:与蝴蝶相关的图书。

玩法:通过观察和阅读,了解与蝴蝶相关的知识内容,开阔眼界。

★ 活动名称:有趣的动物嵌板。

在活动室中寻找与蝴蝶生命周期类似的、会发生形态变化的动物。

材料:青蛙嵌板拼图、青蛙生长过程序列图卡、蚕宝宝嵌板拼图。

玩法:选择自己感兴趣的动物嵌板,然后观察动物的形态、特征等,再将嵌板内的木板取出,接着按照自己的思考将动物不同形态变化顺序排列出来。

活动反思

在"毛毛虫变装记"活动中,我们旨在让幼儿了解蝴蝶的外形变化特征和生命周期。通过观察蝴蝶标本,我们激发幼儿对蝴蝶的兴趣,让他们对蝴蝶有初步的认识。接着,在小组操作和观察探索环节中,幼儿通过操作仿真蝴蝶生长过程模型和蝴蝶生长过程序列图卡,有序地观察并排列出蝴蝶生长的过程,表达对蝴蝶的认识。

在这个过程中,我注意到幼儿的参与度和兴趣都非常高。他们对蝴蝶的生长过程产生了浓厚的兴趣,通过观察和操作,发现了蝴蝶生长的规律和细节。他们互相交流自己的发现,并尝试用自己的语言描述毛毛虫变蝴蝶的过程。这种交流和分享的过程,也让他们学会了倾听他人的观点,尊重他人的学习成果。

同时,这次活动也让我们更加深刻地认识到科学活动室的重要作用。科学活动室为幼儿提供了接触和理解科学现象的空间和机会,让幼儿可以在操作中学习,发现问题并解决问题。与传统的课堂教学相比,科学活动室的环境更加宽松和自由,幼儿可以根据自己的兴趣和能力进行自由选择材料和学习,更好地发挥他们的主体性。

(教师:李清岚 张可心)

方案5:小蝌蚪变变变(大班)

活动目标

1. 了解青蛙的外形变化特征和生命周期。

2. 通过材料操作的方式表达对青蛙的认知。

3. 喜欢青蛙,具有保护青蛙的意识。

活动准备

1. 经验准备。

   知道青蛙是由小蝌蚪变的,知道青蛙的外形特征。

2. 物质准备。

   (1) 教师资源:仿真青蛙生长周期模型,《小蝌蚪变青蛙》视频。

   (2) 幼儿操作材料:青蛙嵌板拼图、青蛙生长过程序列图卡、青蛙变化过程拼贴等
   材料,《两栖动物百科全书》《神奇的两栖动物》《国家地理·幼幼动物小百
   科——青蛙》等相关书籍。

活动过程

1. 视频导入,引导观察。

◆ 集体观看《小蝌蚪变青蛙》视频。教师提问:小朋友们,你们知道小蝌蚪是怎么一
   步步变成青蛙的吗?

(指导要点:出示仿真青蛙的生长周期模型,引导幼儿将青蛙的生长周期呈现出来。
要引导幼儿细致地观察青蛙生长周期中的变化细节)

2. 小组操作,观察探索。

◆ 教师引导幼儿去生命科学区寻找与青蛙生长周期相关的材料,自主选择一组材料
   进行探索。

(1) 游戏一:探索青蛙嵌板拼图。

◆ 部分幼儿进行青蛙嵌板拼图的操作,在操作中有序观察、正确拼好青蛙嵌板。

(指导要点:引导幼儿观察青蛙生长变化的细节,发现青蛙生长变化的规律,细致地
进行嵌板拼图,并鼓励幼儿小声交流自己的发现)

(2) 游戏二:操作青蛙生长过程序列图卡。

◆ 部分幼儿进行青蛙生长过程图卡的操作,在操作中有序观察、排列出青蛙生长过程。

(指导要点:引导幼儿根据青蛙生长变化的细节,发现青蛙生长变化的规律,并鼓励
幼儿小声交流自己的发现)

(3) 游戏三:青蛙变化过程拼贴。

◆ 部分幼儿进行青蛙变化过程拼贴材料的操作,在操作中有序观察、动手拼贴出青
   蛙先后变化的过程。

(指导要点:引导幼儿根据青蛙生长变化的细节发现青蛙生长变化的规律,并鼓励幼
儿小声交流自己的发现)

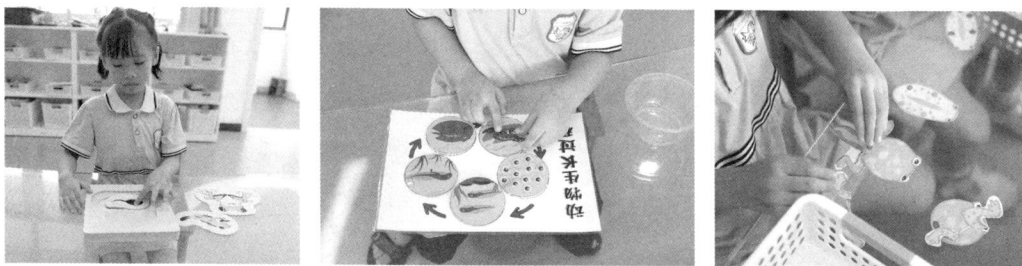

3. 小组间相互交换材料进行探究操作。

◆ 导语:刚才我们已经选择了一份材料来观察和操作,现在请你们和别的组交换材料,看看你们有什么不一样的发现,可以小声地和朋友交流。

4. 相互交流,提升经验。

◆ 教师引导幼儿讲述自己操作活动材料的发现,共同总结出青蛙的生命周期变化规律。

◆ 小结:小蝌蚪从圆圆的脑袋、小小的尾巴逐渐长大,先长出后腿,再长出前腿,最后尾巴不见了,就从黑黑的小蝌蚪变成绿皮肤的小青蛙了。

活动延伸

★ 活动名称:神奇的青蛙。

在活动室,小组自主阅读与青蛙相关的图书。

材料:与青蛙相关的图书。

玩法:通过观察和阅读,了解与青蛙相关的知识,开阔眼界。

★ 活动名称:有趣的动物嵌板。

在活动室中寻找与青蛙生命周期类似的,会发生形态变化的动物。

材料:如蝴蝶生长过程嵌板拼图、蝴蝶生长过程序列图卡等。

玩法:先观察,再动手拼一拼,将动物不同形态变化顺序排列出来。

活动反思

在本次观察操作活动中,教师充分利用科学活动室材料丰富的优势,通过观看视频和观察仿真青蛙生长周期模型,激发幼儿对青蛙的兴趣。接着,在小组操作和观察探索环节中,幼儿通过操作青蛙嵌板拼图、青蛙生长过程序列图卡、青蛙变化过程拼贴等材料,发现了青蛙的生长过程和变化细节。通过小组内的探索,幼儿之间能够相互交流学习、互相答疑解惑,及时有效地发挥了自主性和积极性,同时也增强了完成材料探索后的成功感。幼儿在活动前期虽然有了细致的集体观察机会,但在自主操作的环节中,还是会有各种情况出现,此时教师应当给予幼儿充分探索的时间和机会,让幼儿自主发现、自主调整。教师可以鼓励幼儿相互帮助,在合作中解决科学探究问题,丰富科学认知。在活动延伸环节中,我们为幼儿们提供了更多的学习和探索机会。通过自主阅读与青蛙相关的图书和寻找与青蛙生命周期类似的动物,幼儿可以更深入地了解青蛙的世界和相关知识。这些延伸活动不仅丰富了幼儿的学习内容,也激发了他们的学习兴趣和主动性。

(教师:张可心　李清岚)

方案6:这是昆虫吗(大班)

活动目标

1. 了解昆虫的基本特征:具有头、胸、腹三个体段和三对足。
2. 在观察和比较中,辨别出昆虫的特质,能用语言和同伴交流自己的发现。
3. 乐意参与观察活动,大胆对自己的发现进行小结。

活动准备

1. 经验准备。
   (1) 认识多种生活中常见的昆虫。
   (2) 知道几种常见昆虫的名字。
2. 物质准备。
   (1) 教师资源:关于昆虫的课件。
   (2) 幼儿操作材料:多种昆虫标本、昆虫立体仿真模型、昆虫和非昆虫认识图卡等,彩色记号笔等。

活动过程

1. 观看课件,导入活动。
   ◆ 提问:小朋友,你认识这些小虫子吗? 你知道它们的名字吗?

(指导要点:出示课件相关内容,引导幼儿回忆日常生活中的几种小虫子,激发幼儿对昆虫的兴趣,和幼儿一起分析昆虫的基本特点,总结昆虫具有头、胸、腹三个体段和三对足)

2. 小组操作,观察探索。

◆ 教师引导幼儿去生命科学区拿取与昆虫有关的材料,自主选择一种进行观察和探索。

(1) 游戏一:观察探索昆虫标本和仿真模型。

◆ 部分幼儿对标本和模型进行仔细观察,尝试说一说观察到的昆虫的特点。

◆ 导语:请你仔细观察,看看这些小虫子是不是都是昆虫,它们都有头、胸、腹三部分吗? 它们都有六条腿吗?

(指导要点:引导幼儿利用放大镜和昆虫观察盒以及昆虫标本进行仔细观察,对照昆虫的基础特点一一进行比对,加深对昆虫特征的认识)

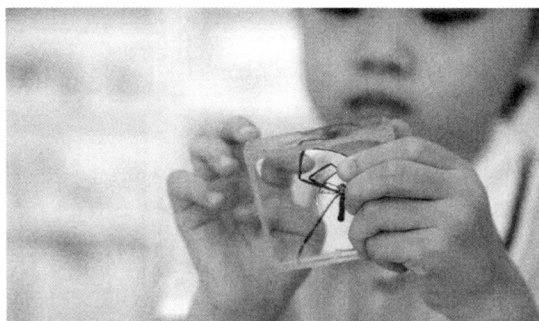

(2) 游戏二:操作昆虫和非昆虫认知图卡。

◆ 幼儿对图卡中的小虫子进行观察和对比,辨别出图卡中的动物是否属于昆虫。

◆ 导语:这里有一些小虫子卡片,请你们拿到卡片后找出里面的昆虫,摆放在昆虫的篮子里,不是昆虫的摆放在另一个篮子里。

(指导要点:引导幼儿仔细观察卡片,进一步对昆虫的基本特点,如具有头、胸、腹三部分和六条腿等进行深化认识,并鼓励幼儿小声交流自己的发现)

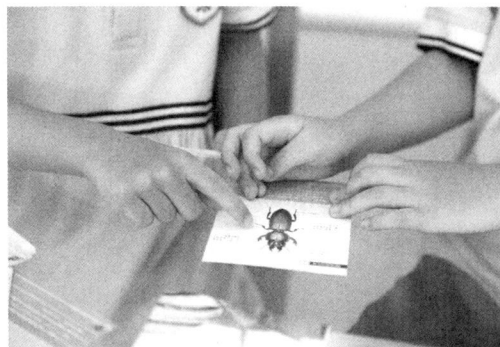

3. 小组间相互交换材料进行探究操作。

◆ 导语：刚才我们已经选择了一份材料来观察和操作，现在请你们和别的小组交换材料，看看有什么不一样的发现，可以小声地和朋友交流。

4. 分享讨论，提升经验。

◆ 引导幼儿分享今天操作昆虫相关材料后的发现，大胆分享区分昆虫和非昆虫的方法。

◆ 小结：小虫子的世界是丰富多彩的，通过观察和了解，我们知道了有头、胸、腹三部分和六条腿的小虫子，叫作昆虫。

活动延伸

★ 活动名称：昆虫对对碰。

在活动室，自主操作昆虫图案小卡片进行配对游戏。

材料：昆虫图案小卡片。

玩法：通过观察，找出不同环境下同一种昆虫的卡片配成一对好朋友。

★ 活动名称：小小昆虫世界。

在活动室，小组自主阅读与昆虫相关的图书。

材料：与昆虫相关的图书。

玩法：通过观察和阅读，了解与昆虫相关的知识，开阔眼界。

活动反思

幼儿通过对科学活动室里大量的昆虫标本和昆虫仿真模型进行观察、操作和比较，实现了在教室和户外难以开展的细致观察，科学活动室丰富的材料很好地满足了幼儿探究的欲望。

幼儿通过集体认识和自主观察相结合的方式了解了昆虫的基本特征。在这个过程中，我注意到幼儿的参与度非常高。他们对昆虫的生长过程产生了浓厚的兴趣，通过观察和操作，发现了昆虫生长的规律和细节。他们互相交流自己的发现，并尝试用自己的语言描述昆虫的特点。这种交流和分享的过程，不仅提高了幼儿的语言表达能力，也让他们学会了倾听他人的观点，尊重他人的成果。

幼儿在观察和操作的过程中，也存在一些疑惑，教师鼓励幼儿可以向其他小朋友请教，大家一起讨论。在活动结束后，教师还和幼儿一起利用活动室里的百科全书进行查阅，及时寻找答案。

（教师：李清岚　符惠萍）

方案7：谁吃谁（大班）

活动目标

1. 初步了解食物链，了解食物链中的相互关系。

2. 在观察和操作中感知食物链中事物的相互关系，愿意表达自己的发现。

3. 喜欢探究食物链的秘密。

活动准备

1. 经验准备。

    (1) 对动物吃什么有一定了解，了解吃与被吃的关系。

    (2) 了解食物链中箭头代表的含义。

2. 物质准备。

    (1) 教师资源：食物链课件。

    (2) 幼儿操作材料："有趣的食物链"操作单、食物链操作卡等。

活动过程

1. 回顾认知，导入活动。

◆ 提问：小朋友，你们还知道自然界中"你吃我、我吃它"组成的关系链叫什么吗？你们知道的食物链有哪些？

（指导要点：根据幼儿的表达和需求，决定是否出示食物链课件，引导幼儿自主表达。邀请两三名幼儿回答，时间不宜过长）

2. 小组操作，观察探索。

◆ 教师引导幼儿去生命科学区拿取与食物链有关的材料，自主选择一种游戏材料进行观察和探索。

(1) 游戏一：探索"有趣的食物链"操作单。

◆ 部分幼儿两两合作进行操作探究，在操作中感知食物链中吃与被吃的先后顺序。

◆ 导语：这里有一张操作单和对应的活动小卡片，请你们拿到卡片后先将卡片全部摆到桌面上，看看卡片上的图案是什么，按照谁先被吃，之后被谁吃的顺序给小卡片排排序。

（指导要点：引导幼儿利用卡片进行动物和食物链排序活动，进一步探索动、植物间的食物链关系。注意提醒幼儿将卡片按照谁吃谁的顺序排队，并鼓励幼儿小声交流自己的发现）

小结：操作单上的内容按照被吃的动物在前、吃的动物在后排序，形成了动植物之间的食物链。

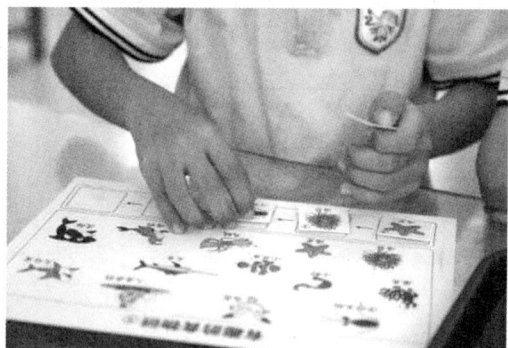

(2) 游戏二：探索食物链卡片。

◆ 部分幼儿两两合作，观察并操作食物链卡片，对比进行探究，在操作中感知食物链中吃与被吃的先后顺序。

◆ 导语：这里有一些食物链卡片，请你们拿到卡片后找出里面的食物链关系，按顺序将卡片摆放好。

（指导要点：引导幼儿利用卡片进行动物和食物连接排序活动，进一步探索动、植物间的食物链关系，并鼓励幼儿小声交流自己的发现）

(3) 小组间相互交换材料进行探究操作。

◆ 导语：请操作完材料的小朋友们先收拾整理好材料，再与别的小组交换材料，进行探究操作。

3. 分享讨论,提升经验。

◆ 教师引导幼儿分享今天操作食物链相关材料后的发现,总结食物链中的规律和其中事物的相互关系。

◆ 小结:食物链中动物、植物的相互联系,植物经常被动物吃,动物之间也会有吃与被吃的关系,其中一个接一个,相互依附,不可分割。

活动延伸

★ 活动名称:趣找食物链。

通过操作食物链卡片、阅读相关图书等途径探索食物链。

材料:食物链卡片、关于食物链的图书。

玩法:通过操作食物链卡片、阅读图书等方式,在生命科学区继续探索、发现食物链,并进行记录。

★ 活动名称:食物链知识竞赛。

幼儿以组为单位讨论并绘制食物链。

材料:黑色马克笔、A3 白纸。

玩法:幼儿以小组为单位,讨论与分享生活中有吃与被吃关系的动植物,由一名幼儿负责对讨论的食物链的结果进行记录。

活动反思

幼儿对动物界向来有着与生俱来的好奇心,该活动基于幼儿的认知基础,引导幼儿了解、探究食物链中的秘密。在活动中,教师引导幼儿初步了解食物链,了解食物链中的相互关系,并在观察和操作中感知食物链中事物的相互关系,愿意表达自己的发现。教师通过回顾认知,导入活动,激发幼儿对食物链的兴趣。接着,在小组操作和观察探索环节中,幼儿通过操作"有趣的食物链"操作单、食物链操作卡等材料,发现了动物、植物之间的食物链关系。该活动遵循"玩中学、做中学"的教育理念,充分调动了幼儿学习的自主性、积极性,提高了幼儿在游戏操作中观察、思考、操作的能力。

在幼儿探索操作的过程中,教师引导幼儿发散思维,发现操作过程中的食物链。如果部分幼儿对食物链中各个对象的前后关系比较模糊,教师应当在操作前通过图例的方式引导幼儿了解食物链中的各个对象之间吃与被吃的关系,强调食物链中的前后顺序,以此帮助幼儿提升巩固对食物链的理解,便于幼儿后续的操作。

(教师:邱　瑶　张可心)

方案 8：小鸡"蛋"生记（中班）

活动目标

1. 观察和了解小鸡孵化是从蛋到鸡的转变。

2. 在观察和比较中感知鸡蛋在孵化过程中的不同变化,愿意表达自己的发现。

3. 乐意探究鸡蛋孵化的秘密,感受生命的珍贵。

活动准备

1. 经验准备。

（1）知道鸡蛋孵化大致需要 21 天,了解孵化鸡蛋的条件。

（2）知道照蛋器的使用方法。

2. 物质准备。

（1）教师资源:鸡蛋孵化课件、鸡蛋孵化过程视频。

（2）幼儿操作材料:孵蛋器(可显示温度)、鸡蛋(用数字做好标记)、装蛋小筐、照蛋器、黑色记号笔、白纸等。

活动过程

1. 回顾认知,导入活动。

◆ 提问:小朋友,你们还记得鸡蛋是怎样变成鸡的吗？鸡蛋孵化成小鸡需要多少天呢？

（指导要点:根据幼儿的表达和需求,决定是否出示鸡蛋孵化课件,引导幼儿回顾鸡蛋孵化的变化过程）

2. 自由操作,观察探索。

◆ 教师引导幼儿去生命科学区拿取与鸡蛋孵化有关的材料,自主进行观察和探索。

（1）游戏一:探索照蛋。

◆ 导语:请小朋友们用照蛋器照一照手上的鸡蛋,看看有什么发现。

（指导要点:引导幼儿利用照蛋器仔细观察孵化中的鸡蛋的变化,注意照蛋过程中鸡蛋的取放,并尝试记录下来,鼓励幼儿小声交流自己的发现）

◆ 小结:原来我们在照蛋的时候会看到孵化中的鸡蛋,有的还什么都没有,有的会出现红血丝,有的会出现黑黑的点,这是因为鸡蛋的孵化时间不相同。

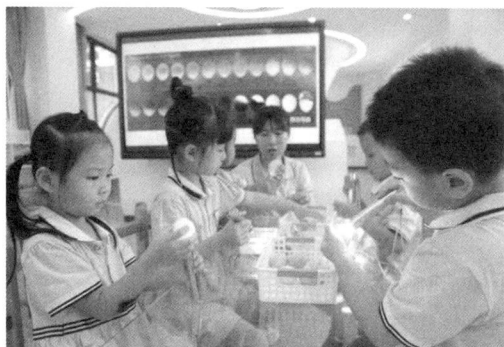

（2）游戏二：比一比谁手上的鸡蛋孵化得最快。

◆ 导语：请小朋友们两两组队，用照蛋器照一照装蛋小筐里的鸡蛋，给鸡蛋排排序。

（指导要点：引导幼儿利用照蛋器观察孵化中的鸡蛋的不同变化，并结合前期对鸡蛋孵化过程的了解，尝试比较出不同鸡蛋孵化的快慢，并鼓励幼儿小声交流自己的发现）

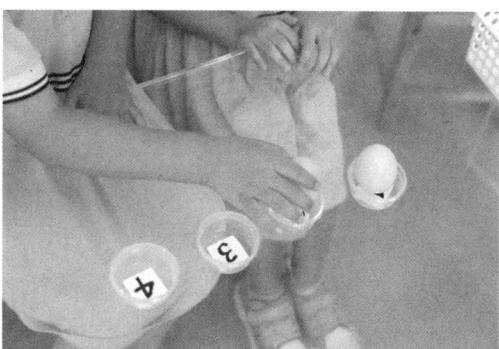

3. 分享讨论，提升经验。

◆ 教师引导幼儿分享今天照蛋的观察发现，并结合幼儿的观察发现和讨论，总结鸡蛋孵化的过程。

◆ 小结：鸡蛋的孵化大约需要 21 天，在此期间鸡蛋里的世界也在不断变化，因此大家在照蛋的过程中会观察到鸡蛋里面的不同。

活动延伸

★ 活动名称：照顾蛋宝宝。

幼儿定时观察照顾蛋宝宝。

材料：孵蛋箱、鸡蛋。

玩法:幼儿持续关注孵蛋箱中的鸡蛋,每天定时观察鸡蛋孵化的情况,按时翻蛋,完成每日观察记录表。

★ 活动名称:鸡蛋成长记。

幼儿操作鸡蛋孵化过程图卡。

材料:鸡蛋孵化过程中各个阶段的图卡、鸡蛋孵化操作底板。

玩法:结合自己的已有经验,观察各个阶段图卡中鸡蛋的变化,将图卡按照蛋到鸡的变化过程,有序摆放至操作底板上。

活动反思

该活动的目标是让幼儿观察了解小鸡孵化是从蛋到鸡的转变,感知鸡蛋在孵化过程中的不同变化,并乐意探究鸡蛋孵化的秘密,感受生命的珍贵。我们通过回顾认知,导入活动,激发了幼儿对鸡蛋孵化的兴趣。接着,在自由操作和观察探索的环节中,幼儿利用照蛋器仔细观察孵化中的鸡蛋的变化,发现不同鸡蛋孵化的快慢,并尝试记录下来。幼儿们在操作中积极探索、发现和交流,提高了观察力、探究能力。活动中,我们从幼儿的认知经验出发,鼓励幼儿结合已有经验进行自主发现和探究,发现幼儿能够通过亲身体验和实际操作对鸡蛋的孵化有更进一步的了解和认识。幼儿通过 20 多天的观察和照顾,深深地感受到了生命的可贵。

在这个过程中,科学活动室的资源和环境起到了重要的作用。活动室为幼儿提供了专业的照蛋器和孵蛋器等材料,以及宽松自由的操作空间。这些资源为幼儿的探索和学习提供了有力的支持,让他们能够更深入地了解鸡蛋孵化的过程。

(教师:张可心　邱　瑶)

方案 9:我从哪里来(大班)

活动目标

1. 了解胎儿生长的过程,感知爸爸和妈妈之间的不同。

2. 在观察与操作中感知生命的由来,愿意表达自己的想法。

3. 萌发对生命的珍惜之情和对人体探索的欲望。

活动准备

1. 经验准备。

   看过妈妈怀孕时的照片、视频。

2. 物质准备。

   (1) 教师资源：胎儿孕育全过程视频、图片。

   (2) 幼儿视听材料：《生命的孕育》操作图卡若干，孕育相关书籍，如《我的身体互动百科发声书》之"我从哪里来"部分、《我是爱的种子》、《我从哪里来》。

活动过程

1. 导入活动，激发幼儿的求知兴趣。

◆ 提问：妈妈的肚子里有一座温暖又舒适的房子，我们出生前都生活在这里。你们知道我们是怎么进入妈妈肚子里的吗？我们在妈妈肚子里是怎样成长的？

（指导要点：出示妈妈怀孕的图片，引导2—3名幼儿简要表达自己的想法，激发幼儿探索孕育的兴趣）

2. 自主探索，了解孕育过程。

(1) 通过绘本获取知识经验。

◆ 引导幼儿去人体探索区自由挑选与孕育相关的书籍，自由阅读、交流。

（指导要点：引导幼儿自由阅读与孕育相关的书籍，通过阅读了解爸爸和妈妈的不同、受精卵的形成、胎儿的生长发育过程等知识，并鼓励幼儿积极和同伴交流自己的想法）

(2) 观看生命孕育视频。

◆ 引导幼儿观看生命孕育视频，鼓励幼儿小声交流自己的想法。

（3）操作《生命的孕育》图卡。

◆ 引导幼儿拿取《生命的孕育》操作图卡，并根据自己的理解完成图卡排序。

（指导要点：引导幼儿仔细观察、分析各阶段胎儿发育的不同特点，完成《生命的孕育》图卡排序）

3. 交流总结，提升经验。

◆ 导语：现在你们知道我们在妈妈肚子里是怎么形成和生长的吗？

◆ 小结：第一个月：爸爸把身体里的很多精子送给妈妈，妈妈身体里的卵子挑选最勇敢、最优秀的一颗精子拥抱而形成受精卵，受精卵来到妈妈肚子里的小房子——子宫居住，接着这个小生命就开始发育了。

第二个月：心脏开始跳动，身体像个小海马。

第三个月：初具人形，大脑、小脑、脊椎等已形成。

第四个月：听力系统、循环系统开始形成，喜欢吸入和吐出羊水。

第五个月：所有器官发育完成，皮肤是半透明状态。

第六个月：像皱巴巴的小老头，骨骼结实、听力灵敏。

第七个月：能睁开眼睛，但视力较弱。

第八个月：练习睁眼闭眼，意识开始萌芽，头部朝下。

第九个月：皮肤是粉红色，头部进入骨盆，做好了出生的准备。

第十个月：宝宝出生啦！

活动延伸

★ 活动名称：可爱的宝宝。

用超轻黏土制作各个月份胎儿的模型。

材料：超轻黏土、马克笔。

玩法：根据胎儿各个月份的生长发育特点，用超轻黏土和马克笔制作胎儿在妈妈肚子里各个月份的模型。

★ 活动名称：我说你猜。

根据图卡上的胎儿发育特点，猜测胎儿的月份。

材料：各个月份胎儿发育的图卡。

玩法：两两合作，一名幼儿抽出一张胎儿发育图卡，描述出该月份胎儿的发育特点，另一名幼儿根据描述猜出是几个月大的宝宝。

活动反思

《3—6岁儿童学习与发展指南》中指出要尽量创造条件让幼儿通过亲身体验和实际参与的方式，感受科学探究的过程和方法，体验发现的乐趣。因此，该活动利用科学活动室资源提供了多种与孕育相关的书籍、关于胎儿生长过程的视频和可操作的生命孕育卡片，同时为幼儿开展探究活动创造了宽松舒适的环境，让幼儿在科学活动室自主选择材料操作。整个活动过程以幼儿为主体，充分调动幼儿的探究积极性，让他们在轻松愉快的氛围中学习、获得生命由来的经验。活动通过三个环节展开：① 发起，通过图片、提问的方式，激发幼儿参与活动的兴趣；② 操作，通过观看绘本和视频获得经验，再挑战完成操作图卡；③ 总结与交流，提高幼儿的科学探究经验。在各环节中，我们鼓励幼儿运用多种感官、多种方式进行探索活动，让幼儿在观察与操作中发现胎儿生长的秘密。幼儿在操作《生命的孕育》图卡时，因为各个月份的胎儿特征差异比较细微，部分幼儿较难区分，所以，教师要注意引导幼儿通过观察、分析各个月份胎儿的特点，去认真区分然后完成操作图卡。

（教师：郑金丹　张可心）

方案 10：血液循环的秘密（大班）

活动目标

1. 了解血液在人体中的循环途径。

2. 在观察与操作中感知血液的循环,并积极分享自己的发现。

3. 激发幼儿探索人体秘密的兴趣。

活动准备

1. 经验准备。

　　(1) 认识人体心脏、肺等器官及其结构。

　　(2) 了解血液对人体的重要性(如为人体输送氧,提供营养和热量等)。

2. 物质准备。

　　(1) 教师资源:人体主要器官、血管结构图。

　　(2) 幼儿操作材料:血液循环模型、血液循环实验材料包、血液循环卡片若干。

活动过程

1. 导入活动,激发幼儿探索兴趣。

◆ 提问:你们还记得血液对身体有什么帮助吗?

◆ 提问:血液是我们身体中不可或缺的好朋友,那么,它在身体中输送营养,提供热量时会走哪一条"路"呢?

(指导要点:出示人体主要器官、血管结构图,引导幼儿简要回忆血液对身体的作用)

2. 自主操作,探索血液循环途径。

◆ 引导幼儿去人体探索区拿取血液循环相关的材料,自主操作与观察。

(1) 游戏一:探索血液循环模型。

◆ 部分幼儿探索血液循环模型,通过观察与交流发现血液循环途径。

(指导要点:引导幼儿操作血液循环模型,通过观察血液流动指示灯的变化,发现血液循环途径,并愿意和同伴交流自己的发现)

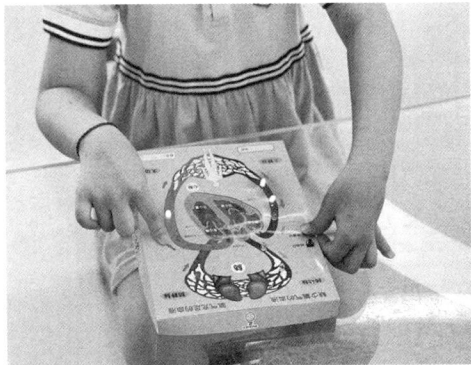

（2）游戏二：血液循环实验。

◆ 部分幼儿进行血液循环实验，通过探索与操作发现血液循环的途径。

（指导要点：引导幼儿自主开展血液循环实验，通过观察血液流动的轨迹，发现血液循环的途径，并能和同伴交流自己的发现）

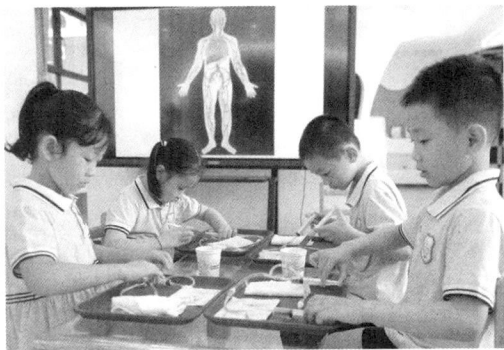

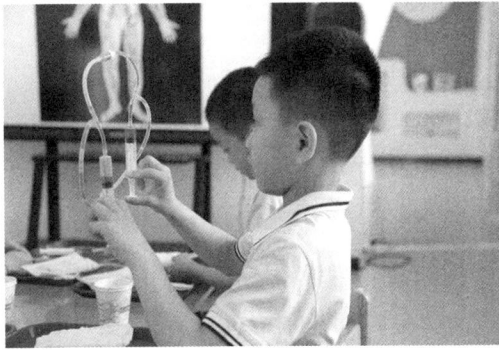

（3）游戏三：血液循环路径贴图。

◆ 引导幼儿去人体探索区拿取血液循环卡，将心脏、肺、静脉、动脉、血液流动箭头等粘贴在卡上完成血液循环路径图。

3. 交流总结，提升经验。

◆ 导语：你们发现血液在输送营养和热量时的路线了吗？

◆ 小结：血液循环分为两条路径。一是体循环，血液从左心室出发，通过动脉流向全身，然后通过输送氧气、营养等物质后形成静脉血流向右心房；二是肺循环，血液从右心室出发，通过静脉流向肺部，在肺部交换营养物质后形成动脉血流回左心房。

活动延伸

★ 活动名称：流动的血液。

在人体结构图卡上制作人体血液循环观察卡。

材料：人体结构卡和心脏、肺、静脉、动脉、血液流动箭头图卡。

玩法：引导幼儿在人体结构卡上粘贴心脏、肺、静脉、动脉等形成血液流动循环路径的卡片，制作人体血液循环观察卡。

★ 活动名称：看谁拼得快。

组织幼儿进行血液循环拼图比赛。

材料：血液循环拼图。

玩法：人手一份血液循环拼图，根据血液循环途径，比一比谁能快速地将拼图拼好。

活动反思

首先，从活动目标的达成情况来看，幼儿能够了解血液在人体中的循环途径，感知血液的循环，并积极分享自己的发现。其次，从活动过程的组织和实施情况来看，本次活动的导入环节有效地激发了幼儿的探索兴趣。通过出示人体主要器官、血管结构图，教师引导幼儿简要回忆血液对身体的作用，为后面的自主操作环节做好铺垫。在自主操作环节，幼儿能够去人体探索区拿取与血液循环相关的材料，自主操作与观察。通过观察血液流动指示灯的变化、进行血液循环实验以及完成血液循环路径贴图等活动，幼儿能够发现血液循环的途径，并愿意和同伴交流自己的发现。在幼儿进行血液循环实验时，教师要注意：因为两条血液循环途径是同时进行的，所以要引导幼儿连续观察血液的流动方向，从而发现血液循环的途径。在交流总结环节中，我们引导幼儿分享自己的探索发现和想法，带领幼儿共同梳理了血液循环的过程和特点，帮助他们更好地理解和记忆。在今后的教学活动中，我们将更加注重培养幼儿的自主学习能力和探究精神，为他们提供更多、更丰富的资源，让他们自由探索、操作、发现。

（教师：张可心　郑金丹）

方案 11：肚子里有个火车站（大班）

活动目标

1. 掌握消化系统各器官的名称及功能。
2. 在操作中感知消化道各器官的特点和位置的关系,并积极分享自己的发现。
3. 萌发对人体消化系统的探究热情。

活动准备

1. 经验准备。
   (1) 阅读过《肚子里有个火车站》。
   (2) 观看过《食物去哪里了?》的视频。
2. 物质准备。
   (1) 教师资源:人体消化系统立体模型。
   (2) 幼儿操作材料:人体模型、人体消化系统围裙、消化系统平面拼图、消化系统黏土材料包、自制食物消化模型材料包。

活动过程

1. 回顾认知,导入活动。
◆ 提问:小朋友们,你们还记得我们人体的肚子里有一个"消化系统火车站"吗? 这个火车站的起点是哪里? 经过哪些站点? 终点站是哪里呢?
◆ 小结:起点是口腔,经过食道、胃、小肠和大肠,终点站是肛门。
(指导要点:教师出示人体消化系统立体模型,重点引导幼儿通过观察模型,梳理出消化道各器官从上往下的顺序)
2. 自由操作,观察探索。
◆ 教师引导幼儿自主去生命科学区拿取与人体消化系统有关的材料,每次选择一种游戏材料进行探索。
(指导要点:教师依据材料的难易程度提醒幼儿单独或合作进行操作;观察幼儿的操作行为,适时给予引导)
   (1) 游戏一:探索消化系统平面拼图。
◆ 幼儿正确拼装消化系统各器官,通过操作和观察感知消化系统各器官的位置关系。

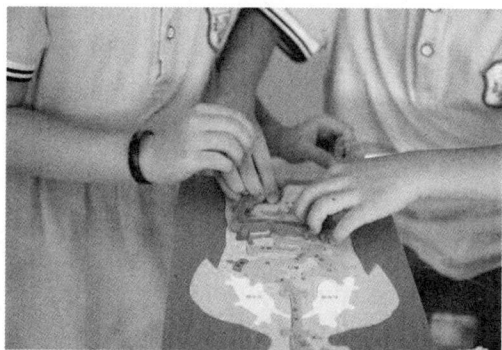

（2）游戏二：探索消化系统黏土材料包。

◆ 幼儿用黏土捏出消化系统各器官并贴于正确位置，通过操作和观察感知消化系统各器官的外形特征和相互关系。

（3）游戏三：探索人体消化系统围裙。

◆ 一名幼儿将人体消化系统围裙穿在身上，另一名幼儿将各器官正确粘贴至围裙上，通过操作和观察感知消化系统在人体内的位置关系。

（指导要点：引导两名幼儿合作操作材料）

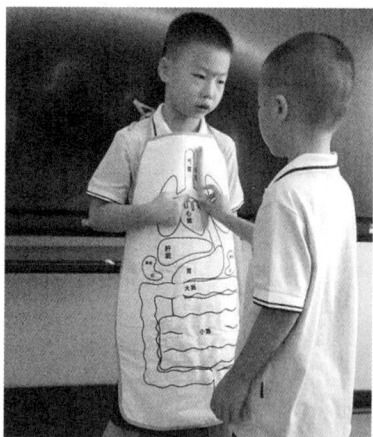

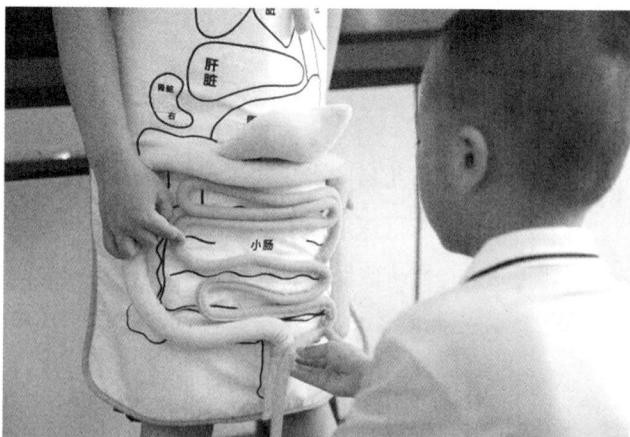

(4) 游戏四：探索自制食物消化模型材料包。

◆ 幼儿拼贴消化道，将豆子放入模型操作，感知人体消化食物的过程。

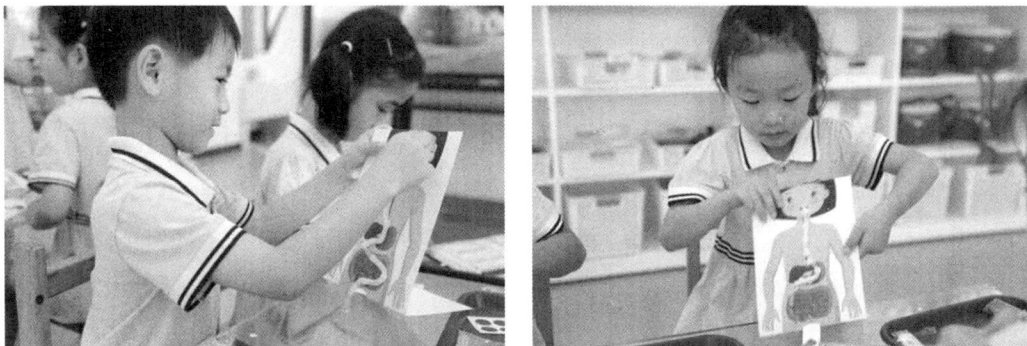

3. 交流发现，总结提升。

◆ 总结：食物来到"消化系统火车站"，会从口腔出发，经过像管子一样的食道，来到像袋子一样的胃里，然后通过又长又细的小肠隧道和粗粗的大肠隧道，最后到达终点站——肛门，被排出体外。

活动延伸

★ 活动名称：豆子变魔术。

在活动室小组自主探索自制食物消化模型材料包。

材料：自制食物消化模型材料包。

玩法：将吸管正确贴于人体卡片上，将豆子在口腔、食道、胃、小肠、大肠的不同状态的小卡片正确贴于消化器官上，观察豆子在消化系统的过程变化。

★ 活动名称：到底有多长。

在活动室小组自主探索消化系统围裙。

材料：消化系统围裙。

玩法：将消化系统围裙上的小肠和大肠拆分下来，幼儿自主选择测量工具和方法测量两者的长度，并进行记录。

活动反思

关于消化系统的相关知识是幼儿生活中容易接触到的，常见于绘本和科学小视频。该活动联系幼儿的生活与实际经验，幼儿通过对科学活动室丰富的材料进行操作、探索、观察，充分感知并熟悉了消化系统各器官的特点和位置关系。幼儿在活动中有自主操作，也有合作操作，做到了与同伴及材料互动，对人体消化系统产生了极为浓厚的探究兴趣。

在这个过程中,幼儿能够积极表述自己的发现,与同伴交流自己的操作经验。他们用自己的语言描述了消化系统各器官的特点和位置的关系,以及食物在消化系统中的消化过程,在分享的过程中我们共同梳理了消化系统的工作过程和特点。

相较于在班级开展活动,在科学活动室开展活动具有更明显的优势。首先,科学活动室提供了更为丰富和专业的操作材料,如人体消化系统立体模型、人体模型、人体消化系统围裙等,这些材料能够帮助幼儿更好地感知和理解消化系统的工作过程。其次,科学活动室的空间更大,幼儿可以自由操作和探索,不会受到班级空间的限制。此外,科学活动室还有专业的教师资源,能够为幼儿提供更准确和深入的指导和帮助。

(教师:张　潇　张可心)

方案 12:西瓜旅行记(大班)

活动目标

1. 在认识人体消化系统主要器官名称、功能的基础上,了解各器官的相互关系,知道食物在消化系统中的消化过程。
2. 尝试制作消化系统模型,并能够在操作中进行食物消化的实验,进一步加深对消化系统的理解。
3. 乐于探索人体消化系统的奥秘,感知消化系统对人体的重要性。

活动准备

1. 经验准备。
   (1) 知道消化系统主要器官的名称、功能及相互关系。
   (2) 能够正确完成消化系统的平面拼装。
   (3) 知道平面模型和立体模型的区别。
2. 物质准备。
   (1) 教师资源:人体消化系统平面挂图。
   (2) 幼儿操作材料:人体模型、漏斗、透明塑料软管、气球(袋子)、剪刀、胶带(绳子)、托盘。

活动过程

1. 回顾认知,导入活动。

◆ 提问:你们还记得消化系统都有哪些器官吗? 它们的作用是什么?

(指导要点:根据幼儿探究需要决定是否出示平面挂图,引导幼儿自主表达)

2. 分组操作,观察探索。

(1) 游戏一:制作消化系统模型。

◆ 导语:请组内的小朋友自主分工拿取材料,并合作拼装完整的消化系统。

(指导要点:引导幼儿分工选择制作各器官的材料,并合作完成整个消化系统模型的制作,根据幼儿的实际操作水平给予一定的帮助,鼓励幼儿小声交流自己的发现)

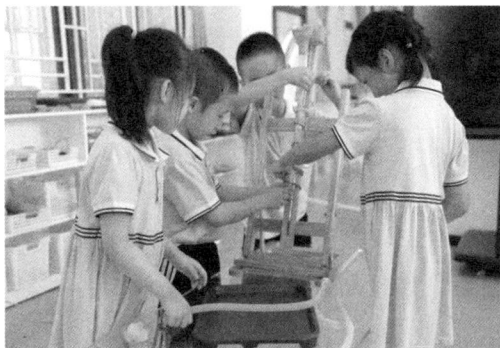

(2) 游戏二:食物消化实验。

◆ 将食物放进消化系统立体模型中,感知食物被消化的过程。

(指导要点:引导幼儿结合消化系统的物理性消化进行实验,例如当食物太大时,则可以引导幼儿结合口腔咀嚼食物的功能将食物切割成小块)

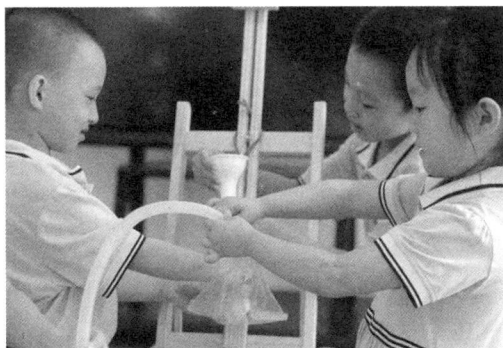

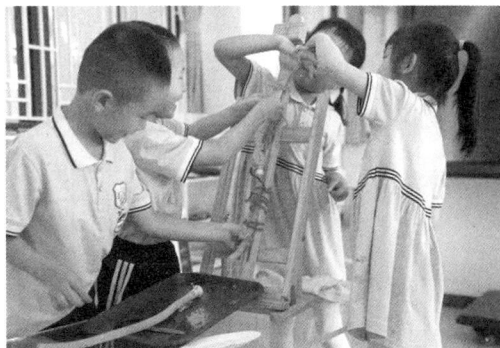

(3) 交换模型,对比体验不同消化模型的特点。

◆ 导语:请各小组交换材料进行实验,了解其他组的模型与自己组的不同之处。

(指导要点:引导幼儿对比发现自己组的模型和别的组模型的优缺点,鼓励幼儿小声交流并总结适合的材料)

3. 集中交流发现。

◆ 提问:你们组的模型在实验的时候发生了什么问题?为什么会出现这种问题?可以怎么改进?

◆ 总结:大块的西瓜在口腔里被咀嚼成小块,经过食道运输至胃里,通过胃的蠕动和胃酸的作用,西瓜变成了"西瓜粥",然后被送往小肠,西瓜的营养都被人体吸收,最后在大肠形成便便,通过肛门排出,这就是西瓜在消化系统里的"旅行"。

活动延伸

★ 活动名称:胃酸遇到小饼干。

在活动室,小组操作胃酸消化实验。

材料:盛水的烧杯、苏打粉、饼干。

玩法:将饼干切块放入烧杯,再把苏打粉倒入杯中,等待观察饼干的变化。

★ 活动名称:便便是怎么来的。

在活动室,小组操作西瓜经过小肠与大肠的实验。

材料:消化系统立体模型、短筒袜、西瓜。

玩法:将立体模型的小肠部分用短筒袜代替,用西瓜进行食物消化实验,观察西瓜通过小肠和大肠后(用手挤压西瓜排除水分)其形态发生的变化。

活动反思

经过对人体消化系统各器官的特点和位置关系的认识,本次活动重点引导幼儿通过操作、实验探索消化系统消化食物的功能。幼儿在制作消化系统模型和进行食物消化实验时,既有自主选择,又有分工合作,最大限度地发挥了主观能动性和探索的积极性。在集中交流环节中,幼儿通过自评和互评的方式,发现两个自制消化系统模型的优缺点,在对比中习得了如何选择最佳材料和最优的制作方法,学会了与同伴合作,通过共同学习,提高了自身水平。通过本次活动,幼儿不仅掌握了消化系统主要器官的特点和功能,更重要的是,他们在操作中感知了食物消化的过程,愿意讲述自己的发现。同时,幼儿对参与探究活动表现出了浓厚的兴趣,他们更乐于探索人体消化系统的奥秘。这些经验和学习方法的获得对于幼儿的发展具有重要意义。

(教师:张可心　张　潇)

方案 13：神奇的唾液（中班）

活动目标

1. 知道唾液中含有唾液淀粉酶,唾液淀粉酶可以消化食物中的淀粉。

2. 在观察和实验中感知唾液对淀粉的消化作用,愿意表达自己的发现。

3. 喜欢动手实验,乐于探索消化酶的秘密。

活动准备

1. 经验准备。

（1）知道淀粉遇碘会变蓝,有操作"淀粉遇碘"实验的经验。

（2）感知过淀粉,了解哪些食物中含有淀粉。

2. 物质准备。

幼儿操作材料:人工唾液、烧杯、滴管、碘、馒头、水果、白菜、白色托盘、标签、白纸、黑色水笔。

活动过程

1. 回顾结果,导入活动。

请幼儿讲述"淀粉遇碘"的实验。

◆ 提问:淀粉宝宝是什么颜色? 碘酒宝宝是什么颜色? 它们相遇会有什么神奇的反应?

◆ 小结:淀粉宝宝是乳白色的,碘酒宝宝是棕色的,它们相遇会变成蓝(紫)色的。

2. 分组实验,观察记录。

（1）游戏一:探索馒头加碘的反应。

◆ 在烧杯中滴入碘酒,观察馒头的颜色变化。

◆ 导语:今天请来了一个新朋友,请小朋友们猜一猜将它和碘酒宝宝放在一起会出现什么现象。

（指导要点:将馒头分成小块放入烧杯中,引导幼儿正确使用工具和材料进行操作,并用自己的方式在纸上记录结果）

◆ 小结:馒头遇到碘酒宝宝也会变成蓝色,说明馒头里含有大量的淀粉。

(2) 游戏二:探索唾液对淀粉的消化作用。

◆ 将唾液和馒头充分搅拌,再将碘酒滴入其中,观察颜色变化。

◆ 导语:馒头遇到碘酒后不想自己变色,所以我请来了一个神秘嘉宾——唾液来帮助它们,我们一起来看看它能不能帮忙。

(指导要点:引导幼儿将馒头与唾液充分搅拌,并用自己的方式将观察到的实验现象记录下来)

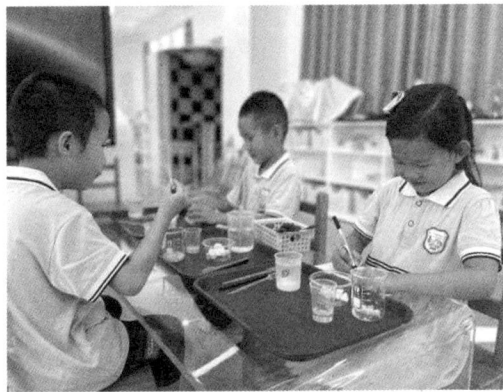

3. 讨论交流,提升经验。

◆ 提问:谁先来分享一下你是怎么做实验的? 得到了什么样的结果? 怎么记录的?

(指导要点:引导幼儿结合记录表说出自己的实验结果)

◆ 总结:我们的唾液里有一种叫酶的物质,它可以消化馒头里的淀粉宝宝,所以在它的帮助下,馒头和碘酒遇到一起才没有变颜色。

活动延伸

★ 活动名称:谁藏着淀粉宝宝。

在活动室小组自主探索"淀粉遇碘"的实验。

材料:烧杯、托盘、碘酒、搅拌棒、米饭、面包、水果、白菜、土豆、面粉等。

玩法:将各种食材分别放入不同的烧杯里,加水搅拌,滴入碘酒,观察颜色的变化。

★ 活动名称:爱泡澡的唾液淀粉酶。

在活动室,幼儿分小组探索影响唾液淀粉酶活性的因素。

材料:人工唾液、温度计、烧杯、淀粉、碘酒、记录表、水(冰水、37 摄氏度的温水、80 摄氏度的热水,热水由教师帮忙操作)。

玩法:将淀粉加水稀释,加入人工唾液,均匀地分装在 3 个试管中,在教师的协助下将 A、B、C 三个试管分别置于冰水、37 摄氏度的温水和 80 摄氏度的热水中,静置几分钟,滴入同量碘酒,观察三者的颜色变化,感知唾液淀粉酶活性跟温度的关系。

活动反思

我们引导幼儿根据"淀粉遇碘"实验的经验,探索唾液淀粉酶对馒头中淀粉的消化作用。在分组实验环节中,我们为幼儿提供了人工唾液、烧杯、滴管、碘、馒头等操作材料,让他们自己动手探索馒头加碘的反应和唾液对淀粉的消化作用。通过观察幼儿的操作行为,我们发现他们能够正确使用工具和材料,与同伴合作完成实验,并用自己的方式在记录表上记录结果。在游戏一中,幼儿通过观察馒头加碘的反应,发现馒头里含有大量的淀粉。在游戏二中,幼儿通过探索人工唾液对淀粉的消化作用,发现人工唾液可以帮助馒头抵抗碘酒的变色。这些发现都是幼儿自己动手实验得出的,说明中班幼儿已经具备了一定的自主学习和合作学习的能力。他们能够正确使用工具和材料,用自己的方式进行记录,并与同伴进行交流。在今后的教学活动中,我们将更加注重培养幼儿的自主学习和合作学习能力,为他们提供更多、更专业的操作材料和指导。

个别幼儿在进行实验二的操作中,其烧杯中会出现一层紫色的漂浮物,是因为馒头没有与人工唾液充分溶解,所以在小结分享环节,老师应该提出此现象引发幼儿的猜想,并引导幼儿进行实验的时候要将人工唾液与馒头进行充分搅拌溶解。

(教师:张 潇 符惠萍)

方案 14：什么不见了（中班）

活动目标

1. 知道生活中有些物质能溶于水，初步感知升高水温能加快溶解。
2. 通过对比实验感知溶解现象，大胆表达自己的发现。
3. 对溶解现象感兴趣，愿意参与探究实验活动。

活动准备

1. 经验准备。

   知道糖和盐溶于水。

2. 物质准备。

   幼儿操作材料：人手一个杯子、一把小勺，白糖、大米、大豆、温水、冰水，人手一张操作记录表。

活动过程

1. 讲故事《小白鹅买糖》导入活动。

◆ 提问：一只小白鹅想帮妈妈做事，妈妈让她帮忙买一袋白糖，小白鹅答应了。小白鹅高高兴兴地买了白糖，到了河边，一不小心，把糖袋子弄破了，糖都撒到了河里。小白鹅会游泳，连忙到河里去捞，可是她在河里翻了个遍，也没有找到白糖。小朋友，你知道白糖到哪里去了吗？

2. 小组操作，观察探索。

◆ 教师引导幼儿实验操作和对比观察，探索溶解的秘密。

◆ 导语：到底是不是像你们猜的这样呢？我们一起试试看。

（1）游戏一：谁不见了。

◆ 幼儿把白糖、大米、大豆分别放在水里，观察溶解的现象并记录结果。

◆ 操作要求：小朋友看操作记录表上物品的图片到材料区选取相应的材料，逐一将实验材料放入水杯里，再向水杯里倒入温水，用小勺搅拌，观察它们在水里的现象。

（指导要点：引导幼儿认识工具和材料，提醒幼儿把能溶解的材料和不能溶解的材料分别放在桌子两边，并进行记录）

（2）游戏二：看看谁最快。

◆ 幼儿将等量的糖分别放入冰水与温水中感知其溶解现象。

◆ 提问：把糖分别放进装有冰水和温水的杯子里，哪边的糖先消失呢？

（指导要点：引导幼儿将等量的糖，分别同时倒进等量的冰水和温水中）

◆ 小结：在我们的生活中，有一些东西放入水中会产生溶解现象，且在水温不同的情况下溶解的速度也会有变化。一般来说，水温越高，溶解速度越快。

活动延伸

★ 活动名称：还有谁会不见。

材料：幼儿在科学活动室自由寻找材料，进行溶解现象的探索。

玩法：将寻找到的材料放入装有水的杯子里，探索其溶解现象。

★ 活动名称：变温溶解。

材料：酒精灯、电热水壶、烧杯、水。

玩法：自由选择一种加热工具，尝试对比不同温度下，同种材料的溶解速度（教师注意安全指导）。

活动反思

在本次操作活动中，我们尊重幼儿的自主探索能力，请幼儿在科学活动室实验区自主选择适宜的探索材料，既调动了幼儿学习的自主性、积极性，又加深了幼儿的探索印象。通过小组内探索，幼儿之间能够相互交流、学习。小组间互换材料探索，可以让幼儿在经验建构的基础之上体验"哪些物质溶于水""影响溶解速度的因素有哪些"等不同的探索内容和游戏玩法。在整个活动中，我们始终以幼儿为中心，帮助他们通过直观、形象的实验操作和对比观察获得经验，引导他们进行自主探究和学习。从质疑到操作，到观察、感知，再到思考、总结提升经验，以及同伴间的相互合作，这些都更好地激发了幼儿探究的积极性。

（教师：李文婷　潘　娜）

方案 15：会变的颜色（中班）

活动目标

1. 感知红、黄、蓝三原色两两相配会变色,发现原色量的变化会影响颜色的变化。
2. 能用简单的方法记录操作结果。
3. 愿意和同伴一起玩游戏,感受颜色变化带来的快乐。

活动准备

1. 经验准备。

   阅读过科学活动室幼儿视听材料《自己的颜色》,知道正确使用滴管、量杯的方法,认识量杯刻度。

2. 物质准备。

   幼儿操作材料:红、黄、蓝三种颜色的黏土、色素每组一份,滴管、量杯、搅拌棒、棉签若干;操作记录表每组 2 张,红、黄、蓝三种颜色的圆形贴纸每人一张。

活动过程

1. 回顾认知,导入活动。

◆ 导语:今天,老师带来了三个好朋友,一起看看它们是谁。(小蓝、小黄和小红)生活中什么东西是蓝色的? 什么东西是黄色的? 什么东西是红色的呢?

2. 小组操作,观察探索。

(1) 游戏一:黏土变变变。

◆ 导语:当小蓝和小黄抱在一起的时候,会发生什么变化?

◆ 操作要求:幼儿根据操作记录表上的组合,选择两种不同颜色的黏土球进行融合,引导幼儿观察色彩的变化,并记录在相应的表格中。

(指导要点:准备的黏土球大小要统一。引导幼儿注意观察颜色的变化,获得两种颜色混合可以变成另外一种颜色的经验)

◆ 小结:原来不同的颜色充分混合后,会变成另一种颜色,红色加蓝色变成紫色,红色加黄色变成橙色,黄色加蓝色变成绿色。

(2) 游戏二:色素变变变。

◆ 导语:当彩色的液体进行混合会发生什么变化呢?

◆ 操作要求:幼儿自由选择两种色素进行混合,在操作记录表中做好记录。

(指导要点:请幼儿关注自己所取的量,并及时在操作记录表中记录相应量,引导他们发现当两人取相同的两种色素而量不同时,颜色变化的结果也不相同)

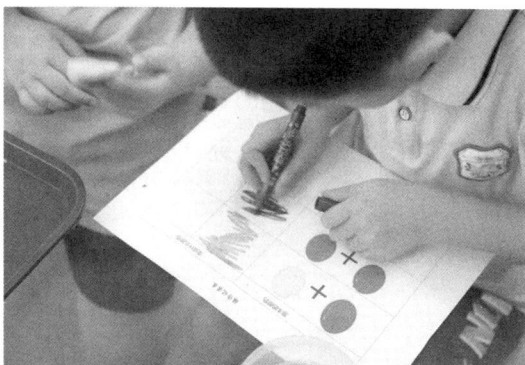

3. 分享实验,梳理经验。

◆ 小结:在我们的生活中有些固体或液体的材料,它们进行混合后,会发生变化,并且当我们选择的材料量的多少不同时,混合的结果也会不一样。

"小问号"科学活动室"会变的颜色"操作记录表

原本的颜色	测一测、看一看,变成什么颜色
红 ＋ 黄	
蓝 ＋ 红	
蓝 ＋ 黄	

活动延伸

★ 活动名称:颜色大变身。

材料及玩法:10个装有半瓶清水的矿泉水瓶,20个内侧涂上颜料的瓶盖,幼儿自选多种颜料混合变成新的颜色。

★ 活动名称:光宝宝和颜色做游戏。

材料:光影组合套件、透明胶片、水彩笔若干。

玩法:引导幼儿根据自己喜欢的造型剪出透明胶片并涂色,玩光影游戏。

活动反思

此活动让幼儿认识红、黄、蓝三原色及两两相配会变色,知道蓝黄相配是绿色,红黄相配是橙色,红蓝相配是紫色,且这些颜色在生活中几乎随处可见。幼儿愿意和同伴一起玩游戏,感受颜色变化带来的视觉感受和快乐,萌生出进一步探究其他颜色相配的欲望。同时,这次活动也达到了预期的效果。幼儿在动手操作的过程中,不仅学到了颜色变化的知识,也提高了动手能力和合作精神。在活动中,幼儿选取的原色因量的不同,可能会出现混合后颜色不一致的情况。这是引发幼儿持续观察和感知的一个契机,我们提醒幼儿关注并记录原色的量,发现量的变化对混合色结果产生的影响,更好地激发了中班幼儿对混合色的深入探究,也培养了幼儿的观察分析能力。

(教师:李文婷　潘　娜)

方案 16:认识温度计 (中班)

活动目标

1. 认识常见的温度计,知道温度计可以测量温度。
2. 在观察和探索中初步掌握正确使用温度计的简单技能。
3. 对测量温度感兴趣、喜欢科学探究。

活动准备

幼儿操作材料:多种温度计(如电子温度计、红水温度计、水银温度计、温度湿度计等);记录表、笔。

活动过程

1. 导入活动,引起兴趣。

◆ 教师出示各类温度计,激发幼儿的兴趣。

◆ 导语:你们认识这些工具吗? 它们有什么本领? 从这支温度计里你能得到哪些信息?

(指导要点:引导幼儿关注温度计种类多样,并观察发现它们的共同点:都有数字、单位等信息)

2. 自由操作,观察实验。

(1) 游戏一:厉害的水温计。

◆ 导语:我们现在需要测量水的温度,用不同的温度计测量结果会一样吗?

◆ 操作要求:引导幼儿观察不同的温度计放入相同温度的水中数字和水银柱的变化,并正确记录水温。

(指导要点:提醒幼儿正确使用水银温度计,保护好水银温度计,以免造成伤害)

◆ 小结:当我们选择同样的常温水,用不同的温度计进行测量时,它的温度都会相同。

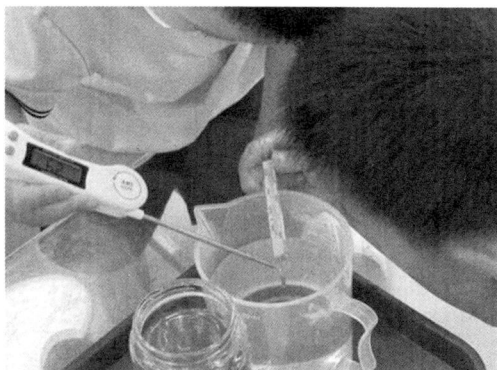

(2)游戏二:温水变变变。

◆ 导语:我们用温度计去测量不同的水温,你们看看有什么发现。

◆ 操作要求:幼儿选择一种温度计尝试测量不同的水温,观察温度计在不同水温里的变化,及时记录结果。

◆ 小结:测量冷水时温度计的红柱子短,测量热水时红柱子会变长,这个现象叫"热胀冷缩"。

活动延伸

★ 活动名称:颜色与温度。

材料:不同颜色的试剂瓶。

玩法:通过测量发现颜色与温度的关系。

★ 活动名称:穿什么衣服。

材料:季节卡、多种厚薄不一的衣服的图片。

玩法:引导幼儿将活动的经验迁移到生活中,说说不同季节、不同气温适合穿什么样的衣服。

活动反思

温度计被广泛地运用在我们的生活和工作中,比如测量体温、测量气温等。幼儿虽然见过温度计,但对温度计的种类、测量的方法缺乏整体的认知。该活动帮助幼儿建构使用温度计进行测量的相关经验,感知温度计在生活中的作用,从而对测量活动产生兴趣。科学活动室温度测量工具多样,便于幼儿自主选择。正因为此,幼儿对测量温度产生了浓厚的兴趣,喜欢科学探究。在活动中,我们也发现了一些不足之处。例如,在游戏一中,我们应更注重幼儿的观察和操作过程;在游戏二中,我们应更强调正确记录结果。在今后的活动中,我们会更加注重引导幼儿掌握正确的操作方法,培养他们的科学素养和实践能力。

(教师:潘　娜　李文婷)

方案 17：颜色与温度 （大班）

活动目标

1. 感知容器颜色的深浅与水温高低的关系。
2. 通过测量不同深浅颜色杯中的水温,对比发现温度的变化,并正确记录水的温度。
3. 能大胆分享自己的猜想,与同伴合作完成实验。

活动准备

1. 经验准备。

   会使用温度计,有使用电取暖器的经验。
2. 物质准备。

   幼儿操作材料:温度计若干,电取暖器 2 个,小口试剂瓶(每 3 个为 1 组,分别为透明、白色、深棕色,每个瓶里装三分之二的水)若干组,操作记录表和笔若干。

活动过程

1. 回顾认知,导入活动。

◆ 提问:小朋友,你们还记得温度计怎样使用吗？谁来用温度计测量一下这个试剂瓶里水的温度？

2. 小组操作,观察探索。

(1) 游戏一:水温大调查。

◆ 操作要求:教师引导幼儿 4 人为一组,每组取 1 个温度计和 1 组试剂瓶,让幼儿用温度计分别测量每个试剂瓶里水的温度,引导幼儿分别记录 3 个试剂瓶里水的温度,并用自己的方式区别试剂瓶的不同颜色,在操作记录表上做记录。

(指导要点:引导幼儿观察试剂瓶的颜色对温度测试结果的影响,并提醒幼儿玻璃试剂瓶要轻拿轻放)

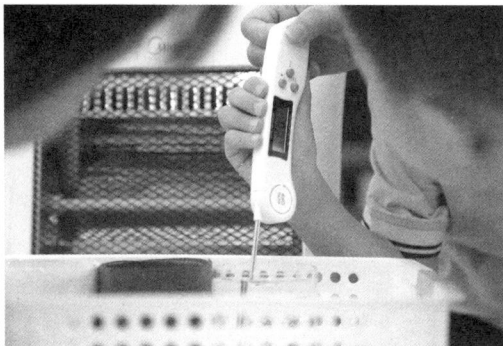

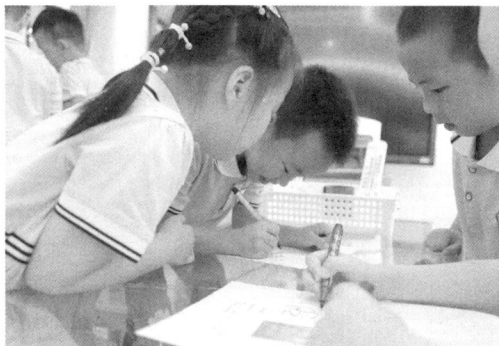

(2) 游戏二:取暖器来帮忙。

◆ 导语:幼儿4人为一组,打开取暖器,定好计时器,商量好谁来使用温度计测量、谁来看、谁来记录,一起合作使用温度计再次测量每个试剂瓶里水的温度,并在操作记录表上进行记录。

(指导要点:等待5分钟后计时器响起,再次测量每个试剂瓶里水的温度,并做好记录。引导幼儿将电取暖器温度设置在低度的档位,3个试剂瓶应都能被热光照射到)

3. 讨论交流,梳理经验。

◆ 小结:水温升高速度的变化与容器中不同深浅颜色的水有紧密关系。当容器通过均匀受热后,颜色越深的水,温度升高较慢,颜色越浅的水,温度升高较快。

"小问号"科学活动室"颜色与温度"操作记录表

实验材料	实验结果（摄氏度℃）	
透明杯	1	
	2	
棕色杯	1	
	2	
黑色杯	1	
	2	

活动延伸

玩法：将不同色系的建筑图片进行分类，请幼儿结合已有经验谈谈自己的认识，说说为什么有些地方的建筑使用明亮的颜色，而有些地方的建筑则使用深色。

活动反思

在活动中，教师尊重幼儿的自主探索能力，请幼儿在科学活动室实验区自主寻找、选择适宜的探索材料。幼儿能够根据前期经验寻找到电取暖器、小口试剂瓶、温度计等材料，既调动了学习的自主性、积极性，又加深了自己的探索印象。通过小组内探索，幼儿之间能够相互交流、学习。小组间互换探索材料，可以让幼儿在经验建构的基础之上体验不同的探索内容和游戏玩法。但是，我们也意识到活动仍存在一些不足之处。例如，在引导幼儿使用温度计时，我们应该更加注重指导他们的读取数据和记录数据的方法。

此外,在分享实验结果环节,我们应给予幼儿更多表达自己观点的机会,并适时给予指导和鼓励。教师在确保安全的情况下,应当充分给予幼儿探索的机会和时间,让幼儿自主发现,从而建构颜色和温度变化的相关经验。从操作到感知,再到思考,同伴间思维的相互碰撞能更好地引发幼儿对探究的兴趣和欲望。培养幼儿学以致用、敢于存疑、乐于探索和发现的科学精神,让幼儿发现并感知生活中的科学无处不在,这些才是科学活动的根本目的。

(教师:潘　娜　李文婷)

方案 18：比比谁重（大班）

活动目标

1. 感知秤的作用,知道不同秤的使用方法。
2. 尝试使用不同的秤称重量,在操作中比较物体的轻重。
3. 愿意和同伴合作进行测量活动,并大胆交流自己的发现。

活动准备

幼儿操作材料:各种秤(如天平秤、电子秤、小杆秤、电子台秤、机械称、弹簧秤、体重秤等);硬币、弹珠、石头、积木、乒乓球、仿真鸡蛋等材料若干;记录单、笔。

活动过程

1. 回顾经验,导入活动。

◆ 导语:你们玩过跷跷板吗？ 为什么玩跷跷板的时候会一边高一边低？

◆ 提问:你们知道怎样比较两件物品的重量吗？ 可以用什么方法？（教师一边说,一边出示用于比较的物品）

◆ 请幼儿猜一猜、摸一摸、说一说,自由讨论。

◆ 小结:你们除了通过观察物体的大小、用手掂物体的重量等办法判断物体的轻重,还想到了用秤来称重的方法。

2. 集体操作,探索发现。

(1) 游戏一:神奇的天平秤。

◆ 教师出示天平秤和各种材料,引导幼儿比较物体的轻重。

◆ 导语:这种叫作天平秤,可以比较两个物体的轻重。你们知道怎样使用天平秤吗?请小朋友们试试看,这些物体谁重谁轻?

(指导要点:将天平两端的托盘清理干净,引导幼儿把要称的两个物体分别放到两端托盘里,小手离开天平秤,观察一下就能知道谁重谁轻)

◆ 小结:天平秤可以帮助我们直观地比较物体的轻重,重的一边托盘会沉下去,轻的一边托盘会升起来。如果需要知道精确的重量,我们应使用电子秤。

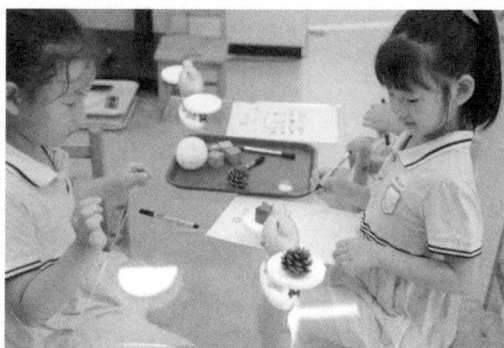

(2) 游戏二:精确的电子秤。

◆ 幼儿正确使用电子秤进行称重操作,并在记录单上记录自己的称重结果(数字)。

◆ 导语:生活中你们见过电子秤吗? 电子秤可以帮助我们更准确地知道物品的重量,科学室里有很多材料,你们可以找自己感兴趣的材料称一称,把结果记录在记录单上。

(指导要点:引导幼儿正确使用电子秤,并用自己的方式把结果记录下来,愿意与同伴一起分工合作)

◆ 小结:电子秤上会显示物品的重量,当我们需要知道物品的具体重量时可以选择电子秤来称重量。

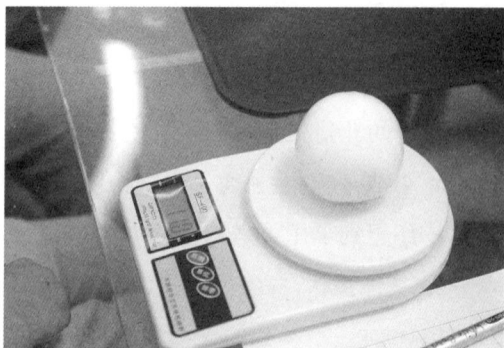

(3) 游戏三:各种各样的秤。

◆ 幼儿自由探索各种秤的使用方法,进行称重体验,感知不同秤的不同用途。

3. 交流发现,总结提升。

◆ 小结:在生活中,我们可以根据测量的目的选择合适的工具进行测量。当比较两种物体谁重谁轻时,可以使用天平秤。当我们要知道物品的准确重量时,我们可以使用电子秤。如果测量的物品不大,如水果、蔬菜等,可以用单位较小的电子秤;如果测量物品较大,如汽车,需要选择单位较大的电子秤(地磅)。

"小问号"科学活动室"比比谁重"实验记录表

物 品	重	轻

活动延伸

玩法:通过自由操作青蛙天平,摆放数字砝码,感受砝码数量的多少与数字之间的平衡关系。

活动反思

大班幼儿已积累了一定的数学经验,有较强的观察和动手能力,能和同伴合作进行探究活动。幼儿通过认识天平,可以直观地了解和体验重量的概念,通过自主选择不同材料测量,感受物体的重量大小。科学活动室提供多种类型的秤,充分给予幼儿探索的机会和时间,让他们体验测量的趣味性,在不断地发现和尝试中建构经验。同时,幼儿在尝试对实验结果进行记录的过程中,也可以发展观察能力、比较能力和一定的表述能力。

我们可以增加更多的材料供幼儿探索,如体重秤、弹簧秤等不同类型的秤。这将有助于幼儿更深入地了解各种秤的用途和特点。同时,我们也可以设计更多生活中的情境,让幼儿更好地理解称重在日常生活中的重要性。总之,"比比谁重"是很有意义的活动,它不仅帮助幼儿了解了不同类型的秤及其使用方法,还激发了他们对科学探究的兴趣,提高了动手操作的能力。

(教师:谢潇楠　潘　娜)

方案 19:不倒翁不倒(中班)

活动目标

1. 发现材料的重心位置与不倒翁不倒之间的关系。

2. 感知不倒翁不倒的现象,尝试运用不同材料探索制作不倒翁的方法。

3. 乐意表达不倒翁不倒的秘密,对制作不倒翁感兴趣。

活动准备

1. 经验准备。

   有玩过不倒翁的经验。

2. 物质准备。

   幼儿操作材料:可操作的不倒翁模型、笔、记录表等材料若干。

活动过程

1. 回顾认知,导入活动。

◆ 提问:你们知道为什么不倒翁不会倒下吗?

◆ 小结:大家都发现,不倒翁的底部是半球体。不倒翁的"肚子里"放了一定重量的材料,这使得不倒翁一直处于平衡状态,产生不倒的现象。

(指导要点:教师出示不倒翁玩具,边玩不倒翁,边引导幼儿观察,启发幼儿结合生活经验对不倒翁不倒的原因进行思考和猜想)

2. 小组操作,观察探索。

◆ 通过实验操作和对比观察,引导幼儿发现不倒翁"不倒"的原理。

◆ 导语:到底是不是像你们猜的这样呢?我们一起试试看。

(1) 游戏一:不倒翁的秘密。

◆ 幼儿对可拆装的不倒翁里面的材料位置进行观察与探究,说说自己的发现。

◆ 提问:不倒翁里面的材料是什么样的? 它在不倒翁里的位置与不倒现象有关系吗?

(指导要点:引导幼儿在操作中观察、猜测不倒翁不倒的原因,探索发现其材料的摆放位置与不倒翁不倒之间的关系,并鼓励幼儿小声交流自己的发现)

◆ 小结:将材料放在不倒翁模型底部重心的位置,保证左右两边的平衡,不倒翁就能不倒。

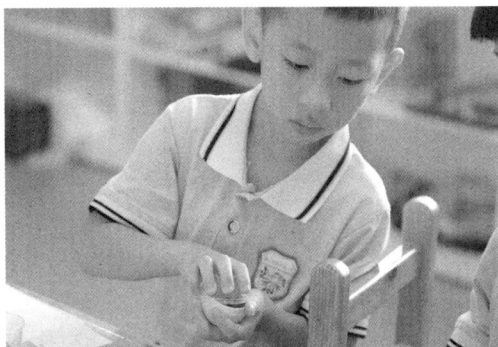

(2) 游戏二:不倒翁大集合。

◆ 幼儿对可拆装的不倒翁里面的材料类型进行观察与探究,记录自己的发现。

◆ 提问:当我们制作不倒翁时,如果选择不同重量的材料放在不倒翁的肚子里,不倒翁会发生什么变化?

(指导要点:教师引导幼儿在科学活动室寻找合适的自制不倒翁的操作材料,尝试运用两种以上不同重量的材料进行探索,完成不倒翁的制作,并且分别在记录表的相应栏记录选择的材料和结果)

	操作材料	实验结果

◆ 小结:选择有一定重量的材料放到不倒翁的肚子里,不倒翁就不容易倒;选择轻的材料放在不倒翁的肚子里,不倒翁就会出现倒下的现象。

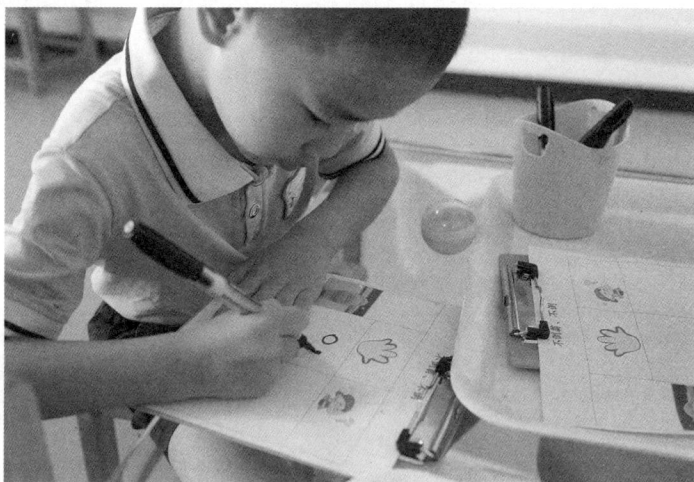

(3) 小组间互换材料进行探究。

3. 集体交流,提升经验。

◆ 提问:你们发现不倒翁不倒的秘密了吗? 不倒翁为什么不倒?

◆ 小结:不倒翁产生不倒现象和材料的选择与摆放位置有一定的关系。选择有一定重量的材料放在模型底部重心的位置,并保证模型左右两边的平衡,不倒翁就能不倒。

活动延伸

★ 活动名称:蛋壳不倒翁。

材料:鸡蛋、纸团、小石头、玻璃珠、轻黏土、黄豆、剪刀、蜡笔、双面胶等材料;热熔枪、锤子、钉子等工具。

玩法:幼儿从材料区自由寻找材料、工具,制作属于自己的蛋壳不倒翁(教师注意引导幼儿正确使用工具)。

★ 活动名称:斜立的易拉罐。

材料:易拉罐、水、量杯。

玩法:给易拉罐注入三分之一的水量,观察空易拉罐装水后重心下移,重心与着力点可以处于同一条竖直线上,保持自身平衡,从而出现了斜立的易拉罐。

★ 活动名称:蜡烛跷一跷。

材料:蜡烛、打火机、两只玻璃杯、水、细钢丝、小刀。

玩法:用小刀将蜡烛两端削尖,漏出灯芯,将细钢丝穿过蜡烛的中间,钢丝的两头架在装有水的玻璃杯上,使蜡烛挂在两只玻璃杯中间,点燃蜡烛两端;观察蜡烛的运动状态。

活动反思

科学活动室对幼儿而言具有开放性。幼儿可以根据自己的想法选择各种不同的材料进行不倒翁的制作。在这一过程中,幼儿可以通过自己的尝试和探索发现材料的选择及摆放位置与不倒翁不倒的关系;同时,材料的多样性满足了幼儿的不同的探索需求,他们愿意尝试各种材料进行不倒翁的制作。幼儿可以利用在科学活动室的丰富材料资源充分验证自己的猜想。在该活动中,我们旨在引导幼儿通过观察、操作和讨论,发现不倒翁不倒的原因,并尝试运用不同材料探索制作不倒翁的方法。幼儿在操作中不仅了解了不倒翁不倒的原理,还提升了科学探究的能力。在导入环节,我们可以增加一些更生动有趣的例子或情境,激发幼儿对不倒翁的兴趣。在集体交流环节,我们可以鼓励更多的幼儿发言,分享自己的发现,提高他们的表达能力和自信心。

(教师:林 丹 潘 娜)

方案 20:倒立的小丑(中班)

活动目标

1. 初步感知小丑倒立与辅助物重量有关系。

2. 在观察和操作中发现小丑倒立的原理,尝试运用多种材料让小丑倒立。

3. 乐于与同伴合作尝试让小丑倒立,体验操作探索的快乐。

活动准备

1. 经验准备。

知道将小丑倒立,在头部所在水平线以下的部位贴上一定重量的物体,并保持小丑平衡,能够使小丑倒立。

2. 物质准备。

(1) 教师资源:硬币贴在倒立小丑身体不同部位的图片。

(2) 幼儿操作材料:自制的小丑卡片、吸管座、马克笔、记录纸每人一份。

活动过程

1. 回顾认知，导入活动。

◆ 提问：如何让小丑在吸管上倒立呢？教师出示硬币贴在小丑身体不同位置的对比图，引导幼儿观察硬币贴在小丑身体不同位置的不同变化。

◆ 小结：硬币贴在小丑头部所在水平线以下的部位上，并保持小丑的平衡，小丑就可以在吸管上倒立。

（指导要点：教师重点引导幼儿回忆物体贴的位置与小丑倒立的关系）

2. 实验操作，观察探索。

◆ 教师引导幼儿实验操作和对比观察，探索影响小丑倒立的因素。

◆ 导语：今天我们分为两组去找一找、试一试，看一看小丑倒立和贴在身上的材料有什么关系。

(1) 游戏一：小丑表演。

◆ 幼儿对倒立小丑进行观察与探究，在操作中感知辅助物与小丑倒立的关系。

◆ 提问：除了硬币可以让小丑倒立外，还有什么材料也能让小丑倒立呢？为什么？

（指导要点：引导幼儿从材料区中找出 1—2 种材料贴在小丑头部以下位置让小丑在吸管上倒立，发现并记录辅助物与小丑倒立的关系，并鼓励幼儿小声交流自己的发现）

◆ 小结：用长尾夹、螺丝圈等有重量的材料贴在小丑头部所在水平线以下的部位并保持小丑平衡，就能够使小丑倒立。

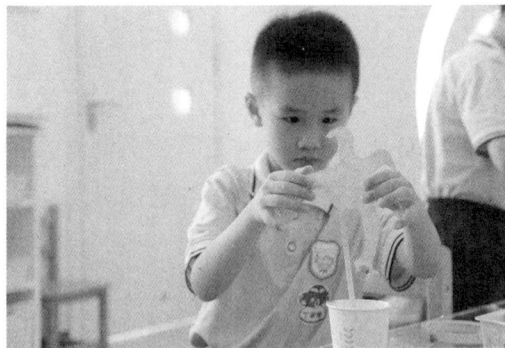

(2) 游戏二：拯救小丑。

◆ 幼儿对物体进行观察与探究，在操作中感知不同重量的辅助物与小丑倒立之间的关系。

◆ 提问：小丑没办法倒立，这是为什么？用什么办法可以帮助它倒立？

（指导要点：引导幼儿根据小丑倒立的原理，调整辅助物的重量或者寻找其他辅助物帮助小丑倒立，并鼓励幼儿小声交流自己的发现）

◆ 小结：使用较轻的材料进行粘贴，小丑在吸管上没办法保持平衡，无法倒立；我们可以通过增加数量、更换材料等方法调整材料的重量，并让小丑在吸管上保持平衡，就可以使小丑倒立。

（3）小组间互换材料进行探究。

3. 集体操作，提升经验。

◆ 导语：两种材料组合可以让小丑倒立吗？我们找一找、试一试。

（指导要点：引导幼儿选择 2—4 种不同材质的辅助性材料进行组合，发现并记录自己选择的材料和结果，并鼓励幼儿小声交流自己的发现）

◆ 小结：原来，小丑倒立除了跟粘贴的位置有关，还跟粘贴的辅助物重量有一定的关系，不管是选择一种材料，还是不同材质材料的组合，都要达到一定的重量，才能让小丑在吸管上保持平衡的状态。

活动延伸

★ 活动名称：硬币立住。

材料：硬币、一张 A4 纸。

玩法：将 A4 纸对折，打开一定的角度（最好是接近直角），在折角处放上一枚硬币；小心地捏住 A4 纸的两头慢慢往两侧拉开，拉成直线的时候硬币就会立在 A4 纸上；发现硬币的重心与 A4 纸边沿形成的平衡关系。

★ 活动名称：杯口悬叉。

材料：一个玻璃杯、两把叉子、一枚硬币。

玩法：将两把叉子交叉，并把硬币卡在交叉的叉子中间，将它们组合成整体；将硬币竖立在杯沿上并不断调节，直到硬币保持平衡，叉子不能接触玻璃杯、桌面或其他物体；发现硬币的触点与叉子的重心点形成的平衡关系。

活动反思

该活动以"小丑倒立"这一情景贯穿始终，满足了幼儿的兴趣需要，有递进、有挑战；在课程中"寻找其他辅助物让小丑倒立""帮助未倒立的小丑"以及"自选辅助材料和支点让小丑倒立"等，促使幼儿对活动室材料产生好奇心，提高了积极性，对重力问题进行独立思考。在敲敲、贴贴、试试、玩玩等游戏性的探索过程中，幼儿发现小丑倒立的原理，从而感知到平衡力。科学活动室具有开放性、丰富性。幼儿可寻找不同大小、材质的材料作为支点让小丑倒立，大胆地去动手操作，通过自主探究发现小丑倒立的原理是辅助物越重就越稳，以及粘贴位置要在支点（吸管）之下，小丑就能够成功倒立在吸管上。这符合建构主义"儿童要通过自己的活动，再建构形成他的智力的基础概念和思维形式"的理念。幼儿在科学活动室活动与课程紧密相依，活动内容层层递进，不断给幼儿带来新问题，促使他们开展新的探索，建构新的知识。

（教师：林　丹　潘　娜）

方案21：翻滚吧，锡纸（大班）

活动目标

1. 初步感知物体由于重心转移而产生翻滚的现象。

2. 在观察和操作中巩固对锡纸翻滚原理的认知，尝试运用多种材料让锡纸翻滚。

3. 乐于与同伴合作尝试让锡纸翻滚，体验操作探索的快乐。

活动准备

1. 经验准备。

有制作不倒翁、倒立小丑的经验。

2. 物质准备。

（1）教师资源：制作好的锡纸小球。

（2）幼儿操作材料：锡纸、透明瓶子，各种小球（如玻璃弹珠、小钢球、磁力球、塑料球等），积木轨道、记录表等。

活动过程

1. 情境导入，引发猜想。

◆ 导语：今天我来给大家变一个魔术。

（指导要点：教师扮演魔术师，给幼儿展示"翻滚吧，锡纸"魔术，引导幼儿对锡纸翻滚现象进行思考和猜想）

2. 小组操作，观察探索。

◆ 教师引导幼儿实验操作和对比观察，探索促使锡纸翻滚的因素。

◆ 导语：是不是像你们猜的这样呢？今天老师给你们准备了材料，你们试试看。

（1）游戏一：让锡纸翻滚起来。

◆ 幼儿尝试制作锡纸小球并在积木轨道上进行翻滚，在探索中发现其摇晃的方向、锡纸卷弹珠的方式与锡纸翻滚现象的关系，记录自己的发现。

◆ 提问：你们的锡纸有没有翻滚成功？为什么会这样呢？

（指导要点：引导幼儿将弹珠放入锡纸中心位置卷好，将其放入透明瓶子中进行摇晃，观察产生的现象，并鼓励幼儿小声交流自己的发现）

◆ 小结：当锡纸小球在积木斜坡轨道上时，里面的玻璃弹珠因重力的影响，会从一段向另一端自由滚动，导致锡纸小球的重心随之变化，在斜坡上因头重脚轻出现不断翻滚的现象。

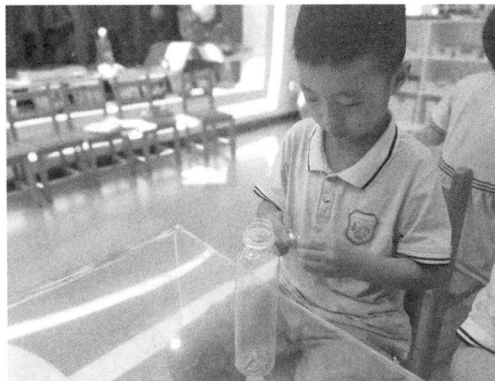

（2）游戏二：多样的锡纸小球。

◆ 提问：除了弹珠可以让锡纸翻滚，还有什么材料也可以呢？

◆ 幼儿对锡纸内部材料进行观察与探究，在操作中感知锡纸内部材料的选择与翻滚现象的关系。

（指导要点：教师引导幼儿自主拿取不同材质的小球进行探索，完成自制锡纸小球进

行翻滚实验,并对选择的材料分别记录)

实验材料	实验结果

◆ 提问:为什么玻璃弹珠、小钢珠、磁力球可以翻滚,而其他材质的小球却不行?

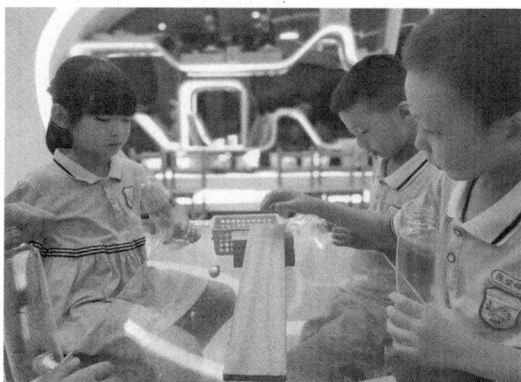

◆ 小结:这三种小球都比较重,在摇晃的作用下它们的重心发生了转移,导致了翻滚现象。

3. 集体操作,提升经验。

◆ 小结:选择有一定重量的球体材料放在锡纸内部,将其包裹好放入瓶子中,从上往下用力慢慢地摇晃,球体材料就会在锡纸里发生滚动,其重心的位置不断发生改变,这样锡纸小球就可以翻滚起来啦。

活动延伸

★ 活动名称:飞翔的老鹰。

材料:老鹰模型、圆珠笔、支撑底座、回形针。

玩法:将回形针夹在老鹰的翅膀上,观察老鹰左右两边翅膀的平衡,老鹰的小尖嘴固定在圆珠笔上,当支点与重心非常接近时,支点、重心与老鹰翅膀形成了平衡的关系,就会出现飞翔的老鹰。

★ 活动名称:站立的小鸡蛋。

材料:小鸡蛋、托盘、食用盐。

玩法:在托盘里倒入食用盐,将食用盐堆成小山,将小鸡蛋立在食用盐上,轻轻地吹掉多余的食用盐,此时的鸡蛋依然能够站立。其原理是盐增加了鸡蛋在托盘上的受力面积,鸡蛋的重心和在托盘上的支点处于同一条线上,这样能保证受力平衡,使鸡蛋站立不倒。

活动反思

科学活动室为幼儿提供了自主探索的环境,该活动中,幼儿们得以自由选择实验伙伴、实验材料和实验方法。开放性的活动室使有相同兴趣的幼儿能够自发组成合作小组,共同商量并完成实验。这种合作方式让幼儿能够更有效地获得科学经验,发挥创造性,并真正体验到科学探索的乐趣。

在制作多样的翻滚锡纸的过程中,幼儿自然而然地巩固了锡纸翻滚的原理,并尝试运用多种材料让锡纸翻滚。科学活动室为幼儿探索提供了全面的支持,使幼儿能够对活动室、课程进行有效的探索。同时,幼儿根据探索需求和物体的特征,不断调整实验物体,以支持进一步的探索和自制多样的翻滚锡纸的活动。科学活动室的开放性使幼儿的探索具有层层递进性,提供的材料也能满足不同年龄段幼儿的不同探索需求。通过让锡纸翻滚起来、多样地翻滚锡纸等活动的推进,幼儿对力的重心转移特性和在生活中的运用有了更深入的理解。

（教师:潘　娜　林　丹）

方案 22：陀螺转起来（大班）

活动目标

1. 感知陀螺中心轴的高度、陀螺面的材质与陀螺旋转稳定性的关系。
2. 在实验操作和对比观察中发现影响陀螺旋转的因素,能寻找合适的中心轴高度与适宜的陀螺面。
3. 乐于参与陀螺探索活动,体验玩陀螺的乐趣。

活动准备

1. 经验准备。
   (1) 有玩陀螺的经验。
   (2) 了解陀螺轴与面的关系,知道圆形适合做陀螺面。

2. 物质准备。

    (1) 教师资源:各种各样的成品陀螺玩具。

    (2) 幼儿操作材料:牙签若干(在牙签上做3个不同高度的标志点);大小相同、材质不同(如卡纸、木制等)的圆形陀螺面若干。

活动过程

1. 回顾认知,导入活动。

◆ 提问:还记得上次的玩具陀螺大战吗? 陀螺是由哪几部分组成的?

(指导要点:教师提出问题,引发幼儿回忆玩陀螺的经验,了解陀螺包含陀螺面与陀螺轴)

2. 实验操作,观察探索。

◆ 教师引导幼儿实验操作和对比观察,探索影响陀螺旋转的因素。

◆ 导语:我们今天分为两组去找一找、试一试,看一看陀螺转动的稳定性和哪些因素有关系。

(1) 游戏一:探索陀螺旋转的稳定性与陀螺面在中心轴高度的关系。

◆ 介绍操作材料,幼儿尝试调整陀螺面在中心轴的不同高度进行实验。

◆ 提问:我们的陀螺面在牙签(中心轴)不同的高度进行旋转,都能转动起来吗? 会有什么不同?

(指导要点:引导幼儿进行陀螺面中心点在三个不同高度旋转的实验,并鼓励幼儿小声交流自己的发现)

◆ 小结:我们用相同陀螺面转动陀螺,当它中心轴的位置相对较低时,陀螺旋转的稳定性相对更强。

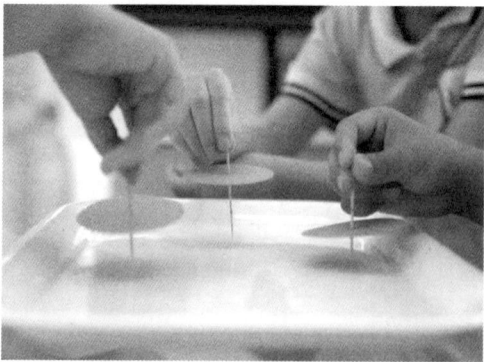

（2）游戏二：探索不同材质陀螺面旋转的稳定性。

◆ 进行陀螺旋转的观察与探究，在操作中感知陀螺旋转与陀螺面材质的关系。

◆ 提问：当我们在制作陀螺时，如果采用的陀螺面材质不同，陀螺在转动时会发生什么变化？会有什么不一样？

（指导要点：引导幼儿进行大小相同、材质不同的圆形陀螺面的旋转探究，在对比实验中，探索发现陀螺旋转时间的长短和陀螺面的厚薄、轻重的关系）

◆ 小结：我们发现厚一点、沉一点的陀螺面做的陀螺旋转的稳定性更强，转动时间更长，用轻一点、薄一点的陀螺面做的陀螺，稳定性相对较弱，转动时间较短。

（3）互换材料进行探究。

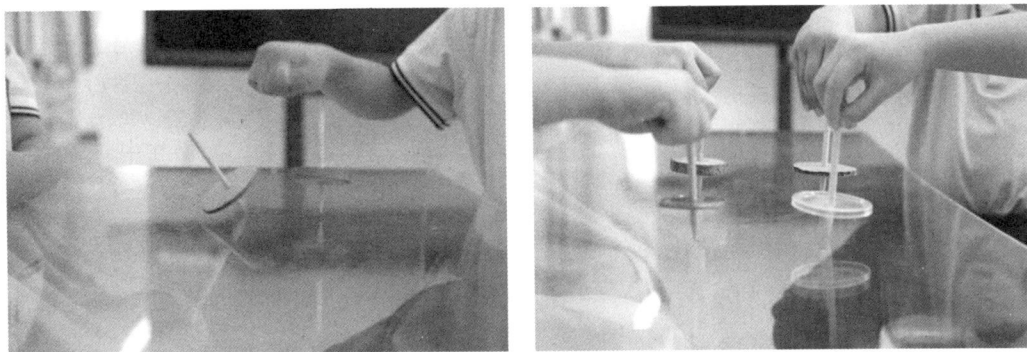

3. 交流发现，总结提升。

◆ 小结：原来，陀螺转动的稳定性和陀螺面在中心轴的高度及陀螺面的重量有一定关系：当陀螺面在中心轴的位置相对较低时，陀螺旋转的稳定性相对更强；当陀螺面较重时，陀螺旋转的稳定性更强，时间更长。

活动延伸

★ 活动名称：在纸上跳舞的花纹陀螺。

材料：卡纸、水彩笔、铅笔。

玩法：设计不同图案的陀螺面，观察不同图案的陀螺旋转起来的视觉变化；使用铅笔或者水彩笔作为陀螺的中心轴，插入陀螺面，在绘画纸上旋转陀螺，让笔头在纸上转动起来，观察纸上的变化。

★ 活动名称：创意陀螺。

材料：不同材质的圆形和正方形纸片，木棍、纸杯、吸管、乒乓球、玻璃球、瓶盖、硬币、牙签、铅笔、水彩笔、铁钉、锤子等操作材料，热熔枪。

玩法:幼儿从科学活动室自由寻找可制作陀螺的材料、工具,制作属于自己的陀螺(教师注意引导幼儿正确使用工具)。

活动反思

"陀螺转起来"这个活动旨在让幼儿通过观察和实验,理解陀螺旋转的稳定性和陀螺面在中心轴的高度以及陀螺面的材质之间的关系。在活动准备阶段,我们注意到该活动不仅需要丰富的陀螺玩具和操作材料,更需要幼儿积极参与和教师的引导。因此,我们在经验准备中注重让幼儿了解陀螺轴与面的关系,让幼儿了解圆形适合做陀螺面。在物质准备中,我们提供了各种各样的成品陀螺玩具和幼儿操作材料,以便幼儿进行对比实验。

幼儿对科学经验的建构是需要通过一系列活动的观察、操作去实现的,科学活动室丰富的材料恰巧满足了幼儿探究的欲望。该活动注重幼儿操作,他们在操作中发现,在操作中学习,在操作中反思。幼儿通过多次的操作对比和观察陀螺的稳定性,积极与材料及同伴互动,在多重互动的过程中幼儿感知陀螺转动的稳定性和陀螺面在中心轴的高度,以及陀螺面的重量有一定关系;活动中幼儿表述操作结果,与同伴交流经验,加深对科学的理解,使感性知识系统化,使学习活动不断向纵深发展。"陀螺转起来"这个活动让幼儿了解了陀螺旋转的奥秘,并培养了他们的观察能力、动手能力和对比分析能力。

(教师:洪本红 潘 娜)

方案 23:有趣的漩涡(大班)

活动目标

1. 自由探索漩涡产生的方法,了解漩涡形成的原理。
2. 在操作中探究发现漩涡与转速的关系。
3. 喜欢探讨和发现周围事物的神秘。

活动准备

1. 经验准备。

   对龙卷风有一定的了解。

2. 物质准备。

   幼儿操作材料:大小不同的容器、搅拌棒、水源、墙面手摇漩涡板。

活动过程

1. 谈话讨论,交流关于漩涡的知识。

◆ 提问:你知道什么是漩涡吗?

(指导要点:教师提出问题,引发幼儿对漩涡的兴趣)

2. 动手操作,观察探索。

◆ 教师引导幼儿实验操作,初步感知漩涡的形成。

◆ 导语:看来小朋友们对漩涡很感兴趣,我们科学活动室里有很多大大小小的容器, 你们去试试,看看能不能制造出漩涡。

(1) 游戏一:漩涡大探秘。

◆ 提出操作目标是制造漩涡,让幼儿在操作实验中得出结论。

◆ 提问:漩涡是怎么形成的? 有什么特点?

(指导要点:引导幼儿观察漩涡的形成现象,并鼓励幼儿小声交流自己的发现)

◆ 小结:水流受到外力的作用会发生旋转,产生漩涡。

(2) 游戏二:手摇漩涡。

◆ 导语:活动室有一面手摇漩涡的墙面,你们去试一试,看看漩涡与手柄转动速度的 关系。

◆ 提问:漩涡的形状是什么样的? 当手柄转动时漩涡有什么变化?

(指导要点:引导幼儿尝试摇动手柄,调整手摇的速度,观察手摇速度和漩涡的大小、 形状的关系,并鼓励幼儿小声交流)

◆ 小结:手摇手柄可以使水流旋转,手柄转动的速度越快,形成的漩涡越长越大。

活动延伸

★ 活动名称：摇摇乐。

  材料：矿泉水瓶。

  玩法：用矿泉水瓶装不同高度的水，用力绕圈摇，利用漩涡形成的原理，制造漩涡。

活动反思

"有趣的漩涡"是一个充满趣味性和探索性的大班科学活动。这个活动旨在让幼儿通过观察和实验，理解漩涡产生的原因，并探讨漩涡与转速之间的关系。在该活动中，幼儿在教师的引导下，不仅亲手操作和观察，还结合自己的生活经验和相关知识，积极思考和表达，从而实现了科学素养和探究能力的提升。

该活动关注幼儿的自主发现，我们通过两个游戏让幼儿自由探索和发现漩涡的奥秘。在"漩涡大探秘"的游戏中，幼儿尝试用各种容器制造出漩涡。我们引导幼儿仔细观察和交流自己的发现，鼓励他们尝试总结出漩涡形成的原理。在这个环节中，幼儿表现出了极高的兴趣和参与度。他们积极尝试各种方法，不断调整和改进自己的操作。该活动充分尊重幼儿的自主探索的欲望，发散幼儿的思维，让幼儿在亲身体验探索的过程中感知漩涡的形成原理。

（教师：陈怡霞　李　丽）

方案 24：有趣的滚动（大班）

活动目标

1. 感知物体滚动的轨迹与物体形状之间的关系。
2. 能运用绘画的方式记录物体滚动的轨迹。
3. 喜欢与同伴合作探究，乐于探索滚动的秘密。

活动准备

1. 经验准备。

   （1）玩过滚动物体的游戏。

   （2）知道滚动物体的形状特征。

2. 物质准备。

   幼儿操作材料：方形积木、三角形积木、小圆球、纸杯、羽毛球、椎体塑料玩具、茶叶筒等关于滚动的操作材料若干。

活动过程

1. 结合生活，调动经验。

◆ 提问：小朋友，你们知道哪些东西会滚动？

（指导要点：请幼儿大胆说说哪些物体会滚动，提问 2—3 名幼儿，时间不宜过长）

2. 实验操作，观察记录。

（1）游戏一：滚滚乐。

◆ 幼儿自行拿取材料操作，观察哪些物体会滚动，并将会滚动和不会滚动的物体进行分类。

（指导要点：引导幼儿大胆找材料进行探索，并鼓励幼儿小声交流自己的发现）

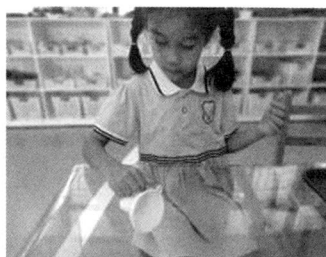

(2) 游戏二：滚动大揭秘。

◆ 幼儿选择不同材料自由滚动，观察并记录物体的滚动路线。

[指导要点：幼儿在探索物体能否滚动时，将物体滚动的路线（直线或弯曲线）记录下来，并与同伴小声交流自己的发现]

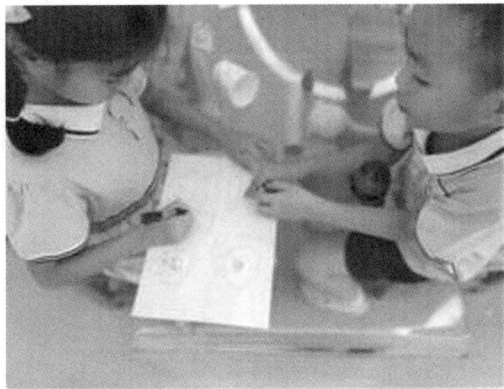

3. 交流讨论，分享结果。

◆ 小结：在探索活动中，我们发现物体滚动与它们的形状有关系，不同形状的物体滚动的轨迹和路线有所不同。

活动延伸

★ 活动名称：赶小猪。

材料：棍子、圆筒小猪、皮球小猪。

玩法：幼儿自由赶小猪，感知圆柱体和球体哪个滚动起来更灵活，观察圆筒小猪和皮球小猪的不同。

★ 活动名称：滚进球门。

材料：乒乓球、高尔夫球、玻璃球等。

玩法：在活动室中寻找并探索不同球体的滚动路线，并将物体滚动到指定位置。

活动反思

该活动旨在让幼儿通过亲手操作和观察，感知物体滚动的轨迹与物体形状之间的关系，并了解圆的物体会滚动，有角的物体不会滚动。在活动过程中，幼儿的参与度和兴趣很高。在提问环节，他们积极踊跃地回答问题，表达自己的观点。这种积极的学习态度不仅有利于掌握知识，也有利于培养他们的自信心和表达能力。实验操作环节是该活动的重点。我们为幼儿们准备了各种不同的材料，让他们自己动手探索哪些物体会滚动，哪些不会滚动。通过这个环节,幼儿不仅了解了物体的滚动特征,还学会了如何进行实验操作和观察。在游戏环节中,我们引入了"滚动大揭秘"游戏。幼儿尝试画出物体的滚动轨迹。这个游戏增加了活动的趣味性,让幼儿更加投入游戏。在分享交流环节中,我们鼓励幼儿大胆表达自己的发现和感受。通过分享交流,大家发现物体滚动的轨迹与物体的形状有关系,不同形状的物体滚动的轨迹有所不同。

总的来说,该活动达到了预期的目标和效果。通过实验操作和游戏环节,幼儿不仅了解了物体的滚动特征,还学会了如何进行实验操作和观察记录。同时,他们在活动中也锻炼了合作探究的能力和解决问题的能力。

(教师:饶朝霞　李　丽)

方案25:滚动吧,小球(大班)

活动目标

1. 感知小球的滚动速度与斜坡坡度之间的关系。

2. 能自主尝试搭建不同的轨道,并比较不同轨道对小球的影响。

3. 喜欢与同伴合作探究,乐于探索滚动的秘密。

活动准备

1. 经验准备。

(1) 玩过小球滚动的游戏。

(2) 知道坡度越高,小球滚动越快。

2. 物质准备。

幼儿操作材料:墙面太空轨道球,多种球类等;有关滚动的操作材料若干。

活动过程

1. 回顾认知,导入活动。

◆ 提问:小朋友,你们玩过球吗? 是怎么玩的?

(指导要点:请幼儿大胆说出球的不同玩法,提问 2—3 名幼儿,时间不宜过长)

2. 自由操作,观察探索。

◆ 教师引导幼儿以小组为单位去科学活动室力学区拿取小球有关材料,自主选择材料探索。

(1) 游戏一:小球滚一滚。

◆ 幼儿尝试自制直行轨道,感知坡度的高低对小球滚动的速度和距离的影响。

(指导要点:引导幼儿在墙面上搭建直行轨道,幼儿合作比赛,比一比在不受外力的情况下,谁的小球滚得快,并鼓励幼儿小声交流自己的发现)

(2) 游戏二:小球跳泥坑。

◆ 幼儿尝试间隔搭建轨道,观察小球是否能顺利通过没有轨道的地段。

(指导要点:搭建轨道时,轨道断开的部分空间不宜过大,鼓励成功的小组分享自己的设计)

(3) 游戏三:滚动吧,小球。

◆ 进行直行和弯行坡度轨道的组合搭建,在操作中让小球顺利通过直行轨道和弯行轨道,直至终点。

(指导要点:引导幼儿在搭建时关注弯行轨道转弯处与直行轨道的连接技巧,并鼓励幼儿小声交流自己的发现)

(4) 互换材料进行探究。

(指导要点:引导幼儿交换材料进行探索,学习他人的游戏经验)

◆ 小结:我们搭建的轨道不同,小球滚动的速度也不同。在直行轨道中,小球的滚动速度比较慢;在斜坡轨道中,小球的滚动速度比较快;斜坡坡度越大,小球的速度越快,还可以顺利滚过没有轨道的地段。

活动延伸

★ 活动名称:墙面太空轨道球。

材料:小球、墙面轨道。

玩法:幼儿自由在墙面设计环形轨道,利用直轨道和转弯轨道的组合让小球循环滚动起来。

★ 活动名称:滚滚乐。

材料:乒乓球、高尔夫球、玻璃球等。

玩法:在活动室中寻找并探索不同材质的小球在相同轨道上滚动的速度。

活动反思

在该活动中,教师尊重幼儿的自主探索能力,请幼儿在科学活动室力学区自主选择、寻找适宜的探索材料。幼儿能够自己搭建不同的轨道,探究小球的滚动现象,小组之间有交流、有分享、有收获,这是很好的探究学习状态。通过自由操作和观察探索,幼儿不仅了解了小球的滚动特征和小球滚动速度与斜坡坡度之间的关系,还学会了如何进行实验操作和观察记录。同时,他们在活动中也提升了合作探究的能力和解决问题的能力。然而,活动也存在一些不足之处。例如,在自由操作环节中,有些幼儿在短时间内很难完成任务,需要教师给予更多的指导和帮助。另外,在游戏环节中,由于部分幼儿的绘画技能欠缺,他们在画出滚动轨迹时可能会遇到困难。针对这种情况,教师可以提前准备一些示例或者提示来帮助他们完成游戏任务。

(教师:李 丽 饶朝霞)

方案 26:弹起来(中班)

活动目标

1. 感知生活中常见的弹性,了解弹性的不同类型。

2. 在观察和操作中感知弹性物体的特性,对物体的弹性进行比较,发现弹性的大小。

3. 乐于发现生活中的弹性物体及弹性现象。

活动准备

1. 经验准备。

接触过弹簧并知道弹簧的名称。

2. 物质准备。

幼儿操作材料:弹簧等各种各样的弹性玩具,马克笔、记录纸每人一份。

活动过程

1. 回顾实验,激发幼儿的探究兴趣。

◆ 导语:昨天我们一起和弹簧玩了游戏,现在大家来说一说,你发现具有弹性的物体有什么特别的地方? 教师出示弹簧进行按压和拉伸的演示,引导幼儿观察。

◆ 提问:你发现了什么? 弹性是什么?

◆ 小结:原来,弹性就是用力一拉或一按,会变形;当我们一松手,它就会恢复到原来的样子。科学活动室里哪些物体是有弹性的呢? 弹性物体还有哪些秘密呢? 今天我们要做小小的发现家,一起来探究吧。

(指导要点:教师重点引导幼儿回忆弹簧具有弹性,初步感知弹性的特性)

2. 小组操作,观察探索。

◆ 教师引导幼儿进行实验操作和对比观察,探索弹性物体的特性。

(1) 游戏一:弹力,在这里。

◆ 幼儿对物体进行观察与探究,在操作中巩固对弹性原理的认识。

◆ 提问:活动室里,哪些物品是具有弹性的呢? 我们分成两组,看哪组找到的弹性物品最多? 说说你是用什么办法找到弹性物品的。

(指导要点:引导幼儿根据弹性物品的特征,在活动室里寻找 3—4 种具有弹性且不同材质的物品,并鼓励幼儿小声交流自己的发现)

◆ 小结:我们用力压、拉、捏,物品会发生变形,一旦不用力,它们就会恢复到原来的样子。这就叫作弹性。

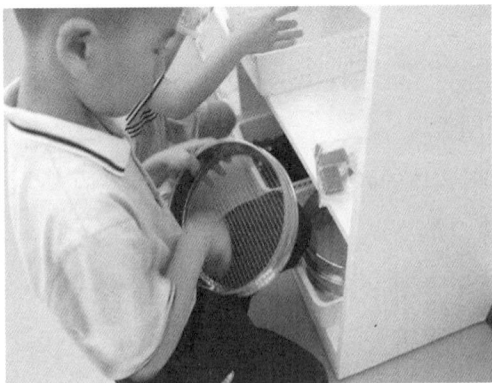

(2) 游戏二:弹性,不一样。

◆ 幼儿对弹性物品进行观察与探究,在操作中感知弹性物品的弹性大小变化。

◆ 提问:这些弹性物品的弹性是一样的吗? 你是怎么发现的?

（指导要点:引导幼儿根据物品弹性特征,通过各种感官直接感知,发现不同物体弹性的大小变化,对物体的弹力大小进行比较,并记录自己的发现）

◆ 小结:我们发现同样都是弹性物品,它们的弹力大小是不一样的。例如:我们用力拉皮筋和弹簧绳,发现拉弹簧绳用的力气比拉皮筋用的力气大,弹簧绳的弹性比皮筋大;一起把弹力球和皮球同时扔到地板上,弹力球弹得比皮球高,弹力球的弹性比皮球大。

(3) 小组间互换材料进行探究。

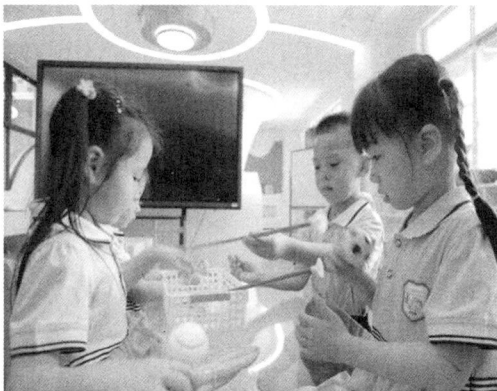

3. 集体操作,提升经验。

◆ 小结:虽然都是弹性物体,但是弹力大小却不一样,通过对弹性物体用力的大小以及弹性物体的恢复速度,可以判断出弹性物体的弹性大小。

活动延伸

★ 活动名称:组装圆珠笔。

材料:装有弹簧的圆珠笔。

玩法:自由拆装圆珠笔,感知弹簧产生的作用。

★ 活动名称:弹力小丑。

材料:不同大小的弹簧、泡沫球、卡纸、笔。

玩法:幼儿自由寻找材料制作小丑头像,选择不同的弹簧安装,感知不同弹簧的弹力大小不同,弹跳高度不同。

★ 活动名称:自制弹力球。

材料:自制弹力球材料包。

玩法:将两个半球模具扣合,把球粉装入模具后置入水杯中浸泡5分钟左右,再取出模具将其打开,等沙球表面的水分干透,方可尝试拍打和使用,感受自制弹力球的弹性。

★ 活动名称：自制弹力小车。

材料：自制弹力小车材料包。

玩法：先组装小车，再将弹力皮筋绑在车头中间位置，用力往后拉，套在车位中间位置上，手松开橡皮筋，弹力小车便向前行驶。

活动反思

在该活动中，幼儿在科学活动室里探索、寻找，分辨出哪些物体是具有弹性的，并观察和讲解出弹性物体与无弹性物体的不同特征。这些都很好地发展了幼儿的观察能力。幼儿自己动手操作、感知等，并在直接的操作中观察到所发生的明显变化和产生的有趣现象。教师鼓励幼儿发挥自主性，不为幼儿提供统一的实验方法，而是让幼儿通过观察、探索，自主发现有关的主题材料；通过设疑问，引导幼儿对即将产生的现象进行猜测，萌生参与实验探索的愿望。每个人的猜测不一样，大大激发了幼儿的兴趣和探索的欲望。幼儿在科学活动室里寻找、发现、探索操作的过程中观察并对比不同物体的弹性大小不同，不仅丰富了关于物体弹性大小的经验，更调动了学习的自主性、积极性。同时，小组化学习驱使幼幼之间相互交流，他们可以在自己原有经验基础之上体验不同的探索内容，从而建构新经验。

（教师：潘　娜　林　丹）

方案 27：有趣的沉浮（小班）

活动目标

1. 初步感知"沉""浮"现象。

2. 尝试操作实验材料，通过对比观察，发现不同物体放入水中的结果。

3. 愿意尝试多种材料的探索，能清楚表述实验结果。

活动准备

1. 经验准备。

   幼儿对"沉""浮"现象感兴趣。

2. 物质准备。

   （1）教师资源：大记录表。

(2) 幼儿操作材料:塑料盆、托盘、小毛巾,泡沫花朵、水彩笔、吸管、木头积木、乒乓球、小石头、玻璃球、铁夹子、铁勺子等。

活动过程

1. 实物导入,激发兴趣。

◆ 提问:今天邀请你们和水宝宝玩游戏。请你们猜一猜,这些物品放在水里会怎么样?

(指导要点:教师一一出示物品,引发幼儿的猜测)

2. 动手实验,发现结果。

◆ 教师引导幼儿自主拿取材料,一一探索。

◆ 导语:两人一组操作材料,把这些物品轻轻地放到水里,看看结果和你们猜想的是否一样。

(指导要点:引导幼儿将物品一个一个轻轻地放到水里,直到物体保持不动,再观察物品的沉浮现象,鼓励幼儿小声交流自己的发现)

3. 分享交流,感知"沉与浮"。

◆ 提问:你发现了什么? 谁来分享你的发现? 请你们把实验结果记录到黑板上的大记录表里。

(指导要点:幼儿讲述自己的发现,明确"沉浮"状态和对应的结果,将物品图片分类粘贴到大记录表上,并集体验证)

4. 归纳小结,提升经验。

(指导要点:根据大记录表的结果,鼓励幼儿验证)

◆ 小结:我们把物品放到水里,物品一直掉到水底下不再起来的现象叫作"沉",物品最终漂在水面上的现象叫作"浮"。科学室还有许多会沉、会浮的物品,让我们动手去操作和观察,把你的实验结果和发现记录下来,分享给老师和其他小朋友。

活动延伸

★ 活动名称:趣味沉浮。

材料:塑料盆、托盘、小毛巾,其他自选材料。

玩法:幼儿在科学活动室内自选材料,将物品一个一个轻轻地放到水里,直到物体不动,再观察物品的沉浮现象。

活动反思

在该活动中,教师尊重幼儿学习的自主性,调动幼儿的积极性,激发幼儿探究的欲望。幼儿在玩水的过程中感知、发现物体的"沉""浮"现象,尝试了多种材料的探索,为"沉""浮"现象的持续探索打下基础。教师让幼儿做简单的分类,目的是让他们通过记录物体在水里的沉浮状态,来验证原有的猜想,使幼儿感知到事物要通过实验、探究来获得结论,这极大地激发了幼儿的探索和研究兴趣。然而,活动也存在一些不足之处。例如,在游戏环节中,个别幼儿可能会过于关注游戏的趣味性,而忽略了对沉浮现象进行细致深入的观察和探索。在今后的教学活动中,我们应该更加注重细节的把握,关注每个幼儿的学习特点和需求,让他们在轻松愉悦的氛围中获得经验,发展能力。

(教师:洪本红　潘　娜)

方案28：悬浮的鸡蛋（中班）

活动目标

1. 感知鸡蛋在不同液体中的悬浮现象。
2. 在实验操作中观察不同液体中鸡蛋的悬浮状态。
3. 愿意合作探索,能清楚地表达自己的实验结果。

活动准备

1. 经验准备。

幼儿对沉浮现象有一定的了解和认知。

2. 物质准备。

幼儿操作材料:托盘、量杯、搅拌棒、勺子、小毛巾、鸡蛋、盐、糖、水、牛奶、油、酱油等操作材料若干。

活动过程

1. 实物导入,激发兴趣。

◆ 提问:我们都知道鸡蛋放到水里会沉到水底,那有没有办法让鸡蛋浮起来呢?

(指导要点:教师介绍各种材料,引发幼儿猜测)

◆ 小结:左边的盐和糖是固体形态的,右边的油、酱油、牛奶是液体形态的。

2. 动手实验,观察结果并记录。

◆ 教师引导幼儿自主拿取桌面材料,一一探索。

(1) 游戏一:悬浮的鸡蛋。

◆ 提问:哪些材料可以帮助鸡蛋浮起来呢?

◆ 操作要求:幼儿分成两组。第一组两两合作选择一种固体材料,加水搅拌均匀后,
把鸡蛋放入观察。第二组将液体倒入量杯中,放入鸡蛋观察。材料的用量可根据
需要调整。

(指导要点:引导幼儿将选择的固体材料兑水搅拌均匀后,再将鸡蛋轻轻地放到液体
里,直到鸡蛋不动,再观察鸡蛋的悬浮状态。鼓励幼儿操作每一种材料,操作结束后把使
用的材料、用量和观察结果分别记录下来)

◆ 小结:在水中放入一定量的糖或盐,可以让鸡蛋浮起来;酱油可以让鸡蛋浮起来。

(2) 游戏二:探索两种液体里的其他物体的悬浮状态。

◆ 提问:除了鸡蛋外,材料柜里还有哪些材料放到盐水和酱油里,同样也可以浮起来
呢? 可以去找一找,试一试。

(指导要点:引导幼儿自由选取物品,将物品轻轻地放到这些液体里,直到物体不动,
再观察其悬浮状态;鼓励幼儿大胆操作,并把结果记录下来)

3. 分享交流,感知"悬浮"现象。

◆ 提问:你发现了什么? 你是怎么做的?

（指导要点：鼓励幼儿大胆根据记录表讲述自己的发现和操作过程）

4. 归纳小结，经验提升。

◆ 小结：液体的密度大于物体的密度时，物体就可以浮起来；液体的密度小于物体的密度时，物体就会沉下去。

活动延伸

★ 活动名称：悬浮的鸡蛋。

材料：托盘、量杯、搅拌棍、勺子、小毛巾、液体材料（肥皂水、可乐、醋等）。

玩法：将鸡蛋轻轻地放到不同的液体里，直到鸡蛋不动，再观察鸡蛋的悬浮状态。

★ 活动名称：悬浮的水果。

材料：托盘、小毛巾、各种水果、盐、水。

玩法：幼儿将盐兑水搅拌均匀后，将不同水果一一放到盐水里，直到水果不动，再观察水果的悬浮状态（盐的用量可根据需要调整）。教师鼓励幼儿操作各种水果，并把结果记录在记录表上。

活动反思

《纲要》中指出：幼儿的科学活动应密切联系幼儿的实际生活，教师应充分利用幼儿身边的事物与现象作为科学探索的对象。"悬浮的鸡蛋"这个活动设计，来源于幼儿日常生活中的一个兴趣点，并且紧密围绕着"悬浮"这个有趣现象而展开。

本次活动的重难点就是如何将抽象的悬浮现象传递给幼儿，并让幼儿通过自己的探索，感知鸡蛋在盐水中的悬浮状态。我们通过让幼儿运用已有的经验进行猜想和判断，让他们主动建构知识经验，在此基础上再让幼儿通过玩一玩、比一比来验证自己的猜想，从而调整自己的认识，并让幼儿懂得要得出结论必须以客观事实为依据。有的幼儿在没有教师帮助的情况下自己做出了大胆的尝试，通过嘴巴品尝辨别哪个是盐，哪个是糖。教师对幼儿大胆尝试的做法给予了肯定。此外，本次活动还注重活动的拓展和延伸，科学活动室的空间材料资源让幼儿仍有兴趣继续进行探索。

（教师：潘　娜　洪本红）

方案29：沉下去，浮起来（大班）

活动目标

1. 初步了解影响物体沉浮的因素。

2. 在观察和操作中,尝试使用多种辅助材料探索让沉下去的物体浮起来的各种方法。

3. 乐于与同伴共同探索物体沉浮的奥秘,大胆表达自己的想法。

活动准备

1. 经验准备。

(1) 有观察不同物体在水中沉浮状态的经验。

(2) 初步了解哪类物品在水里会下沉。

2. 物质准备。

(1) 教师资源:装有清水的塑料盆,托盘、小毛巾。

(2) 幼儿操作材料:各种低结构材料和工具,如玻璃珠、石头、硬币、铁夹子、钥匙、泡沫盘子、积木、薄纸板、塑料瓶盖、橡皮筋、大树叶、塑料袋、线、橡皮泥、绳子、透明胶、剪刀等。

活动过程

1. 回顾认知,导入活动。

◆ 提问:你们还记得在水中会沉到水底的物品有哪些?（玻璃珠、石头、硬币、铁夹子等)有没有办法让这些沉下去的物品浮起来?

(指导要点:鼓励幼儿大胆猜想,引发幼儿自主表达)

2. 实验操作,观察探索。

(1) 游戏一:让下沉物体浮起来。

◆ 导语:(出示玻璃珠、石头、硬币、铁夹子)请你们尝试让这四种会沉下去的物体浮起来,两人为一组,选择其中一种物体进行探究,可以在科学活动室里寻找辅助材料和工具,让沉下去的物体浮起来。

(指导要点:教师引导幼儿自主选择各种辅助材料和工具,让物体浮起来,并鼓励幼儿小声交流自己的发现)

◆ 小结:原来我们可以借助一些会浮的材料来帮助沉下去的物体浮起来。

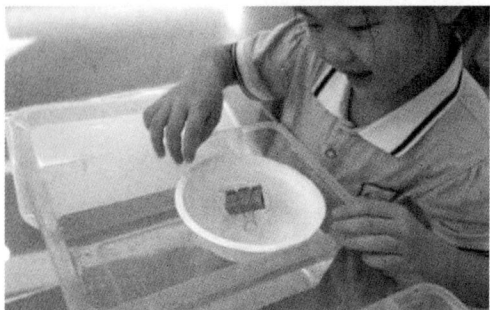

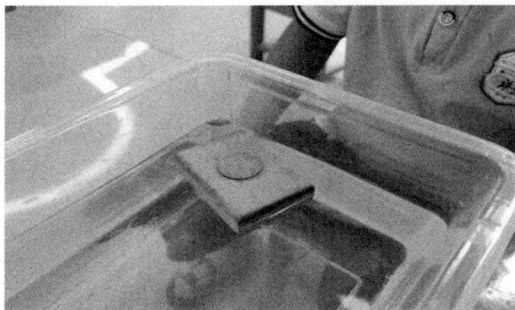

(2) 游戏二：探索其他沉下去的物体能否浮起来。

◆ 导语：科学活动室里还有一些会沉下去的物品，两人一组去寻找一种会沉下去的物体，探索可以使沉下去的物体浮起来的不同方法。

（指导要点：引导幼儿在科学活动室内自选一种可以沉下去的物体，根据物体的特征发现使物体浮起来的不同方法，并鼓励幼儿小声交流自己的发现）

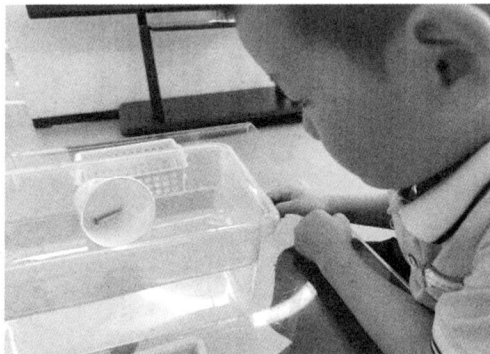

3. 分享交流，提升经验。

◆ 提问：你发现了什么？你是用什么方法让沉下去的物品浮上来的？我们还可以做哪些尝试？

（指导要点：鼓励幼儿积极表达自己的发现）

◆ 小结：沉下去的物体可以借助其他物体或工具在水里浮起来，也可以改变自身的形状或者重量浮起来。在生活中，类似的现象还有很多，比如不会游泳的人借助游泳圈，就能浮在水面上。

活动延伸

★ 活动名称：让鸡蛋浮起来。

材料：塑料瓶、鸡蛋、筷子、盐。

玩法:塑料瓶装适量水,鸡蛋放水里,再往水里放盐,观察鸡蛋的沉浮状态。

★ 活动名称:沉下去的瓶子。

材料:塑料盆、塑料瓶,玻璃珠若干。

玩法:在塑料瓶里不断加入玻璃珠,然后把塑料瓶放入水里,通过调整玻璃珠的数量,观察瓶子的沉浮状态。

活动反思

科学活动室给幼儿提供了更充分的探索物体沉浮的机会,幼儿可以自主寻找辅助材料改变物体的沉浮状态。教师给予了幼儿充分的探索机会和时间,激发了幼儿自主探索的欲望,本活动从集体经验的建构到小组合作探究的形式,让幼儿在生活经验的基础上通过不断地发现和尝试,逐步建构新的沉浮经验。在操作中幼儿发现了许多不同的让沉下去的物体浮上来的方法,如有的幼儿选择了空瓶子,把物体放到瓶子里,借助空瓶子的浮力,让会下沉的物体浮起来;有的幼儿选择了使用面积比较大的木块让会下沉的物体浮起来。在实验的探索中,由于玻璃珠会滚动,导致木块不能支撑起玻璃珠,这一现象引起了孩子们的兴趣,他们纷纷提议使用工具使玻璃珠固定,如胶带、绳子、黏土等。孩子们根据自己的想法在科学活动室里寻找、尝试各种材料和工具。科学活动室材料和工具的丰富性为幼儿进一步的探索与尝试提供了可能和机会,满足了幼儿的探索欲望,培养了幼儿遇到困难想办法解决的良好品质。

（教师:潘　娜　洪本红）

方案30：哪辆汽车跑得快（大班）

活动目标

1. 发现物体在不同材质的斜坡上运动的速度不同。

2. 在观察和实验中感知车轮滚动的速度与摩擦力之间的关系,大胆记录并表达自己的发现。

3. 喜欢参与探究活动,乐于探索让汽车跑得快的方法。

活动准备

1. 经验准备。

(1) 有平面滚动的探索经验。

(2) 知道车轮滚动的速度与车轮的接触面有关。

2. 物质准备。

幼儿操作材料:汽车、不同的轨道(如铺上布、白纸、毛巾等)。

活动过程

1. 视频导入,激发兴趣。

◆ 提问:哪辆汽车跑得快? 为什么?

(指导要点:根据幼儿探究需要选择是否出示汽车车轮的细节图片,提问2名幼儿,时间不宜过长)

2. 小组操作,观察探索。

◆ 教师引导幼儿以小组为单位到力学区自主选择材料,自由探索。

(1) 游戏一:我是赛车手。

◆ 部分小组进行车轮的观察,让幼儿摸一摸、看一看,不同底纹的轮胎在光滑斜坡上的滑行速度。

(指导要点:引导幼儿观察发现轮胎底纹与滑行速度的关系,并鼓励幼儿小声交流自己的发现)

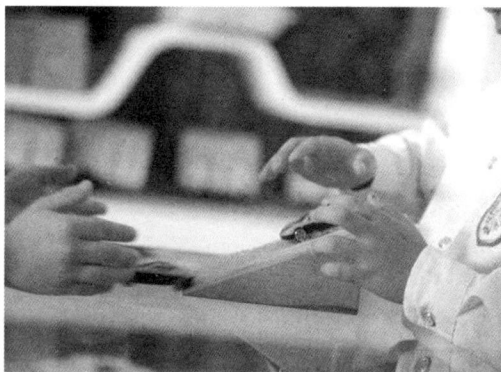

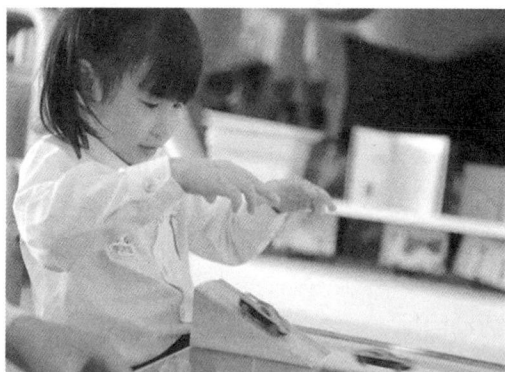

(2) 游戏二:汽车大比拼。

◆ 部分小组改变斜坡的接触面(如铺上毛巾、白纸或布)在操作中观察相同轮胎的汽车在不同材质的坡面上滑行的速度。

(指导要点:引导幼儿观察相同轮胎的汽车在不同材质斜坡上的摩擦力度,并鼓励幼儿小声交流自己的发现)

(3) 游戏三:哪辆汽车跑得快。

◆ 部分小组改变斜坡的接触面(如铺上布、毛巾或白纸),在汽车滑行实验中观察不同摩擦力与不同车轮的汽车滑行速度的关系。

（指导要点：引导幼儿观察不同车轮的汽车在不同接触面的斜坡上的滑行速度，并及时记录观察的结果）

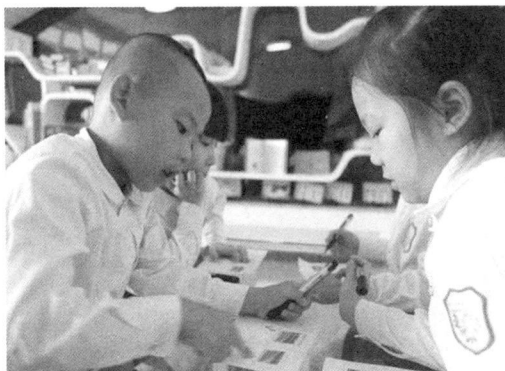

（4）交流分享，提升经验。

◆ 教师引导幼儿根据自己的探究发现进行分享，并围绕幼儿的表达进行小结。

活动延伸

★ 活动名称：小车动起来。

在活动室中寻找并探索轮胎厚度不同的汽车，相同的跑道，观察汽车滑行的速度。

材料：相同材质、相同印痕、轮胎厚度不同的汽车若干。

玩法：通过探索和观察，了解相同材质、相同印痕、轮胎厚度不同的汽车在相同斜坡上的滑行速度。

活动反思

我们通过视频导入激发了幼儿的兴趣，引导他们观察不同的汽车在斜坡上滑行的速度，并猜想哪辆汽车跑得快。这个环节让幼儿初步了解了汽车滑行速度与摩擦力之间的关系，为接下来的操作活动做好了铺垫。在小组操作环节，幼儿以小组为单位到力学区自主选择材料，自由探索。我们通过三个游戏环节，让幼儿在操作中观察不同轮胎的汽车在不同材质的斜坡上的滑行速度，并鼓励幼儿小声交流自己的发现。在这个环节中，幼儿通过观察、操作和比较，更加深入地了解了汽车滑行速度与摩擦力之间的关系。科学活动室为幼儿提供了丰富的、不同类型的材料和工具，满足了幼儿根据自己的兴趣和需要自主地选择适宜的材料进行操作，这些材料都是幼儿平时生活中常见的物品，便于幼儿在探索时能够结合生活经验进行认知的建构。科学活动室为幼儿提供了充分探索和多角度探究的可能,我们应该允许幼儿自己去尝试、验证和解决问题,让幼儿充分经历探究过程,更好地丰富探究经验。

(教师:饶朝霞　李　丽)

方案 31:摩擦起电(中班)

活动目标

1. 感知摩擦可能产生静电的现象。
2. 在操作、观察、对比中,发现能产生静电的材料与工具,愿意表达自己的发现。
3. 乐于探索不同材料摩擦产生的静电现象,对生活中的静电现象感兴趣。

活动准备

1. 经验准备。

   (1) 会用自己的方式记录实验结果。

   (2) 玩过"唤醒小纸片"的游戏,了解摩擦起电的方法。

2. 物质准备。

   (1) 教师资源:瓶装泡沫球。

   (2) 幼儿操作材料:摩擦起电材料包、尼龙绳、吸管、铅笔、塑料小勺、塑料梳子、塑料尺子、小毛巾、泡沫纸、麻布、记录表。

活动过程

1. 回顾认知,导入活动。

◆ 教师操作演示"唤醒泡沫球"小游戏,提问:为什么泡沫球会跳舞?

(指导要点:引导幼儿表述泡沫球会跳舞的原因,了解静电的产生)

◆ 小结:塑料尺子在我们的头发上摩擦一会儿,产生了静电,所以能把泡沫球吸起来。

2. 集体操作,探索发现。

◆ 教师引导幼儿使用材料盘里的工具和材料,自主进行探索。

(1) 游戏一:会跳舞的泡沫球。

◆ 导语:请小朋友们试一试,怎样可以让泡沫球动起来? 你用的是什么材料?

◆ 幼儿在和材料的互动中感受摩擦的速度与泡沫球跳舞之间的关系。

◆ 提问:摩擦的快慢对"唤醒"泡沫球有影响吗? 怎样摩擦可以快速"唤醒"泡沫球?

(指导要点:引导幼儿使用同种工具,通过不同的摩擦速度探索静电的产生,鼓励幼儿小声交流自己的发现)

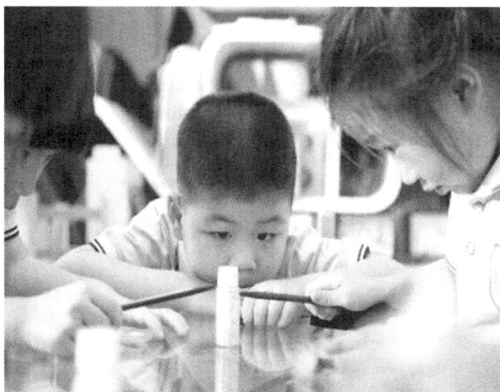

(2) 游戏二:神奇的魔法棒。

◆ 导语:活动室里还有一些其他的材料,请你们找一找、试一试,看看哪些材料在摩擦后会产生静电,把尼龙绳吸起来。请把你的实验结果记录在记录表上。

幼儿自主在材料区选取相关材料进行操作探究,探索使用不同工具和不同材料产生的静电现象。

(指导要点:引导幼儿发现不同材质的材料摩擦后产生的静电大小不同,并鼓励幼儿给材料分类)

3. 集体分享,提升经验。

◆ 引导幼儿对能产生静电的材料分类并进行交流和分享,感受有趣的静电现象。

◆ 小结:两个物体在一起摩擦会产生一种神奇力量,能让我们的头发飘起来,能让泡沫球跳舞,这叫作"摩擦起电"。塑料尺子、勺子、笔、吸管和麻布、小毛巾等物品相互摩擦,都容易产生静电,木材、金属类的材料摩擦就不容易产生静电。生活中有很多的静电现象,如在寒冷的冬天,人们脱毛衣的时候常会产生静电。

活动延伸

★ 活动名称:淘气的气球。

材料:气球 2 只、线绳 1 根、硬纸板 1 张。

玩法:将 2 只气球分别充气并在口上打结,用线将 2 只气球连接起来,用气球在头发(或者羊毛衫)上摩擦,提起线绳的中间部位,2 只气球立刻分开了,将其中一个气球接近纸板,硬纸板被气球吸附。

活动反思

摩擦起电现象在生活中多出现在秋冬季节,幼儿有一定的生活经验(梳头发时发现头发跟着梳子立起来了,脱衣服时听到"噼里啪啦"的响声,两个人不经意碰到会被对方"电"到……)。幼儿积极操作、观察和对比,发现了不同材料和工具摩擦后产生的静电现象,并尝试用标记记录自己的实验结果。他们在活动中表现出浓厚的兴趣,愿意主动交流和分享自己的发现。同时,科学活动室为幼儿提供了开放的、多元的材料选择,我们也注重幼儿的学习特点和需求,提供了适宜的学习环境和教育资源,激发了幼儿的学习兴趣和潜能,让幼儿能对不同材料进行探索,从而丰富摩擦起电的经验。但部分幼儿在拿取材料时太过随意,没有运用前期的相关经验;另外,还有一些幼儿摩擦过程中力量不够,导致操作结果有偏差。因此,教师需要对个别幼儿在选择材料和操作材料时灵活指导。

(教师:谢潇楠 潘 娜)

方案 32:组装小能手(大班)

活动目标

1. 了解电池的正、负极和安装电池的基本方法。

2. 探索安装电池的方法,感知电池可以导电,能用完整的语言表达自己的发现。

3. 对导电现象感兴趣,乐意与同伴探索电池导电的方法。

活动准备

1. 经验准备。

   (1) 玩过电动玩具,知道生活中的很多物品都离不开电。

   (2) 能看图进行组装操作。

2. 物质准备。

   (1) 教师资源:未装电池的手电筒。

   (2) 幼儿操作材料:电动小风扇材料包、电路材料盒,电池、手电筒、电动玩具等。

活动过程

1. 回顾认知,导入活动。

◆ 提问:小朋友,如果手电筒不亮,可能会是什么原因?

(指导要点:教师拨动没有装电池的手电筒开关,引导幼儿猜测让手电筒亮起来需要的材料和安装方法)

2. 集体操作,观察探索。

◆ 教师引导幼儿在电路探索材料筐拿取电路有关材料,自主选择一种探索。

(1) 游戏一:手电筒亮起来啦。

◆ 部分小组给手电筒安装电池,在实际操作中感知电池的正、负极和安装方法,探索
   使手电筒亮起来的方法。

◆ 提问:你在电池的两端发现了什么不同?

(指导要点:引导幼儿观察电池标志,并鼓励幼儿大胆尝试,小声交流自己的发现)

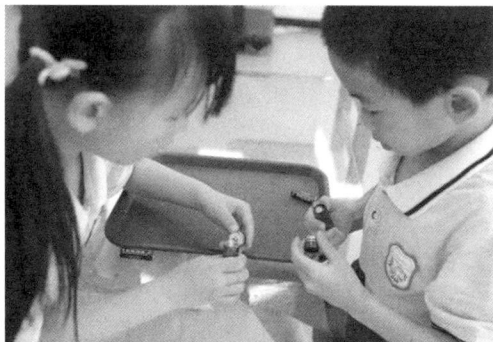

(2) 游戏二:组装小能手。

◆ 部分小组给电动玩具安装电池,探索多节电池的安装方法,初步理解"＋、－"标志
   的意义,探索让电动玩具动起来的方法。

◆ 提问:电池盒上的"＋、－"是什么意思？和安装电池有什么关系吗？

（指导要点:引导幼儿记录自己的安装方法,找到能使电动玩具工作的安装电池的正确方式,并鼓励幼儿与同伴小声交流自己的发现）

(3) 小组间互换材料进行探究。

（指导要点:引导幼儿运用已了解的电池正、负极的相关经验正确安装电池）

3. 操作分享,巩固经验。

◆ 教师引导幼儿分享自己的操作过程和记录单,共同梳理不同玩具正确安装电池的方法。

◆ 小结:电池"＋、－"表示正、负极,安装时要按照标识把"＋"极和"－"极连在一起,物体才能正常工作。

活动延伸

★ 活动名称:会转的小风车。
材料:自制风车材料包。
玩法:幼儿自主根据示意图组装小风车,根据自己的经验正确安装电池,启动小风车。

★ 活动名称:电流迷宫。
材料:科学长廊墙面操作区。
玩法:幼儿在墙面自由操作电流迷宫材料,感受电路。

活动反思

在活动过程中,我们通过让幼儿猜测手电筒不亮的原因,导入活动,激发幼儿的兴趣和好奇心。接着,我们引导幼儿自主选择探索材料,通过两个游戏环节让幼儿进一步感知电池的正、负极和安装方法,探索使手电筒亮起来和其他电动玩具动起来的方法。在游戏环节中,幼儿能够积极尝试和探索,发现电池的正、负极和安装方法,并尝试用记录单记录自己的实验结果。分组探索不同内容,可引导幼儿根据自身发展水平选择为不同的玩具安装电池,安装一节电池或多节电池,在操作中感知并思考,能发展幼儿的科学思考能力。

利用生活中常见的手电筒和电动玩具作为操作材料,既调动了幼儿学习的自主性、积极性,又加深了幼儿对于电池安装的探索印象。他们认识了电池的正、负极,了解了简单的电路。他们在活动中表现出浓厚的兴趣和好奇心,愿意主动交流和分享自己的发现。

（教师:潘　娜　谢潇楠）

方案 33：瞧，风来啦（大班）

活动目标

1. 初步了解风力发电的工作原理。

2. 尝试组装风力发电的相关材料,通过探索多种使风车转动的工具,感知风速的大小对发电时间长短的影响。

3. 乐于和同伴合作探索风力发电的有趣现象。

活动准备

1. 经验准备。

(1) 了解风是通过空气流动产生的。

(2) 了解电路的组装方法。

2. 物质准备。

幼儿操作材料:微型风力发电实验材料包,电路材料盒,报纸、硬纸板、小风扇、扇子、吹风机、插线板等。

活动过程

1. 回顾认知,导入活动。

◆ 提问:风车怎么才能够转起来呢? 你们还记得电路怎么组装吗?

(指导要点:引发幼儿自主地表达,根据幼儿发言的情况选择是否出示电路组装示意图)

2. 自由操作,观察探索。

◆ 教师引导幼儿尝试用不同的风力转动风车,感受风力的不同对风车转速的影响。

(1) 游戏一:瞧! 风来啦。

◆ 幼儿使用不同材料制造风,感受风车转动的快慢变化。

◆ 提问:使用不同的材料制造的风一样吗? 风力大小对风车的转动速度有什么影响?

(指导要点:引导幼儿在材料区自主选择制造风的材料,并和同伴交流自己的发现)

◆ 小结:风力越大,风车的转动速度越快。

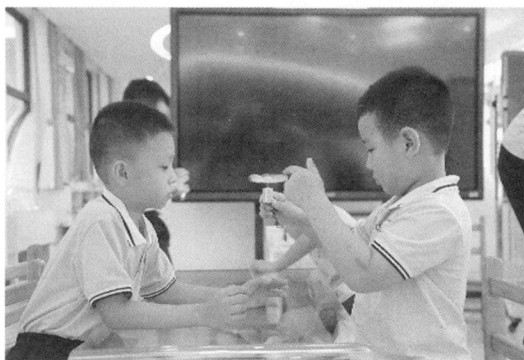

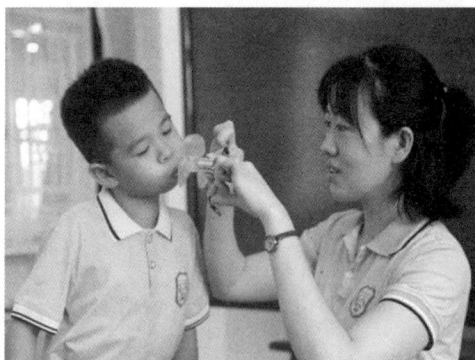

(2) 游戏二:风力发电。

◆ 提问:我们选择哪些材料可以让风车转起来呢? 风车转动的速度快慢对灯泡有什么影响呢?

(指导要点:引导幼儿根据图示组装微型风力发电器,再选择材料进行"发电"尝试)

◆ 小结:电力的大小与风车的转速有关,风车转动速度越快,灯泡越亮,当风车转动速度快且持续时间越长,灯泡亮的时间越长。

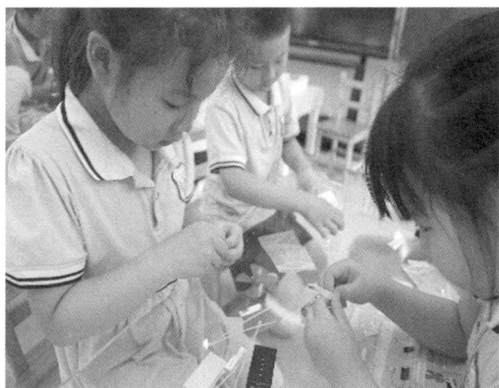

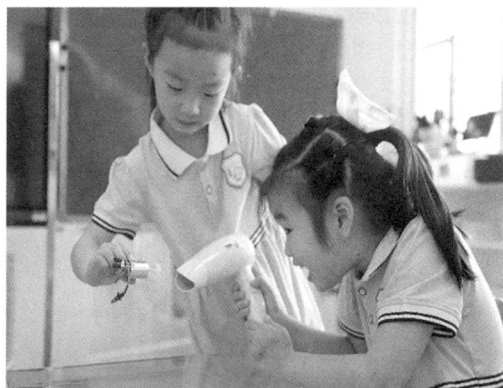

(3) 游戏三:自制风力发电器。

◆ 幼儿自主尝试组装简单电路,把导线和发电机、风扇叶片连接在一起,形成微型风力发电器,利用电路材料盒仿制风力发电器。

(4) 互换材料进行探究。

活动延伸

★ 活动名称:自制风向标。

材料:自制风向标材料包。

玩法:自制风向标,在科学活动室探索风的大小和方向对风车转动的影响,继续探索风的秘密。

★ 活动名称:自制太阳能小车。

材料:自制太阳能小车材料包。

玩法:幼儿自主组装太阳能板和小车的电路,初步了解太阳能发电,感受身边清洁能源的使用。

活动反思

科学活动室为幼儿提供了充分探索的环境,幼儿自己动手组装材料,当实验过程中遇到问题时,能够思考并及时自主寻找解决方法。幼儿能够很好地与同伴一起合作探索,交流自己在进行风力发电实验中的发现:第一,利用何种材料制造的风能够让风车转动起来,不是所有的风都能发电;第二,当风车转动的速度到达一定程度时灯泡才会亮起来。幼儿初步体验到风力发电的原理,获得成功的喜悦。另外,利用发电盒进行电路组装,对幼儿的动手能力要求较高,不仅需要幼儿熟悉导线的组装方式,还需要教师提醒安全事项。教师可根据幼儿的能力把该活动作为拓展,鼓励有兴趣的幼儿尝试。本次风力发电探索活动,帮助幼儿发现和感受周围环境中的清洁能源,同时让幼儿发现生活中无处不在的科学,激发幼儿探索的欲望。

(教师:潘　娜　谢潇楠)

方案 34:盐水发电(大班)

活动目标

1. 知道盐水能够发电,初步了解盐水发电的工作原理。

2. 在观察和实验操作中感知盐水、蔬果发电现象,愿意表达自己的发现。

3. 喜欢参与探究活动,乐于探索"发电"游戏。

活动准备

1. 经验准备。

(1) 已了解简单的电路。

(2) 知道导电现象。

2. 物质准备。

幼儿操作材料:盐水发电材料包,食盐,新鲜蔬果若干(柠檬、苹果、土豆、西红柿等),纸杯、搅拌棒等。

活动过程

1. 回顾认知,导入活动。

◆ 提问:小朋友们,还记得怎么组装电路让灯泡亮起来吗? 需要哪些材料呢?

(指导要点:引发幼儿自主地表达,根据幼儿的发言情况选择是否出示电路组装示意图)

2. 熟悉材料,自主选择。

◆ 导语:我们一起来认识这些材料:锌片(银色)、铜片(金色)、导线、小灯泡,小朋友们在操作时一定要注意安全,保护好自己。

(1) 游戏一:盐水发电。

◆ 进行盐水发电的观察与探究,在探究中感知盐水导电的现象。

[指导要点:第一,把所有水槽并列插在一起;第二,从左往右按顺序插入锌片和铜片(银色—金色—银色—金色—银色—金色—银色—金色);第三,连接导线——绿色连接在左边,红色连接在右边;第四,倒入搅拌好的盐水]

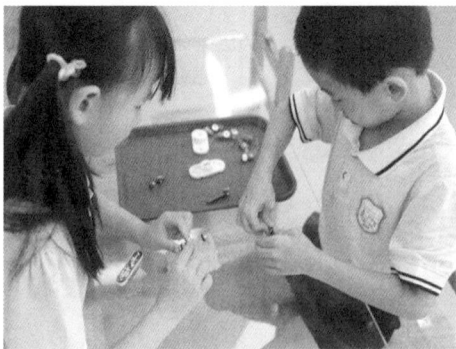

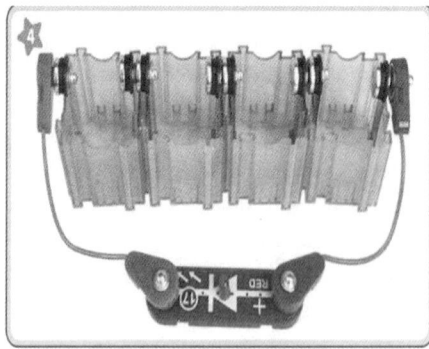

(2) 游戏二:蔬果发电。

◆ 进行蔬果发电的观察与探究,在观察中感知蔬果导电的现象。

（指导要点：取4块相同的水果，在每块水果中分别插入一个铜片和一个锌片；再把绿色导线、红色导线连接完成，灯泡就亮啦）

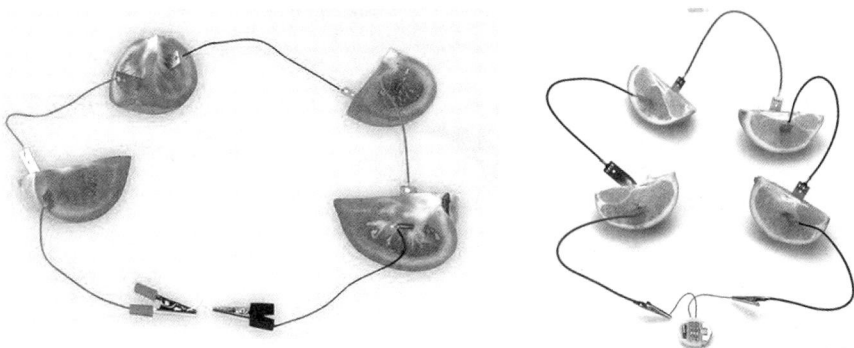

◆ 小结：蔬果和金属反应，制造的电极让它们变成了"蔬果"电池，所以小灯泡就亮了起来。

（3）互换材料进行探究。

活动延伸

★ 活动名称：可乐发电。

材料：可乐、自来水、拼装水槽、锌片、铜片、电子时钟等。

玩法：第一，把所有拼装水槽并列插在一起；第二，从左往右按顺序插入锌片和铜片（银色—金色—银色—金色—银色—金色—银色—金色）；第三，连接导线——绿色连接在左边，红色连接在右边；第四，倒入准备好的液体，观察电子时钟是否能工作。

★ 活动名称：灯泡亮起来了。

材料：电路盒。

玩法：自主进行电路组装，探索哪种连接方法能让小灯泡亮起来。（教师需要在旁观察，提醒幼儿注意操作安全）

活动反思

本次活动的目标是让幼儿知道盐水能够发电，初步了解盐水发电的工作原理，在实验和观察操作中感知盐水、蔬果发电现象，引发幼儿探索科学的兴趣和欲望。在活动过程中，我们首先通过让幼儿回顾之前学过的电路组装方法和导电现象，导入活动，激发幼儿的兴趣和好奇心。接着，我们引导幼儿熟悉本次活动的材料，并让他们自主选择材料进行探究。在游戏环节中，幼儿在教师的指导下组装好操作材料，发现盐水和蔬果都能够导电,成功地让小灯泡亮了起来,很兴奋地和同伴交流,在获得了成功喜悦的同时加深了对电的了解,掌握了盐水和蔬果发电的方法。另外,因为本次操作材料中包含锌片、铜片,幼儿需要了解排列方法,所以教师要用幼儿能理解的语言讲解清楚,并提醒幼儿操作安全。

(教师:谢潇楠　潘　娜)

方案35:磁铁找朋友 (小班)

活动目标

1. 感知磁铁能吸铁磁性物质的特性。
2. 能够通过探索,发现磁铁的特性,能寻找出身边多种类型的铁磁性物品。
3. 体验寻找和发现具有铁磁性物品的乐趣。

活动准备

1. 经验准备。

   玩过磁铁,知道磁铁的名称。
2. 物质准备。

   幼儿操作材料:材料操作筐、各种磁铁、铁质夹子、铁钉、铁勺子、钥匙圈、塑料积木、木质积木、玻璃球、纸张、树叶、毛球、石头、贝壳、木块等。

活动过程

1. 回顾认知,导入活动。

◆ 提问:你们知道磁铁和铁的物品靠在一起会发生什么现象吗?

◆ 小结:磁铁都喜欢和身边的铁磁性物品做朋友,它们吸在一起。

(指导要点:出示磁铁及其他操作材料,引导幼儿初步猜测磁铁和谁是好朋友,并请2—3名幼儿尝试)

2. 集体操作,探索发现。

◆ 教师引导幼儿拿磁铁在材料操作筐里进行探索。

(1) 游戏一:磁铁寻宝。

◆ 幼儿选择一种磁铁进行探究,在反复尝试中发现:磁铁带有磁性,能吸住有铁磁性的物体。

◆ 导语:请小朋友拿磁铁吸一吸,看看谁是它的好朋友。

(指导要点:引导幼儿用磁铁吸一吸,看哪些材料能被磁铁吸住;支持幼儿小声交流讨论)

◆ 小结:磁铁真厉害,可以和铁质物品吸在一起做朋友。

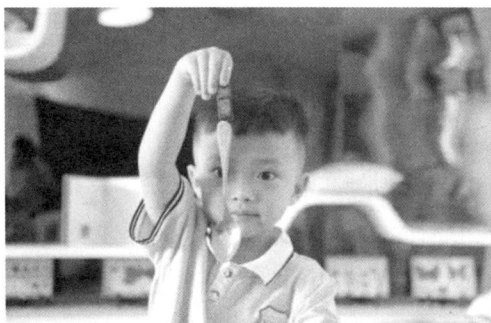

(2) 游戏二:磁铁吸吸乐。

◆ 幼儿到磁铁区自主选择不同形状、不同颜色的磁铁进行探究与发现,在操作中感知各种磁铁都带有磁性。

◆ 导语:科学活动室里还有不同形状和不同颜色的磁铁,你们拿来吸一吸,看看它们会和谁成为好朋友。

(指导要点:引导幼儿用不同的磁铁吸不同材质的物品,尝试给物品进行分类,感知不同形状、不同颜色的磁铁都有磁性并能吸带有铁磁性的物品)

◆ 小结:不同磁铁的形状、颜色可能不一样,但它们都有一个本领——喜欢和铁质物品"做朋友",和铁质物品吸在一起。

3. 集体分享,提升经验。

◆ 小结:磁铁可以和有铁磁性的物品相吸。磁铁能吸住的物品带有铁磁性,反之,磁铁吸不住的物品不含铁磁性。

活动延伸

★ 活动名称:好玩的磁力墙。

材料:科学活动室走廊的磁力墙。

玩法:幼儿自由操作摆放多种图形的磁铁,感知磁力。

★ 活动名称:沙中寻宝。

材料:操作盒、磁铁、铁质夹子、铁钉、勺子、钥匙圈、塑料积木、木质积木、玻璃球、纸张、树叶、毛球、石头、贝壳、木块等。

玩法:利用磁铁在操作盒中寻找铁质材料,感知磁力。

★ 活动名称:隔水取物。

材料:容器、水、磁铁、铁质夹子、铁钉、勺子、钥匙圈、塑料积木、木质积木、玻璃球、纸张、树叶、毛球、石头、贝壳、木块等。

玩法:利用磁铁,隔水将沉在水底的铁质材料取出来,比一比,看谁取得快。

活动反思

磁铁对于幼儿来说并不陌生,是生活中比较常见的物品。该操作活动主要让幼儿对磁铁产生兴趣,并初步了解不同形状的磁铁都能吸铁磁性材料。幼儿用磁铁玩一玩、吸一吸,感知磁铁的性质,再通过自己的观察,生成很多有关磁铁的经验。特别是幼儿在进行操作探究后,能够对材料进行正确分类的过程也是经验建构的过程。由于小班幼儿都是以自我为中心,他们很容易因物品的归属问题引发争执,所以给幼儿提供的实验材料应人手一份,这样可以使幼儿将注意力更多地集中在操作和观察上。

(教师:符小雯 潘 娜)

方案 36:小车碰碰碰(大班)

活动目标

1. 初步感知磁铁同极相斥、异极相吸的原理。
2. 在玩磁力小车的游戏中,观察磁力小车的运动现象。
3. 喜欢参与探究活动,乐于探索磁铁的磁力。

活动准备

1. 经验准备。
   玩过磁铁,了解磁铁能吸铁磁性物质的特性。
2. 物质准备。
   幼儿操作材料:不同的磁铁、不同形状的磁力小车等。

活动过程

1. 回顾认知,导入活动。

◆ 提问:小朋友们,你们知道两个磁铁碰在一起会发生什么现象吗?

(指导要点:鼓励幼儿大胆猜测)

2. 小组操作,探索磁铁推动磁力小车的原理。

◆ 教师引导幼儿去磁铁区拿磁铁和磁力小车,自由探索,发现同极相斥、异极相吸的原理。

(1) 游戏一:磁力小车。

◆ 部分幼儿探索用不同的磁铁推动磁力小车,在操作中感知同极相斥、异极相吸的原理。

◆ 导语:用不同的磁铁去推动磁力小车,磁铁和手不能碰到小车,会发生什么情况呢?

(指导要点:引导幼儿根据磁铁同极相斥、异极相吸的原理,用磁铁推动磁力小车前进、倒退、转弯,支持幼儿小声交流分享)

◆ 小结:原来磁铁有两极,南极(S)和北极(N),相同的两极靠在一起,会互相排斥;不同的两极靠在一起,会互相吸引。

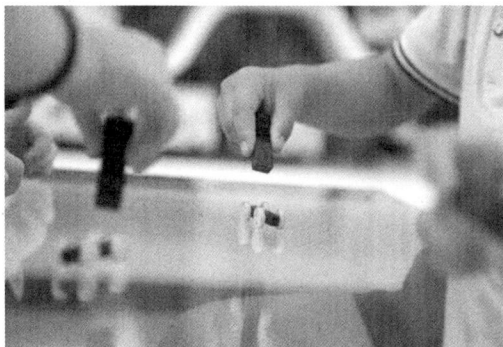

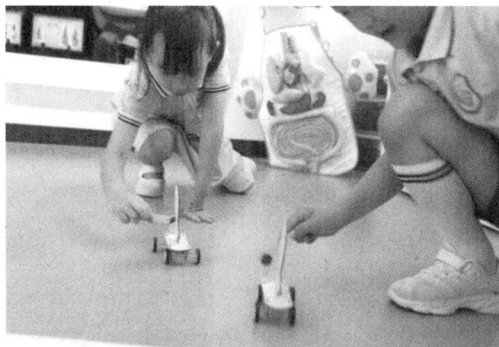

(2) 游戏二:磁力弹簧。

◆ 幼儿用不同的磁铁进行叠加,利用磁铁同极相斥、异极相吸的原理使磁铁不吸附在一起,感知同极相斥、异极相吸原理。

(指导要点:引导幼儿按照"S、N、N、S"或"N、S、S、N"的模式,用细棍穿过多个环形磁铁,发现相邻的环形磁铁互相排斥,悬浮在空中)

◆ 小结:原来磁悬浮车就是利用了磁铁同极相斥、异极相吸的原理。

(3) 小组间互换材料进行探究。

（指导要点：引导幼儿利用磁铁同极相斥、异极相吸的原理，探索更多使磁力小车和磁力弹簧动起来的方法）

3. 集体操作，总结提升经验。

（指导要点：教师引导幼儿分享自己的探究结果，总结和归纳磁铁同极相斥、异极相吸的原理）

◆ 小结：通过实验我们知道磁铁有两极——南极（S）和北极（N），磁铁同极碰在一起会相互排斥，异极碰在一起会相互吸引。

活动延伸

★ 活动名称：变身磁力搭建。

材料：磁力片。

玩法：幼儿利用磁铁同级相斥、异级相吸的原理自由地进行磁力搭建。

★ 活动名称：跳动的不倒翁。

材料：操作底板、底部装有磁铁的不倒翁、磁铁。

玩法：将不倒翁放在操作底板上，用磁铁在操作底板下方进行操作，利用磁悬浮的原理使不倒翁"跳"起来，感知磁力的妙用。

活动反思

该活动中，孩子们表现得非常积极和投入。他们对磁铁的特性有了更深入的了解，并通过探索和实践，感知了磁铁同极相斥、异极相吸的原理。

在整个活动过程中，我们注重孩子们的自主操作和探索，让他们通过实际操作来感知和理解磁铁的特性。首先，在活动开始前，我们让孩子们回忆自己以前玩磁铁的经历，了解了磁铁能吸铁磁性物质材料的特性。这一环节的设计旨在激活孩子们的已有经验，帮助他们更好地理解和探索新的知识点。接着,我们引导孩子们分小组操作,去探索磁铁推动磁力小车的原理。他们自由地选择不同的磁铁和磁力小车进行操作,并通过自己的实际操作,感知了磁铁同极相斥、异极相吸的原理。

在操作活动中,教师没有急于直接对孩子们提出的问题给出答案,而是给予孩子们充足的探究时间。孩子们在科学活动室中自由地运用各种材料和工具感知磁铁具有两极,发现了同极相斥、异极相吸的原理。他们不断地尝试、探索和交流,发现了许多有趣的现象。

(教师:符小雯　潘　娜)

方案 37:磁力大穿透(大班)

活动目标

1. 通过多种材料的探索感知磁力具有穿透性。
2. 在操作中观察和发现用来做隔断的纸板的厚度与磁铁穿透性的强弱有关。
3. 乐于探索磁铁的多样玩法,愿意与同伴分享和交流自己的发现。

活动准备

1. 经验准备。

   知道磁铁具有磁性。
2. 物质准备。

   幼儿操作材料:各种磁铁,不同厚度的纸板,铁勺子、铁锁、纸和笔等。

活动过程

1. 回顾认知,导入活动。

◆ 提问:小朋友们,你们觉得两块磁铁隔着纸板可以相互吸住吗? 为什么呢?

◆ 小结:磁铁隔着纸板也能吸住另一块磁铁,说明磁铁的磁力可以穿透纸板,磁力具有穿透性。

2. 自由操作,观察探索。

◆ 教师引导幼儿到磁力区选择不同的磁铁隔着不同厚度的纸板进行探究,并且把自己的探究结果记录下来。

(1) 游戏一:悬空隔纸吸物。

◆ 使用不同大小的磁铁隔着纸板吸附物体,感知磁铁的大小和磁铁吸力的关系。

(指导要点:幼儿尝试选择不同大小的磁铁隔着纸板悬空吸住铁锁、铁勺子等,引导幼儿观察发现一片小磁铁能吸住铁勺子,却很难吸住铁锁。鼓励幼儿用自己的方式进行记录,感知磁铁的大小和磁铁吸力的关系)

◆ 小结:磁铁隔着纸都能够把铁勺子吸起来,说明磁力具有穿透性。纸板厚度不变的情况下,磁铁越大,磁力的穿透力也越大。

(2) 游戏二:闯关大挑战。

◆ 选择不同厚度的物体作为隔挡物,感知磁性穿透力的变化。

◆ 提问:之前我们在磁铁与物体之间放了一张纸板,发现磁力具有穿透性,磁铁越大,磁力的穿透力也越大。现在我们来进行闯关大挑战,选择两块一样的磁铁,在活动室里找一些不同厚度的材料,试试看,你手上的磁铁还能互相吸引住吗?为什么?

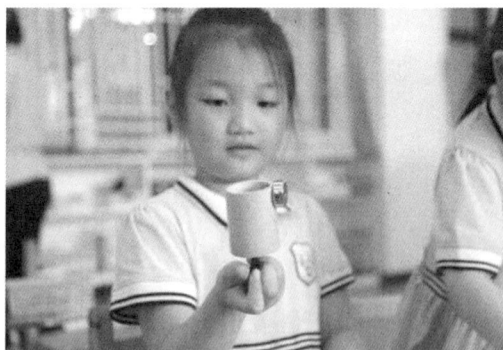

(指导要点:引导幼儿将选择的材料从薄到厚进行排序,然后再探究磁铁的穿透力,并且用自己的方式记录在纸张上,和小朋友分享自己的探究过程)

(3) 互换材料进行探究。

3. 交流发现,总结提升。

◆ 小结:磁力具有一定的穿透性,磁力的穿透性与磁铁本身的吸力相关,磁力越大穿透性越强;磁性的穿透力与中间隔着的物体厚度相关,间隔物体越厚,磁性的穿透力越弱。

活动延伸

★ 活动名称:井底救蛙。
材料:磁铁、不同厚度的瓶子、若干个铁片小青蛙、计时器。
玩法:将铁片小青蛙放在迷宫不同厚度的瓶子做的"井"里,尝试利用磁性将小青蛙从"井"底"救"出,统计自己救出全部青蛙的时间。

★ 活动名称:逃离迷宫。
材料:迷宫底板、磁铁、带有磁铁的小丑、计时器。
玩法:将磁铁放在迷宫底板下,移动磁铁牵引小丑走出迷宫。两人一组,计时比赛,看看谁先帮助小丑逃出迷宫。

活动反思

该活动强调探究材料与探究情境的关系,由浅入深,用游戏化的方式引导幼儿发现磁铁大小与磁力大小呈正比关系,继而在"闯关大挑战"的自主探究中,鼓励幼儿运用磁铁有目的、有层次地选择材料探究,记录和分享实验结果,培养幼儿的逻辑思维能力和表达能力。通过这次活动,幼儿对磁力具有穿透性这一特性有了更深入的了解。他们通过自由操作、观察探索,发现用来做隔断的物体的厚度与磁铁穿透性的强弱有关。整个活动过程中,幼儿参与度较高。他们在操作、探索和交流中,不仅掌握了磁铁的特性,还培养了自己的动手能力和合作精神。

(教师:潘　娜　符小雯)

方案 38:磁铁串串乐(大班)

活动目标

1. 发现磁力具有传递性,可以使铁制物品相互连接。
2. 在操作中观察感知磁铁的传递性会根据铁制物品的增多而减弱。

3. 萌发对磁铁传递性的探究热情。

活动准备

1. 经验准备。

玩过磁铁,知道磁铁能够吸铁制物品。

2. 物质准备。

幼儿操作材料:各种磁铁,铁质夹子、螺丝、铁勺子等,纸和笔若干。

活动过程

1. 回顾认知,导入活动。

◆ 提问:我们都知道磁铁能吸住铁制物品,那我们能不能用一块磁铁将铁制物品吸起来呢?

(指导要点:鼓励幼儿大胆猜测,表达自己的想法)

2. 集体操作,探索发现。

◆ 教师引导幼儿拿各种磁铁进行操作探索。

(1) 游戏一:磁铁串串乐。

◆ 幼儿选择一种磁铁进行探究,在探究的过程中发现磁铁能够与多个铁制物品连接起来,磁力带有传递性。

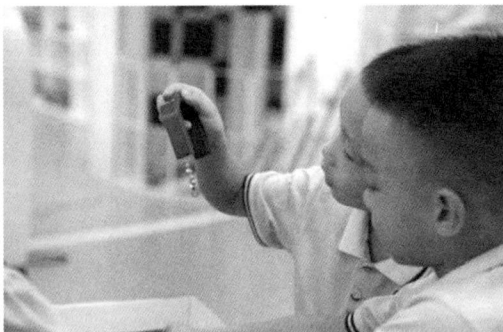

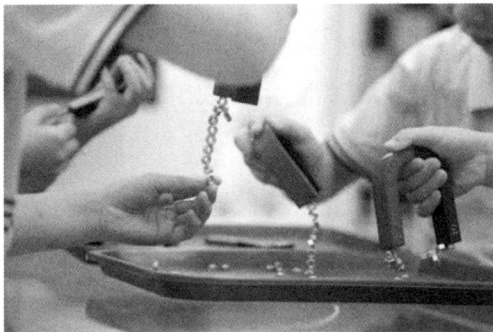

◆ 导语:这里有好多螺丝啊! 请你们拿磁铁吸一吸,看看会发生什么现象。

(指导要点:引导幼儿尝试用一块磁铁去吸多个螺丝,使其串联起来,感知发现磁力的传递性,并鼓励幼儿和同伴交流自己的发现)

(2) 游戏二:不一样的串串。

◆ 尝试探究用磁铁把不同铁制品进行串联,发现磁性传递减弱的现象。

◆ 导语:科学活动室里还有很多不同的铁制物品,你用磁铁去吸一吸,看看是不是都可以互相连接起来。

（指导要点：引导幼儿在科学活动室寻找不同的铁制物品探究磁力的传递性，并小声和同伴分享交流）

3. 集体分享，提升经验。

◆ 小结：磁铁可以把铁制物品串联起来，磁铁的磁力是可以传递的；磁铁吸的铁制物品越多、长度越长，其磁力会逐渐减弱，传递性也会减弱。

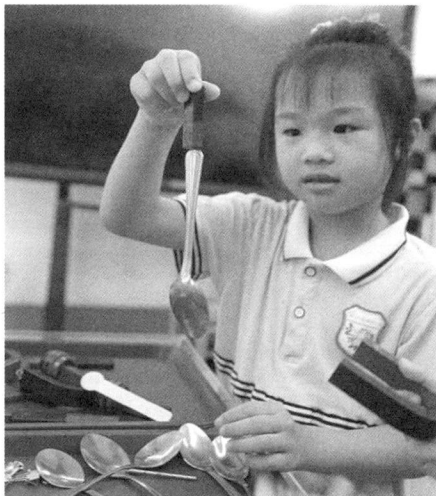

活动延伸

★ 活动名称：磁力小人。

材料：磁铁、螺丝。

玩法：在科学活动室中，利用磁铁使螺丝一个一个地连接立直形成小人，感知磁力的传递性。

★ 活动名称：能量大传递。

材料：铁勺子、磁铁。

玩法：在科学活动室中，利用铁勺子在磁铁上进行摩擦，使铁勺子带有磁性，可以吸住另一个勺子。

★ 活动名称：小猫钓鱼。

材料：磁铁鱼竿、带有磁铁的小鱼。

玩法：用鱼竿去钓小鱼，使小鱼之间相互连接。

活动反思

《幼儿园教育指导纲要（试行）》指出：教师要善于发现幼儿感兴趣的事物、游戏和偶发事件中所隐含的教育价值,把握时机,积极引导。为此,我们以幼儿感兴趣的磁铁作为探究对象,让幼儿在材料丰富的科学活动室进行"磁铁串串乐"的探究活动。科学活动室里的各种物品充分满足了幼儿的探究需求。幼儿会通过观察、比较等探究方式发现磁铁和不同铁质物品可以传递磁性,感知到磁力的传递性会根据铁质物品的增多而减弱。在这个过程中,幼儿充分建立起发现科学现象、分析科学现象、思考验证方法、赋予实践验证的探究思维,提高了持续学习的兴趣与能力,为终身发展打下扎实的基础。

(教师:潘　娜　符小雯)

方案 39：会唱歌的瓶子（小班）

活动目标

1. 大胆探索让瓶子发出声音的方法,发现不同物体在瓶子中被撞击会发出不同声音。
2. 在操作中感知物体的软硬、数量等与声音的关系,并用语言清楚地表达自己的发现。
3. 喜欢动手制作音乐瓶子,体验声音游戏的乐趣。

活动准备

1. 经验准备。

   感知自然界各种不同的声音。

2. 物质准备。

   (1) 教师资源:教师自制会唱歌的瓶子。

   (2) 幼儿操作材料:塑料瓶、玻璃瓶、硬币、黄豆、回形针、大米、棉花、纸巾、碎布、纽扣、弹珠、石子、珠子等。

活动过程

1. 回顾认知,导入活动。

◆ 导语:请你们在活动室里寻找能让瓶子唱歌的物品,比比唱歌的声音。

2. 自由操作,观察探索。

◆ 教师引导幼儿自主拿取相关的材料进行探索。

(1) 游戏一:唱歌的塑料瓶。

◆ 将不同物品装入同样的塑料瓶,探索音色和音量。

(指导要点:引导幼儿每次选择一种物品进行尝试,之后进行替换,并关注选择的材料能否让瓶子发出声音,鼓励幼儿小声交流自己的发现)

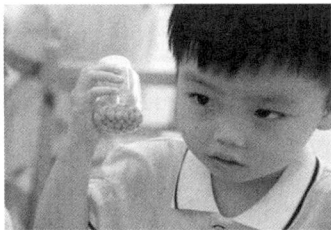

(2) 游戏二:唱歌的玻璃瓶。

◆ 使用不同物品装入同样的玻璃瓶,探索音色和音量。

(指导要点:告知幼儿玻璃瓶是易碎品,探索过程中注意避免使用过硬过重的物品)

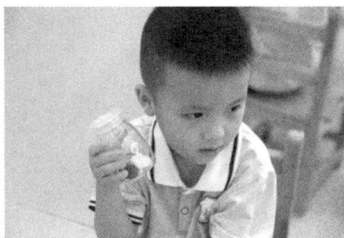

(3) 游戏三:比比谁更响。

◆ 把同样的物体放进同样的容器内,数量不同,探索音色、音量的不同。

(指导要点:引导幼儿两两合作,将同一种物品装入相同的容器里,关注物体的多少对音色和音量的影响)

(4) 互换材料进行探究。

◆ 小结:两个相同的瓶子里装入不同材质的物品,摇晃发出的声音是不同的:装入轻软的物品,发出的声音很细微,甚至没有声音。在相同的瓶子里装入同一物品时,物品数量不同,声音也会发生变化:装得越满,摇晃发出的声音就越小。

活动延伸

★ 活动名称:自制音乐瓶罐。

　　材料:科学活动室里的塑料容器、铁罐、能装入容器的物体若干。

　　玩法:自主选择材料进行探索,感受声音的不同。

★ 活动名称:瓶罐演奏会。

材料:科学活动室里的塑料容器、铁罐、能装入容器的物体若干。

玩法:教师有节奏地进行拍手或敲鼓,幼儿使用自制的音乐瓶罐跟着特定的节奏进行演奏。

活动反思

在本次操作活动中,我们深刻感受到科学活动室材料丰富、场地开放,这为幼儿建构新经验和学习探究提供了平台,为幼儿在操作中感知容器中物体的软硬、数量等与声音的关系提供了支持。活动时幼儿能够自主选择材料并乐于交流自己的发现。当他们把棉花、纸巾、小碎布放入容器中,发现摇动容器没有声音时,能用较清晰的语言分享探究结果。他们还发现将同样材质的弹珠装在相同的塑料瓶里,弹珠装得少比装得满发出的声音要大。该活动很好地锻炼了幼儿的观察能力、比较能力、思考能力和表达能力。

(教师:翁澜绯 李 丽)

方案40:好玩的音乐瓶(中班)

活动目标

1. 感知敲击装有不同水量的瓶子可以发出不同的声音。

2. 在操作中发现水量与音量的关系,并能够大胆地表达。

3. 体验和同伴一起探索声音的乐趣。

活动准备

1. 经验准备。

有自制音乐瓶的经验。

2. 物质准备。

幼儿操作材料:各种瓶罐,相同的玻璃杯6个,水、木棒、鼓棒等。

活动过程

1. 回顾认知,导入活动。

◆ 导语:昨天我们玩了让瓶子唱歌的游戏,现在请小朋友在活动室里找到用木棒敲击能唱歌的瓶瓶罐罐吧。

2. 自由操作,观察探索。

◆ 幼儿自主选择材料进行探索。

(1) 游戏一:瓶瓶罐罐奏响曲。

◆ 使用木棒敲击不同的瓶子(玻璃瓶、塑料瓶、金属瓶),探索声音的不同。

(指导要点:引导幼儿边敲击瓶罐边倾听声音的变化,鼓励幼儿小声交流自己的发现)

◆ 小结:原来使用木棒敲击不同的瓶子,发出的声音是不同的。

(2) 游戏二:制作音乐瓶。

◆ 教师准备好相关的材料,幼儿进行探索。

◆ 使用木棒敲击装有不同水量的玻璃杯,探索音量的高低。把 3 个玻璃杯摆成一排,在每个玻璃杯倒入不同量的水(水量由少到多)。引导幼儿用木棒以相同的力度依次敲击,感知声音的变化。

(指导要点:引导幼儿边敲击边倾听声音的变化,并分辨音量的高低,猜测原因,并能够大胆地与同伴进行分享。提醒幼儿在敲击玻璃杯时力度要相同,不能太用力,以免敲碎玻璃杯)

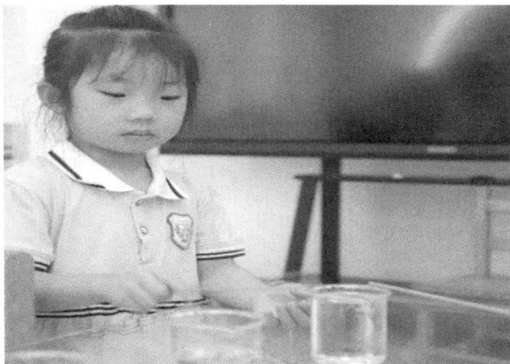

◆ 小结:当我们用木棒敲击玻璃杯时,玻璃杯和水会发生振动,我们就听到声音了。

由于每个玻璃杯里的水量不同,振动频率不同,所以发出的声音也不同。水越多,振动越慢,音量越低;水越少,振动越快,音量越高。

活动延伸

★ 活动名称:小小钢琴家。

材料:活动室走廊墙面的感应钢琴。

玩法:用木棒敲击感应钢琴,感知音量的不同。

★ 活动名称:跳舞的球球。

材料:活动室走廊上的声悬浮墙面小板。

玩法:摇动手柄,音乐响起,管道中的小球会跟随音乐律动而跳动,观察音律与小球跳动节奏的关系。

活动反思

在"好玩的音乐瓶"科学实验探究中,幼儿在科学活动室里发现了多层次、多结构、多维度的生活化工具和材料,并能够主动地选择不同的材料开展"瓶瓶罐罐奏响曲""制作音乐瓶"两种不同层次的游戏活动。在"瓶瓶罐罐奏响曲"活动中,幼儿用木棒敲击不同材质的瓶罐,从而发现声音的不同。我们看见了幼儿的专注、思考与主动。在"制作音乐瓶"活动中,幼儿通过操作,发现敲击装有不同水量的玻璃杯可以发出不同的声音,对声音有一定的辨析能力。"好玩的音乐瓶"游戏让幼儿边敲击瓶罐边倾听声音的变化,让不同水平的幼儿得到了不同层次的个性化发展,激起了幼儿的游戏欲望,让幼儿在享受的过程中习得了探究能力,获得了快乐和发展。

(教师:李　丽　翁澜绯)

方案 41:看得见的声音(中班)

活动目标

1. 感受音量大小与物体振动的关系。

2. 在操作中感知声音是由物体的振动而产生的,大胆表达自己的发现。

3. 喜欢参与探究活动,乐于探究声音的奥秘。

活动准备

1. 经验准备。

    （1）知道不同的物体会发出不同的声音。

    （2）了解各种能让物体产生声音的方法。

2. 物质准备。

    幼儿操作材料：声控灯、鼓膜模型、激光笔等。

活动过程

1. 回顾认知，导入活动。

◆ 提问：你们知道声音是怎么产生的吗？

（指导要点：鼓励幼儿自主表达）

2. 自由操作，观察探索。

◆ 教师协助幼儿准备好探索的材料，引导幼儿进行自主探索。

（1）游戏一：有趣的声控灯。

◆ 探索声控灯的工作原理，用击掌、说话或敲击物体的方式使声控灯亮起。

（指导要点：引导幼儿保持环境安静）

（2）游戏二：会跳舞的泡沫小球。

◆ 利用振动发声的原理，通过对着喇叭口发声，观察鼓膜模型里跳动的小泡沫颗粒。

[指导要点：引导幼儿分别在不同距离（远、近）对着鼓膜喇叭口发出声音，观察泡沫小颗粒跳动的幅度]

◆ 小结：我们说话的音量大小决定泡沫小球跳动的幅度，声音越大，泡沫小颗粒跳动
   得越厉害。

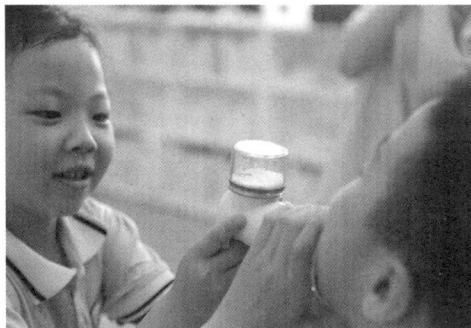

(3) 游戏三:舞动的光斑。

◆ 对着激光笔发声,激光笔的圆点光斑会随着声音的大小变换造型。

(指导要点:教师尝试变换不同的声音说话,幼儿在黑色屏幕上观察光斑的造型变化)

◆ 小结:说话的音量决定圆点光斑的大小,声音越大,圆点光斑的面积越大。

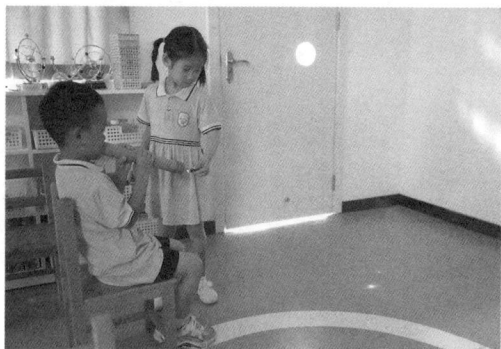

3. 分享交流,总结提升。

◆ 总结:通过游戏,我们了解了声音是由物体振动而产生声波,通过空气等传播并能被我们所听见(感知)的波动现象。声音越大,说明物体振动幅度越大。

活动延伸

★ 活动名称:灯泡排排队。

材料:声控灯若干。

玩法:将声控灯按一定的距离间隔摆放,每两个间隔 2 米,用敲鼓或喊叫的方式,观察声控灯依次亮起的现象。

★ 活动名称:瓶子吹蜡烛。

材料:去了底的矿泉水瓶、蜡烛、塑料膜等。

玩法:用塑料膜包裹瓶子底部,将瓶口对准蜡烛火焰,用手拍打瓶底的塑料膜,观察火焰的变化。

活动反思

对于幼儿而言,声音是熟悉的,但让幼儿感知声音的产生却是相对抽象的。为了更好地实现声音的可视化,让幼儿感受音量大小与物体振动的关系,我们带领幼儿来到科学活动室,让幼儿在宽松的、趣味性强的环境中使用科学活动室特有的声控灯泡、鼓膜模型等感知声音是由物体振动而产生的原理。在教学的组织中,教师充分融操作性、思考性、变化性、趣味性于一体,最大限度地激发幼儿对科学活动的兴趣,帮助幼儿感知声音是有能量的。通过有趣的实验活动,我们能够看到幼儿学习的主动性和积极性,看到幼儿在发现问题与解决问题中的探究能力。

（教师:李　丽　翁澜绯）

方案 42：自制小乐器（大班）

活动目标

1. 知道物体振动频率与音量之间的关系。

2. 通过自制小乐器,加深对声音产生、音量高低以及声音传播的理解。

3. 体验科学探究的乐趣。

活动准备

1. 经验准备。

(1) 有探索物品发出不同声音的经验。

(2) 了解物体发声与振动有关的原理。

2. 物质准备。

教师资源:演示文稿。

幼儿操作材料:塑料吸管、有刻度的玻璃瓶、剪刀、3 根粗细不同的皮筋、贴纸、透明胶带、包装纸、牙膏盒、塑料密封容器、胶枪、胶棒等。

活动过程

1. 回顾认知,导入活动。

◆ 导语:你们还记得发出不同音调的音乐瓶的制作方法吗？ 今天,我们要用这个方法来制作新的乐器。

(指导要点:引导幼儿回顾玻璃瓶发出不同音调的方法和振动发声的原理)

2. 自由操作,观察探索。

◆ 教师准备好相关的材料,幼儿分组进行探索。

(1) 游戏一:自制水笛。

◆ 幼儿通过向吸管口吹气,观察吸管移动在不同的水位时音调的变化。首先在玻璃瓶里装半杯水,然后在吸管的三分之一处剪个口子,注意不要把吸管剪断,接着将吸管较长的一段插入水中,最后使劲向吸管吹气,保证切口始终位于水面上,同步移动吸管,使吸管底部分别位于水中的底部、中部、上部,感知吸管在水中不同位置时声音的变化。

(指导要点:引导幼儿注意倾听当吸管在水中位置上升或下降时声音的变化,鼓励幼儿小声交流自己的发现)

◆ 小结:当我们向吸管中吹气的时候就会产生一股气流,这股气流通过较长段吸管口部的时候,就会引起吸管中气流的振动,于是产生声音的变化。当较长段吸管在水中底部时,振动的空气柱缩短了,音调高;当较长段吸管在水中上部时空气柱加长,音调低。

(2) 游戏二:皮筋吉他。

◆ 自制皮筋吉他,通过拨动粗细不同的皮筋弦探索音量的不同。首先在塑料容器上依次套上三根粗细不同的皮筋,用贴纸固定好皮筋的位置,接着用包装纸把牙膏盒装饰包起来,用胶枪将容器和包装好的牙膏盒连接好,做成一个吉他。最后拿起做好的吉他,用手指拨动粗细不同的皮筋弦,感知每根弦音量的不同。

(指导要点:引导幼儿改变橡皮筋的松紧程度,在观察中发现橡皮筋的松紧可以改变橡皮筋振动的快慢,拉得越紧的橡皮筋振动越快,发出声音的音量越高)

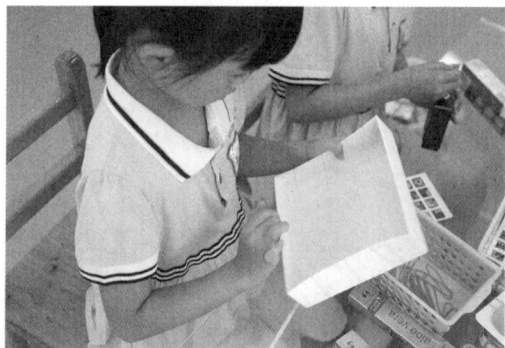

◆ 小结:通过游戏,我们知道了声音的大小与物体振动的频率有关,振动频率越大音量就越高,振动频率越小音量就越低。

活动延伸

★ 活动名称:花样皮筋吉他。

材料:纸盒、铁盒、木盒、皮筋等。

玩法:选择纸盒、铁盒、木盒等任意容器,然后在容器上依次套上粗细不同的皮筋,接着用手指拨动粗细不同的皮筋弦,进行自制皮筋吉他的自由演奏。

★ 活动名称:我是音乐家。

材料:吉他、笛子、古筝等。

玩法:请有乐器特长的家长入园,为幼儿展示演奏或吹奏,也可邀请有乐器演奏特长的幼儿进行展示活动,感知相关乐器的发声原理。

活动反思

在自制乐器活动中,幼儿兴致很高,他们对自制乐器发声的现象充满了好奇。幼儿在已有经验的刺激下,充分享用了科学活动室的普适功能与交互功能。普适功能让幼儿能够在使用多种生活化工具与材料中了解到一些乐器是靠吹奏或拨动琴弦发出声音的。交互功能最大限度地保证了幼儿在"自制水笛""皮筋吉他"等不同游戏活动中达到个性化学习与交互式学习的目标。我们能够发现幼儿感知到声音时的惊喜,发现幼儿操作实验时的专注,发现幼儿合作时的友好,发现幼儿交流中的自信,发现幼儿操作时的坚持,看到幼儿的综合能力得到了充分发展。

(教师:符惠萍　翁澜绯)

方案 43：有趣的传声筒 （大班）

活动目标

1. 能够根据声音传播的原理自制传声筒,并探究声音在线状物体里的传播现象。

2. 在观察操作中了解声音能通过不同线状材料的震动进行传递。

3. 积极参与探究活动,体验传声游戏的乐趣。

活动准备

1. 经验准备。

(1) 知道声音可以通过物体传播。

(2) 知道空心管能传递声音。

2. 物质准备。

幼儿操作材料:不同粗细的棉线,铜线、麻绳、鱼线、纸杯、软尺、剪刀、回形针等。

活动过程

1. 回顾认知,导入活动。

◆ 提问:你们还记得声音可以怎么传播吗?

2. 自由操作,观察探索。

◆ 教师引导幼儿自主去选择制作传声筒的材料并展开探索。

(1) 游戏一:自制传声筒。

◆ 自制纸杯电话,在操作中感知不同线状材料的传声效果。

(指导要点:引导幼儿探索不同粗细、相同长度的棉线的传声效果,并及时记录下自己的探究发现)

◆ 小结:细线传递的声音比较清晰,粗线传递的声音相对嘈杂。

(2) 游戏二:比比谁的声音大。

◆ 选用同种材质的线条制作纸杯传声筒,探索线条长度与传声效果的关系。

(指导要点:引导幼儿选择同种材质、不同的长度的线条自制纸杯传声筒,在操作中感知传声效果)

◆ 小结:同种材质的线条自制纸杯传声筒,线条短的比线条长的纸杯传声筒传递的
声音听得更清楚。

活动延伸

★ 活动名称:怦怦心跳声。

材料:儿童听诊器。

玩法:幼儿两两合作,一名幼儿先将听筒置于耳内,然后手持听头探伸到另一名幼儿所需要听诊的部位。随后两人交换角色进行游戏。

★ 活动名称:竹筒电话。

材料:竹筒电话材料包。

玩法:先在牛皮纸上打一个小洞,然后使用牛皮纸包住竹筒的一侧。做两个这样的筒,接着用棉绳穿过两边的牛皮纸小洞并打结固定,最后对着竹筒口讲话,进行打电话游戏。

活动反思

"传声筒"游戏与幼儿的日常生活有密切的联系,选择开展自制传声筒科学游戏,模拟打电话的场景能够很好地激发幼儿探究的欲望,也非常符合幼儿的年龄特点。在本次操作活动中,教师充分尊重幼儿自主探究学习的兴趣,为满足幼儿操作探索的需要,让幼儿到科学活动室开展活动。科学公用室空间较大,材料丰富,为幼儿的探究提供了更全面的支持。在幼儿实验的过程中,我们看到幼儿诸多的亮点:一是幼儿操作时能够发现实验的细节,能够发现传输线没有拉直或用手捏住时,声音就不能传递到对方的纸杯里;二是幼儿能运用自己喜欢的符号记录自己的操作结果,会用清晰的语言表达自己的发现;三是幼儿能够彼此分享,交流自己的发现,从而丰富自己的经验,达到共同发展的目的。

(教师:翁澜绯 李 丽)

方案44：有趣的影子(中班)

活动目标

1. 发现光照物体能够产生影子。

2. 在游戏中了解影子产生的原因,愿意表达自己的发现。

3. 喜欢参与探究活动,萌发对影子的探索兴趣。

活动准备

1. 经验准备。

   (1) 发现光有不同的来源。

   (2) 玩过与影子有关的游戏。

2. 物质准备。

   幼儿操作材料:光影小屋,手电筒,各种各样的不透明材料,皮影材料包等。

活动过程

1. 经验导入，激发兴趣。

◆ 提问：小朋友，你们玩过与影子有关的游戏吗？知道影子是怎么来的吗？

（指导要点：联系原有经验，根据探究需要选择是否出示在太阳下玩影子游戏的照片，时间不宜过长）

2. 小组操作，观察探索。

◆ 教师引导幼儿以小组为单位去光影区拿取与光影有关的材料，自主选择一组游戏材料在光影小屋中探索。

(1) 游戏一：各种各样的影子。

◆ 部分幼儿进行影子的探究与观察，在操作中发现光能使物体产生影子。

（指导要点：引导幼儿打开光源，把皮影人偶放在光的前面进行表演，最后关掉光源，观察影子的变化，并鼓励幼儿小声交流自己的发现）

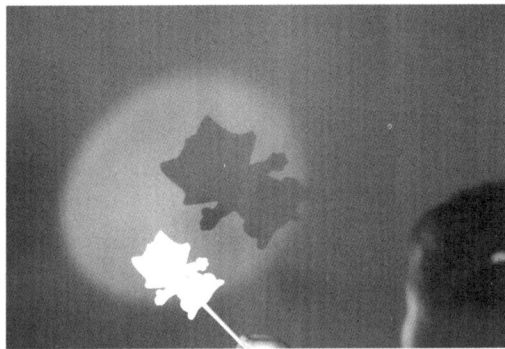

(2) 游戏二：影子不见了。

（指导要点：引导幼儿两两合作游戏，一名幼儿打开光源，另一名幼儿背对光源，观察自己的影子，最后关掉光源，观察有什么变化？鼓励幼儿小声交流自己的发现）

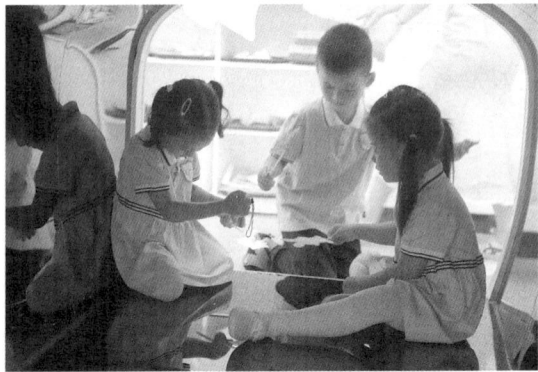

(3) 小组间互换材料进行探究。

(指导要点:引导幼儿运用第一次的探究经验进行探索,尝试将影子藏起来,知道影子产生的原因)

◆ 小结:光从光源传播出来,照射在不透光的物体上,不透光的物体把沿直线传播的光挡住了,在不透光的物体后面受不到光照射的地方就形成了影子。

3. 集体操作,提升经验。

◆ 教师引导幼儿去光影区自行拿取一个手电筒和一个玩具,玩找影子的游戏;在游戏中了解影子产生的原因。

活动延伸

★ 活动名称:手影变变变。

材料:手电筒、手影造型图片。

玩法:两名幼儿先共同商量选择一张手影造型照片,接着一名幼儿用手摆出手影造型,另一名幼儿拿手电筒将光照在其手上,共同观察投出的影子和手影造型图片的匹配度,并调整手势。

★ 活动名称:猜猜我是谁。

材料:光影隧道、光影小屋、手电筒、各种各样的材料。

玩法:一名幼儿在光影隧道中利用不同的材料变换创意造型,然后通过光源的照射,形成影子,其他幼儿通过影子猜测使用的材料是什么。

活动反思

影子是幼儿生活中常见的科学现象,幼儿也喜欢玩有关影子的游戏。在本次操作活动中,教师鼓励幼儿在科学活动室光影区自主寻找、选择适宜的材料探索,给幼儿提供环境和材料支持。幼儿在"各种各样的影子""影子不见了"两个游戏中能够通过直接感知、亲身体验了解影子产生的原因,发现光照物体能够产生影子,呈现出高水平的观察能力、表征能力、解释分享能力和社会交往能力。

(教师:赵佳佳 李 丽)

方案 45：影子变变变（大班）

活动目标

1. 发现影子的大小与物体和光源的位置有关。

2. 在游戏操作中探究影子的形状及变化,愿意表达自己的发现。

3. 乐意参加科学探究活动,积极探索影子的各种变化。

活动准备

1. 经验准备。

  (1) 知道有光才有影子。

  (2) 知道光被物体挡住会出现影子。

2. 物质准备。

  幼儿操作材料:光学材料盒,手电筒若干,各种各样的不透明材料。

活动过程

1. 回顾认知,导入活动。

◆ 提问:小朋友,谁来说说影子是怎样产生的？ 影子的形成需要什么材料呢？

(指导要点:出示光源和不透明物体,根据幼儿的表达进行操作,引导幼儿观察)

2. 小组操作,观察探索。

◆ 教师引导幼儿以小组为单位拿取光影的有关材料,自主选择一组游戏材料展开
  探索。

◆ 导语:影子的形状是什么样子的呢？ 我们可以怎样让影子变大变小呢？

(1) 游戏一:探索影子的形状。

◆ 部分幼儿自主选择不同形状的物体,进行影子形状的观察与探究,在操作中感知
  物体形状与影子形状的关系。

(指导要点:引导幼儿先固定光源位置不变,然后自主选择不同形状的物体,在光源
前进行投影,观察物体形状和影子形状之间的关系,并鼓励幼儿小声交流自己的发现)

◆ 小结:我们发现光源位置不变时,不透明物体的形状和它的影子形状是一样的。

（2）游戏二：探索让影子变大变小。

◆ 部分幼儿进行影子变大变小现象的探究，在观察中感知影子的大小与物体和光源之间的关系。

（指导要点：引导幼儿先固定物体位置不变，然后调整光源和物体的距离，观察影子的变化，并鼓励幼儿小声交流自己的发现）

◆ 小结：我们发现了影子变大变小的秘密。当物体位置固定时，光源离物体越近，影子就越大；光源离物体越远，影子就越小。

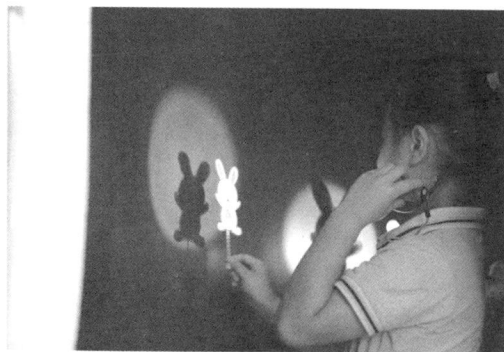

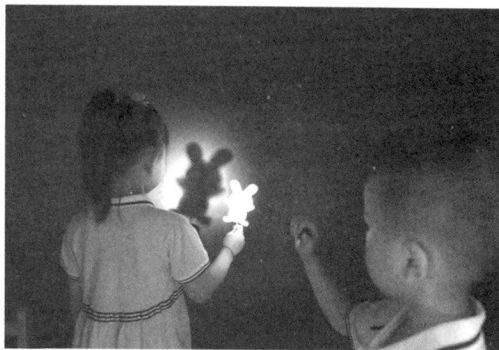

3. 集体操作，提升经验。

◆ 教师引导幼儿自行拿取光源和不透明的物品进行操作，验证影子的大小与物体和光源的距离有关的原理。

活动延伸

★ 活动名称：好玩的皮影戏。

材料：绘本故事中的各角色皮影、绘本、幕布、投影灯。

玩法：表演的幼儿自主选择游戏的角色，站在白色幕布后方，一边操作皮影，一边讲述故事。观看的幼儿坐在幕布前方欣赏。

★ 活动名称：比比谁的影子更厉害。

材料：光源。

玩法：幼儿背对着光源，做出自己喜欢的造型和动作，比一比谁的影子大、谁的影子高、谁的造型有趣等。

★ 活动名称：灯箱投影。

材料：纸板、纸箱、宣纸、手电筒、透明胶、黑色颜料。

玩法：用纸板剪裁出各种形状并用黑色颜料上色，用纸箱和宣纸做一个小灯箱，这样，当手电筒或台灯在灯箱另一侧亮起的时候，类似皮影的投影游戏就可以玩起来了。

活动反思

光影现象对于幼儿而言是生活中常见的现象之一。他们对比已经有了初步的经验。教师组织幼儿在科学活动室开展该活动，让幼儿在特定氛围下感知影子的大小与物体和光源的距离的关系，支持幼儿发展自主探究能力，充分调动幼儿学习的自主性、积极性。在教学组织中，教师引导幼儿通过改变光源和物体的距离，发现影子的变化，掌握相关知识经验。幼儿在教师搭建的交流与探索平台中能够大胆地用清楚的语言表达自己的发现和经验，主动与同伴一起思考、交流和探索，从而在操作—感知—思考—实践—分享—评价中提升探究能力，为终身学习打下良好基础。

（教师：符惠萍　赵佳佳）

方案 46：好玩的皮影戏（大班）

活动目标

1. 在玩皮影中，感知光、物体、影子的关系。

2. 在操作中，了解皮影的特点和操作方法。

3. 愿意表演皮影戏，萌发热爱传统文化的情感。

活动准备

1. 经验准备。

(1) 了解基本的光影知识，知道影子产生的条件。

(2) 观看过皮影戏表演。

2. 物质准备。

(1) 教师资源:皮影戏图片、皮影戏视频。

(2) 幼儿操作材料:手电筒、幕布、透明塑料片、剪刀、彩色马克笔、一次性木筷、打孔器、扭扭棒等。

活动过程

1. 回顾认知,导入活动。

◆ 提问:你们还记得看过的皮影戏吗?

(指导要点:根据幼儿的讲述情况选择是否出示皮影的相关图片或视频,引发幼儿自主表达)

2. 自主制作,观察探索。

◆ 教师引导幼儿自主拿取光源(手电筒)、透明塑料片、剪刀等有关材料进行探索。

◆ 导语:今天我们分为两组去试一试,看看可以用什么材料来制作皮影。

(1) 游戏一:木棒上的皮影。

◆ 部分幼儿利用透明塑料片、彩色马克笔等材料制作皮影,进行光照过皮影的观察与探究。

(指导要点:引导幼儿自主在透明塑料片上用黑色马克笔画上角色的轮廓,并用彩色马克笔在轮廓内涂色,然后沿轮廓剪下皮影粘贴到木棒上,皮影完成后利用手电筒打光,在幕布后表演皮影戏,幕后的站位是光—皮影—幕布,观察光、皮影、影子之间的关系,并鼓励幼儿小声交流自己的发现)

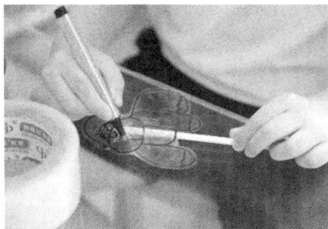

(2) 游戏二:会动的皮影。

◆ 部分幼儿进行会动的皮影的制作,并在表演皮影戏的过程中观察与探究。

(指导要点:引导幼儿在透明塑料片上用黑色马克笔画上角色的分解轮廓,用彩色马克笔在不同的身体轮廓内涂色,剪下各个部位的皮影后,在其连接处打孔,用扭扭棒连接,将皮影的头、手、脚用细线或铁丝固定在一次性木筷上,皮影完成后利用手电筒打光,

在幕布后表演皮影戏,幕后的站位是光—皮影—幕布,观察光、皮影、影子之间的关系,并鼓励幼儿小声交流自己的发现)

(3) 互换材料进行探究。

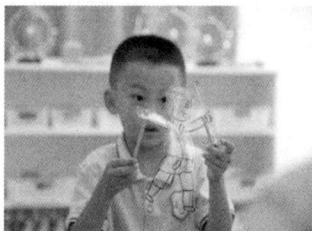

3. 交流发现,总结提升。

◆ 当我们在幕布后操作皮影时,光线照射到皮影上,就会在幕布上形成这个皮影的投影,影子的形状会根据皮影的变换而变化,大小也会根据皮影距离灯光的远近而产生变化,皮影戏正是利用这样的原理来完成各种造型和场景的表演。

活动延伸

★ 活动名称:皮影小剧场。

材料:手电筒、幕布、自制皮影材料包、音乐。

玩法:幼儿自选故事角色进行皮影的制作,根据故事的内容和情节,利用灯光、幕布,通过扮演角色操作皮影,运用歌唱、语言、动作等进行创造性表演。

活动反思

幼儿在"好玩的皮影戏"活动中,能够在科学活动室特定的环境下,利用手电筒、幕布、透明塑料片、剪刀、一次性木筷、打孔器、扭扭棒等多元材料,创造性地开展"木棒上的皮影""会动的皮影"两个不同维度的科学实验活动。科学活动室丰富的材料、特有的设备为幼儿的个性化探究提供了支持,幼儿高效地在玩皮影中感知光、物体、影子的关系,在操作、尝试中了解皮影戏的特点和操作方法。教师充分调动幼儿学习的积极性,最大限度地提升了幼儿自主探索、乐于思考的探究能力。

(教师:赵佳佳 李 丽)

方案 47：小孔成像（中班）

活动目标

1. 知道光在均匀介质中是沿直线传播的。

2. 在观察和实验中感知光的直线传播特点,大胆表达自己的发现。

3. 喜欢参与有关光的探究活动,乐于探索小孔成像的秘密。

活动准备

1. 经验准备。

    (1) 知道光有不同的来源,生活中有哪些光源。

    (2) 知道光在生活中的应用。

2. 物质准备。

    (1) 教师资源:光源幻灯图片。

    (2) 幼儿操作材料:光学实验盒、小孔成像材料若干。

活动过程

1. 回顾认知,导入活动。

◆ 提问:小朋友,谁来说说我们生活中有哪些光源?

(指导要点:出示光源幻灯图片,根据幼儿的表达引导幼儿观察相应光源照射出来的光线,选择 3 名幼儿进行表达,时间不宜过长)

2. 小组操作,观察探索。

◆ 教师引导幼儿以小组为单位去物质科学类材料柜拿取光学实验的有关材料,自主选择一组材料展开探索。

◆ 导语:今天我们分为两组,在不同的游戏中看一看光是怎样传播的。

(1) 游戏一:光的直线传播。

◆ 部分幼儿进行光的直线传播的观察与探究,在操作中感知光沿直线传播的特点。

◆ 注意事项:提醒幼儿避免激光器直射眼睛。

(指导要点:引导幼儿根据刻度板的三根虚线,调整三路激光盒的角度至三根射线平行,放至水平桌面上观察光线的路径,并鼓励幼儿小声交流自己的发现)

◆ 小结:光在同种均匀的介质中是沿直线传播的。

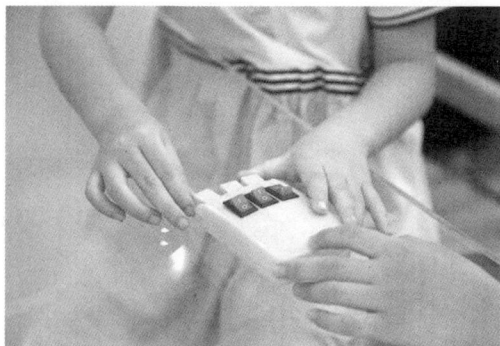

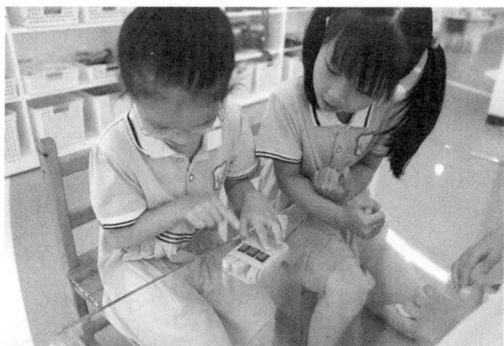

(2) 游戏二：探索小孔成像实验。

◆ 部分幼儿进行小孔成像实验的探究，在观察中感知发现小孔成像的规律。

（指导要点：引导幼儿根据小孔成像实验，调整光源、小孔屏、白屏之间的距离得到影像，并鼓励幼儿小声交流自己的发现）

◆ 小结：用一个带有小孔的板遮挡在屏幕与物品之间，屏幕上就会形成物品的倒像，我们把这样的现象叫小孔成像。

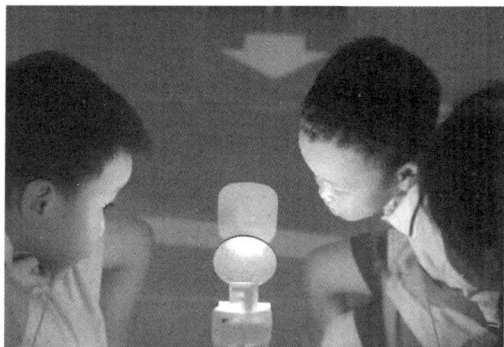

(3) 小组间互换材料进行探究。

（指导要点：引导幼儿运用第一次的探索经验进行探究与观察，在操作中感知光的直线传播特点）

3. 集体操作，提升经验。

◆ 教师引导幼儿去光影区自行拿取一份小孔成像操作材料进行操作，根据调整光源和光屏的距离得到不同透明度的成像，并运用小孔成像探索的经验记录成像的大小、正倒立等特点。

◆ 小结：小孔成像这个实验告诉我们，光在同种均匀介质中是沿直线传播的，因此，把一个带有小孔的板遮挡在墙体与物体之间时，墙体上就会形成物的倒影。

活动延伸

★ 活动名称：小孔成像照相机。

材料：小孔成像照相机材料包。

玩法：幼儿可以根据材料包内的说明书完成小孔成像照相机的制作，通过拉动纸盒改变像距和物距，从而可以看到薄膜纸上的成像。

★ 活动名称：自制投影仪。

材料：自制投影仪材料包。

玩法：根据材料包内的说明书完成投影仪的组装，在透明塑料卡上涂鸦写字，接通电源进行投影。

活动反思

教师基于幼儿的已有经验，选择以提问导入的方式激发幼儿对小孔成像的好奇和兴趣；利用科学活动室环境适宜、设备精细、材料丰富等优势组织幼儿展开"小孔成像"的科学探究活动。利用丰富的材料，幼儿能够根据前期经验寻找到光源、小孔屏、白屏等材料，具有自主探究活动的能力。同时幼儿能够积极主动地分享自己在"光的直线传播""探索小孔成像实验"中的发现，能够自信大方地向同伴展示自己的发现，具有解释分享与交流互动的能力。

（教师：李　丽　赵佳佳）

方案48：小孔成像的小妙用（大班）

活动目标

1. 能够根据小孔成像的原理尝试自制照相机和投影仪。

2. 在观察和操作中感知小孔成像的规律，愿意表达自己的发现。

3. 喜欢参与有关光的探究活动，乐于参加小孔成像的探究活动。

活动准备

1. 经验准备。

（1）知道光在同种均匀介质中沿直线传播。

（2）知道小孔成像实验的操作步骤。

2．物质准备。

（1）教师资源：小孔成像原理图。

（2）幼儿操作材料：光学实验盒、小孔成像材料等,凸透镜若干,自制照相机材料
包,自制投影仪材料包。

活动过程

1．回顾认知,导入活动。

◆ 提问：小朋友们,你们还记得小孔成像的实验吗？ 生活中有哪些物品是利用小孔
成像原理制作的？

（指导要点：根据幼儿探究需要选择是否出示小孔成像的原理图,引发幼儿自主
表达）

2．自由操作,观察探索。

◆ 教师引导幼儿自主去物质科学材料柜拿取小孔成像材料包,自主选择一组游戏材
料进行探索。

◆ 导语：今天我们分为两组来根据小孔成像原理制作投影仪和小孔成像照相机,我
们通过试一试、做一做、看一看,一起探索小孔成像原理在生活中都是怎样运
用的。

（1）游戏一：探索自制投影仪。

◆ 部分幼儿选择材料进行投影仪的制作,在实验中观察与探究,感知小孔成像原理。

（指导要点：引导幼儿自取自制投影仪的材料包,根据材料包内的说明书,组装各个
零件,投影仪组装完成后在透明塑料卡上涂鸦写字,然后接通电源进行投影,并鼓励幼儿
小声交流自己的发现）

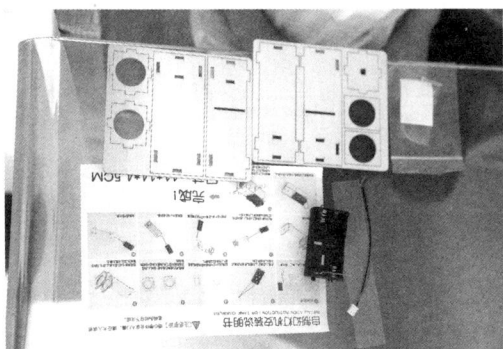

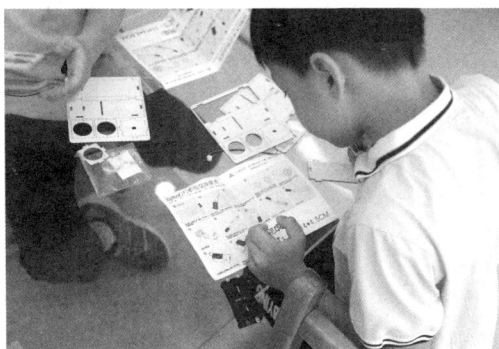

（2）游戏二：探索自制照相机。

◆ 部分幼儿进行照相机的自制和探究，在探究中感知小孔成像的原理。

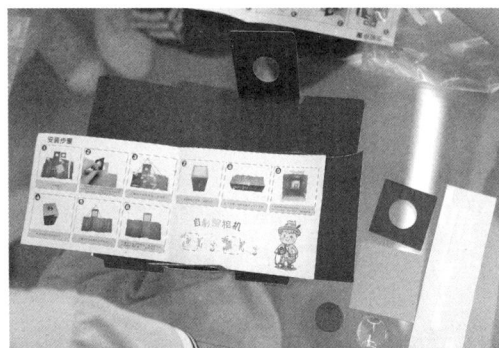

（指导要点：引导幼儿自取自制照相机的材料包，根据材料包内的说明书制作照相机，并鼓励幼儿小声交流自己的发现）

（3）游戏三：作品分享会。

◆ 将自己的投影作品和同伴分享，并交流在操作中的困难及解决方法。

（4）小组互换材料进行探究。

活动延伸

★ 活动名称：纸盒投影机。

材料：大小鞋盒各一个、放大镜、手机、剪刀、刻刀等。

玩法：先将大鞋盒的一个窄侧面挖一个与放大镜一样大的圆孔，可以先用笔画一个圆，然后用刀将圆抠掉。将小鞋盒剪去盖顶，然后再剪去鞋盒的三分之一长度，放入大的鞋盒中，小鞋盒就作为手机的固定支架。将放大镜用一个纸环包裹一下，然后固定在刚刚挖的孔上。在大鞋盒的另一个窄侧面挖一个与小鞋盒盒盖一样的长方形,然后将盒盖放在大盒中,将手机固定支架放在盒盖上,这样就能实现调焦。最后盖上鞋盖就完成了。

活动反思

对科学现象的探究是为了更好地在生活中运用相关原理,为此,我们充分利用科学活动室,为幼儿提供了班级不具备的材料,让幼儿在科学活动室丰富、科学、多样的材料刺激下自主选择自己感兴趣的"探索自制投影仪""探索自制照相机"等游戏展开活动。在操作过程中,教师尊重幼儿的自主探究能力,通过鼓励、支持等方式帮助幼儿自主开展实验,并引导幼儿合理利用说明书帮助自己探究。我们很高兴能够看到幼儿熟练地、有计划地自主选取适宜的材料进行实验,在常态化的科学探究中表现出浓厚的探究兴趣,增强了探究能力。当幼儿在探究过程中遇到问题时,教师能够引导幼儿自己寻找解决的方法,让幼儿自主调整,建构新的经验。幼儿也在和同伴共同探索中,不断地碰撞出科学探究的火花,很好地呈现出尊重、认可、接纳他人的良好品质。

(教师:赵佳佳　李　丽)

方案 49:光的折射(中班)

活动目标

1. 知道光从一种介质射入另一种介质时,传播方向会发生偏折。
2. 在实验操作中发展观察和分析能力。
3. 喜欢参与探究活动,乐于探索光的秘密。

活动准备

1. 经验准备。
   (1) 知道光在同种均匀介质中沿着直线传播。
   (2) 知道空气和水是两种不同的介质。
2. 物质准备。
   幼儿操作材料:吸管、杯子、硬币、标有箭头的白纸等。

活动过程

1. 回顾认知,导入活动。

◆ 提问:小朋友们,你们还记得把吸管倾斜插入水中会发生什么现象吗? 为什么会这样呢?

(指导要点:引导幼儿回忆生活经验,自主思考表达)

2. 实验操作,观察探索。

◆ 教师引导幼儿实验操作和对比观察,探索光的折射原理。

◆ 导语:我们今天分为两组去试一试、看一看,还会发生什么有趣的现象?

(1) 游戏一:会变魔术的小硬币。

◆ 介绍操作材料,引导幼儿尝试在水杯中逐渐加水进行实验。

◆ 提问:当水面还没有完全没过硬币的时候,从杯子侧面能看见硬币吗? 当水面没过硬币甚至越来越高的时候,从侧面还能看见硬币吗?

(指导要点:引导幼儿对不同水面中硬币的可见程度进行观察,并鼓励幼儿小声交流自己的发现)

◆ 小结:我们从杯子侧面看硬币,当水面高过硬币,光线发生了多次折射,我们视线中的硬币消失了。这就是光的折射现象,当光从一种介质射入另一种介质,传播方向会发生偏折。

(2)游戏二:箭头变变变。

◆ 介绍操作材料,引导幼儿在操作中观察箭头的变化。

◆ 提问:当杯子没有水的时候,从杯子正面看箭头是指着什么方向的? 当水面越来越高甚至超过箭头的时候,从正面看箭头又是指着什么方向的?

(指导要点:引导幼儿对杯子注水前后箭头的方向进行观察,并鼓励幼儿小声交流自己的发现)

◆ 小结:箭头改变方向是因为杯子注入水之后它就像一个凸透镜,射入的光线经过折射后,传播方向发生了变化,所以箭头的方向就改变了。

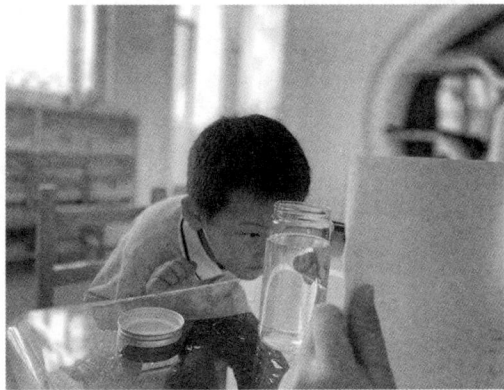

（3）互换材料进行探究。

3. 交流发现，总结提升。

◆ 小结：原来光从一种介质中射入另外一种介质时会发生折射现象，而且光射入的角度不同，折射出来的角度也不同。

活动延伸

★ 活动名称：神奇的放大镜。

材料：放大镜、激光笔。

玩法：用激光笔照射放大镜，观察光在放大镜中的折射现象。

★ 活动名称：捉小鱼。

材料：卡纸、水彩笔、透明胶、杯子、水、长针等。

玩法：在卡纸上画出小鱼图案，剪下并粘贴在杯中底部，倒满水。幼儿两两合作游戏，一名幼儿指挥叉小鱼的哪一部位，另一名幼儿用小叉子叉其指定部位。

活动反思

实验活动是进行科学探究的主要方法之一，有趣的实验不仅能够让幼儿充分锻炼动手能力，轻松掌握科学知识，而且能帮助幼儿理解光的折射等科学现象，让幼儿在快乐游戏中学有所得。为此，教师充分利用了科学活动室的激趣功能和普适功能，让幼儿使用多元的生活化工具和材料展开"会变魔术的小硬币""箭头变变变"等游戏活动。教师从有趣的实验着手，帮助幼儿感知和了解生活中的折射现象，给予幼儿充足的时间，创设自由的探索空间，满足幼儿在光学实验区探索的需求。同时教师还支持幼儿展开小组间的交流与学习活动，培养了幼儿独立思考和小组合作能力。

（教师：陈怡霞　李　丽）

方案50：神奇的镜子（大班）

活动目标

1. 了解凸透镜的成像特点和作用。

2. 在操作中感知凸透镜的原理。

3. 喜欢探讨和发现科学在生活中的应用。

活动准备

1. 经验准备。

　　(1) 玩过镜子,对镜子有一定的了解。

　　(2) 了解光的折射原理。

2. 物质准备。

　　幼儿操作材料:老花镜、放大镜、激光器等若干。

活动过程

1. 回顾认知,交流玩镜子的体验。

◆ 提问:你们玩过幼儿园门口的三面镜子吗？ 有什么发现？

(指导要点:提出问题,引发幼儿回忆生活经验,初步感知不同镜面成像的区别)

2. 小组活动,自由探索。

◆ 教师引导幼儿实验操作,初步感知凸透镜成像的规律。

◆ 导语:我们今天分为两组去试一试、看一看,用凸透镜制作而成的镜子会有什么特点？

(1) 游戏一:镜下大发现。

◆ 介绍操作材料,引导幼儿自由选用活动室的材料探索老花镜/放大镜的成像特点。

◆ 提问:你用老花镜/放大镜看到的东西是怎么样的？ 改变距离的话会有什么变化呢？ 为什么？

(指导要点:引导幼儿尝试调整老花镜/放大镜与物体的距离,观察其成像变化,并鼓励幼儿小声交流自己的发现)

◆ 小结:通过实验,我们知道凸透镜可以放大我们所看到的物体。

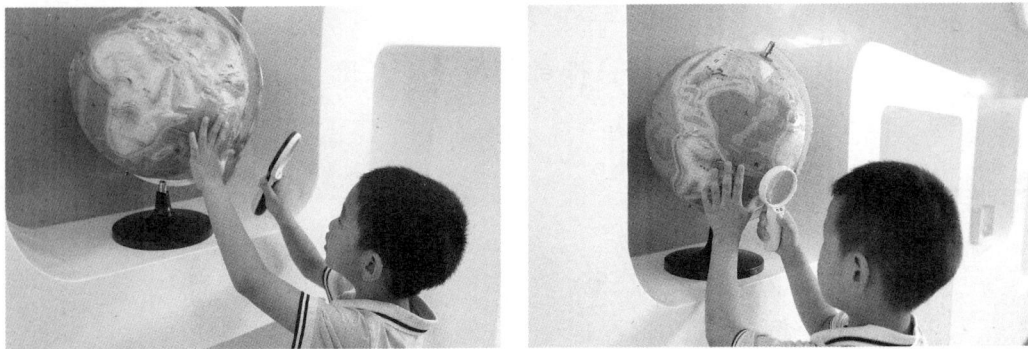

(2) 游戏二：揭秘凸透镜。

◆ 介绍操作材料，引导幼儿利用激光器实验探索凸透镜的成像原理。

◆ 提问：当光束照进凸透镜时它的方向会发生什么变化？调整一下距离，又会发生什么变化呢？

（指导要点：引导幼儿尝试调整激光器和凸透镜之间的距离，并鼓励幼儿细致观察出现的现象；提醒幼儿使用激光器时注意安全）

◆ 小结：原来凸透镜成像的原理是光线的折射。

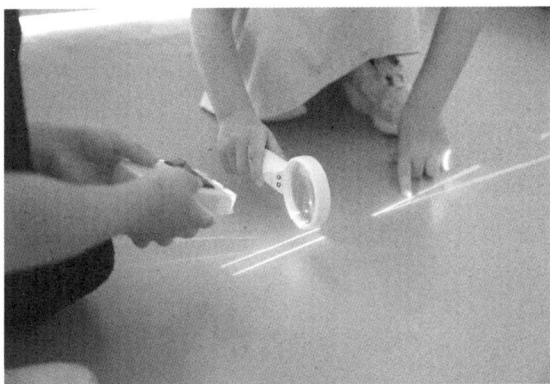

3. 集中交流，总结提升。

◆ 小结：光线经过凸透镜时会发生折射现象，可以使物体看起来像"放大"了一样。

◆ 放大镜和老花镜都是凸透镜制作而成的，因此老花镜和放大镜都能使物体看起来像是"放大"了一样。

活动延伸

★ 活动名称：有趣的投影仪。

材料：投影仪。

玩法:先打开投影仪,然后在投影仪前出示各种大小不一的图案,感受凸透镜的"放大"效果。

★ 活动名称:特别的眼镜。

材料:显微镜。

玩法:选择要观察的物品,用显微镜进行观察,感受物体的变化。

活动反思

本次活动从幼儿生活中常见的事物出发,鼓励幼儿使用放大镜和老花镜进行探究。教师十分尊重幼儿自主探究的权利,给予幼儿充分利用科学活动室资源的机会,科学活动室中有老花镜、放大镜、激光器等班级不具备的器材,可以满足幼儿的探究需求,让幼儿通过亲身体验,感受凸透镜的放大效果,激发幼儿对凸透镜的兴趣。教师发现,在富有趣味性和探究性的科学活动室,幼儿的探究兴趣更为浓烈。该活动的开展既丰富了幼儿的知识,增加了幼儿生活经验,也锻炼了幼儿动手能力,在潜移默化中提升了幼儿的科学探究能力。在实验中幼儿大胆假设,小心求证,带着科学探究精神参与实验过程。这些为幼儿科学素养的建立和全面发展打下了基础。

(教师:李　丽　陈怡霞)

方案51:趣味反射(中班)

活动目标

1. 知道光碰到镜面会发生反射现象。

2. 通过操作发现镜面成像与镜子角度的关系。

3. 喜欢参与探究活动,乐于探索光的反射实验。

活动准备

1. 经验准备。

玩过镜子,对镜子有一定的了解。

2. 物质准备。

幼儿操作材料:光影小屋、镜子、蝴蝶图案等。

活动过程

1. 回顾认知，交流玩镜子的体验。

◆ 提问：你们喜欢照镜子吗？照镜子的时候有什么发现呢？

（指导要点：提出问题，引发幼儿回忆生活经验，初步感知镜面成像的原理）

2. 小组活动，观察探索。

◆ 教师引导幼儿实验操作，初步感知镜子成像的有趣现象。

◆ 导语：我们都知道镜子会照出人像，今天我们就利用镜子的这个特点玩一些有趣的游戏。

（1）游戏一：光影小屋变亮了。

◆ 提出操作要求——让光影小屋变亮，引导幼儿尝试改变镜子的角度进行实验。

◆ 提问：你是怎样将光反射到光影小屋的？反射到光影小屋的光是怎样的？

（指导要点：引导幼儿尝试调整镜子的角度，直至把光反射到光影小屋里，并鼓励幼儿小声交流自己的发现）

◆ 小结：当光线照射在镜面上时，发生了反射现象。

（2）游戏二：镜子的秘密。

◆ 介绍操作材料，引导幼儿尝试调整两面镜子的角度进行实验。

◆ 提问：用两面镜子照一只蝴蝶会出现几只蝴蝶？

（指导要点：引导幼儿尝试先调整两面镜子的角度，再放置蝴蝶，并鼓励幼儿尝试不同的摆放方法，细致观察）

◆ 小结：两面镜子的一边靠在一起，然后左右摆动其中一面镜子，我们就会在镜子里看见不同数量的蝴蝶。

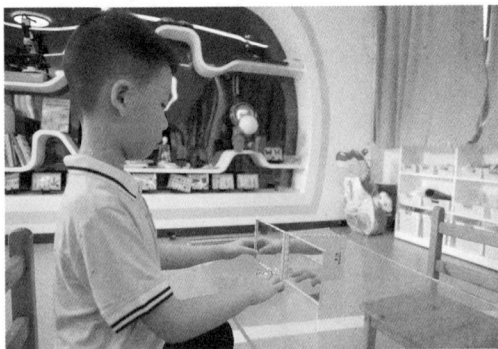

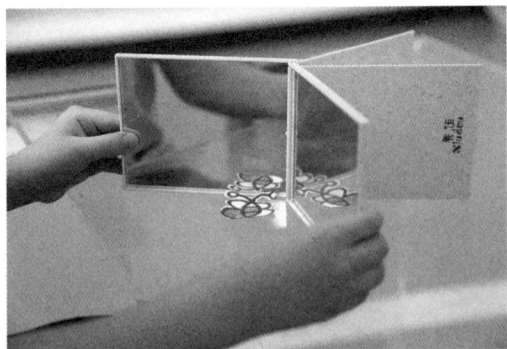

3. 分享交流，总结提升。

◆ 小结：光遇到镜面会发生反射现象。当我们把两个镜子的一边靠在一起时，镜面靠得越近(夹角越小)相互反射光线的次数越多,我们就会看到越多的蝴蝶。

活动延伸

★ 活动名称:神奇的镜子。

材料:对称图案的一半(如:半只蝴蝶)。

玩法:利用镜子的反射原理,把图案靠近镜子,调整镜子和图案的角度,观察镜子里图案的变化。

★ 活动名称:捕光捉影。

材料:小猫和老鼠的镂空图案、手电筒、镜子。

玩法:两人一组,一名幼儿手持贴有小猫镂空图案的镜子,用镜子反射光在白墙上,发现反射出来的是"小猫"。同理,另一名幼儿手持贴有老鼠镂空图案的镜子,反射出的是"老鼠"。两人调整角度展开游戏,若规定时间内反射出的猫咪图案覆盖住老鼠图案,则获胜。

活动反思

因为"趣味反射"游戏是幼儿感兴趣的,所以幼儿参与活动的积极性非常高。教师发挥了科学活动室的补充功能,让幼儿在科学活动室里利用特有的光影小屋以及其他丰富的光影游戏材料,以"光影小屋变亮了""镜子的秘密"两个游戏活动,让幼儿习得光碰到镜面会发生反射现象以及镜面成像与镜子角度的关系等知识。幼儿以分组的形式展开探索,我们不仅能够看到幼儿相互交流与学习的能力,而且通过小组间互换材料的探究方式,看到了幼儿可以通过多个游戏充分感知、验证光的反射现象。我们看到幼儿在持续深入的学习中,观察能力、思考能力与探究能力得到提升。

(教师:陈怡霞　李　丽)

方案52：漂亮的霓虹灯（大班）

活动目标

1. 了解光透过彩色玻璃纸后会形成彩色影子的奇妙现象。

2. 在实验探究中发现形成彩色影子的原因,并愿意表达自己的发现。

3. 喜欢参与光影探究活动,乐于探索彩色影子的秘密。

活动准备

1. 经验准备。

   (1) 知道影子产生的原因,玩过影子的相关游戏。

   (2) 有做色素水的经验。

2. 物质准备。

   幼儿操作材料:手电筒、彩色玻璃纸、玻璃烧杯、玻璃棒、剪刀、水、纸箱等。

活动过程

1. 回顾认知,导入活动。

◆ 提问:你们见过的影子是什么颜色的? 你们见过彩色的影子吗?

(指导要点:根据幼儿探究需要选择是否出示生活中彩色影子的相关图片,引发幼儿自主表达)

2. 自由操作,观察探索。

◆ 教师引导幼儿自主去物质科学类材料柜获取手电筒、彩色玻璃纸、玻璃烧杯等有关材料,每次选择一组游戏材料进行探索。

◆ 导语:今天我们分为两组去试一试,看看可以用什么材料制造出彩色的影子。

(1) 游戏一:彩色的影子。

◆ 部分幼儿进行光穿过彩色液体的观察与探究,在操作中感知彩色光影现象。

(指导要点:引导幼儿自主用玻璃烧杯装水,并滴入色素,搅拌色素制造彩色液体,利用光源照射半透明的彩色液体形成彩色光影,并鼓励幼儿小声交流自己的发现)

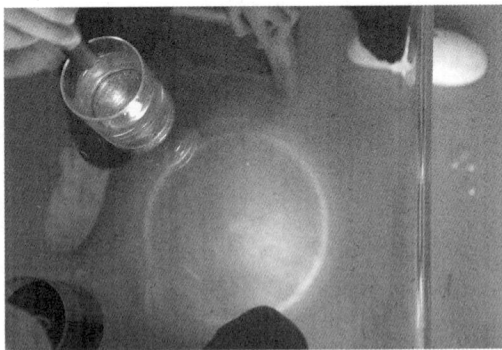

(2) 游戏二:漂亮的霓虹灯。

◆ 部分幼儿进行光穿过彩色玻璃纸的观察与探究,在观察中感知彩色光影现象。

(指导要点:引导幼儿利用光源照射半透明的彩色玻璃纸,形成彩色的光影,并鼓励

幼儿小声交流自己的发现)

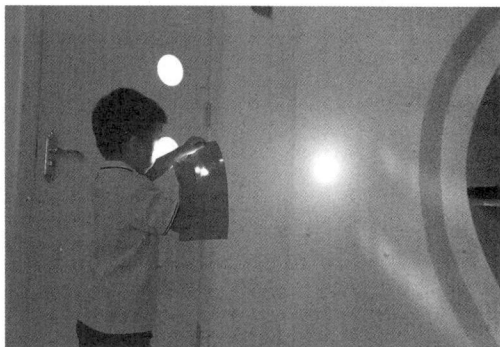

(3) 游戏三:自制霓虹灯。

◆ 幼儿小组合作,分工将纸盒四面镂空刻出不同的造型,将彩色玻璃纸修剪贴在镂空的造型上,在光影小屋和光影隧道内用光源感知彩色影子现象。

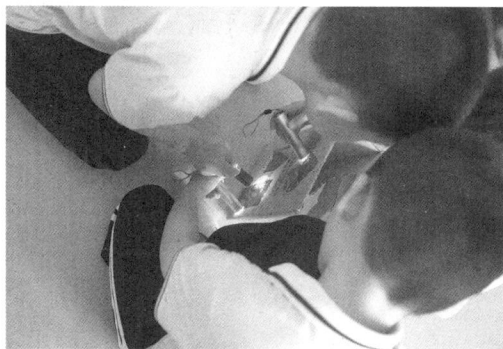

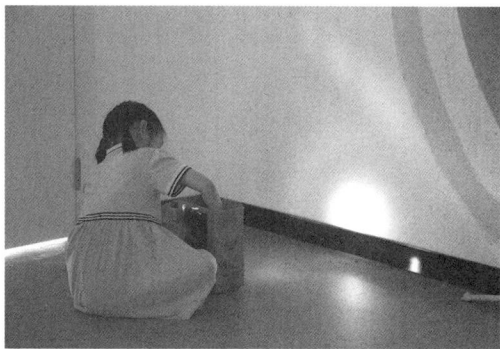

(指导要点:引导幼儿小组合作,各自分工将纸盒四面用剪刀或刻刀镂空出不同的造型,提醒幼儿修剪的彩色玻璃纸要大于镂空处,各个镂空处可以贴上不同颜色的玻璃纸)

(4) 互换材料进行探究。

3. 交流发现,总结提升。

◆ 小结:光可以透过彩色透明物体形成彩色的光影,彩色液体和彩色玻璃纸都是半透明的,所以光源照射后可以形成彩色的影子。

活动延伸

★ 活动名称:跳动的霓虹灯。

材料:手电筒、彩色玻璃纸、剪刀、透明胶、音乐。

玩法:幼儿将彩色玻璃纸裁剪成合适的形状,贴在手电筒的照光处,在光影小屋根据音乐节奏开关手电筒,制造闪烁、跳动的彩色光影。

★ 活动名称:彩色的光影。

材料:手电筒、彩色马克笔、透明器皿、透明塑料膜、透明胶。

玩法:用彩色马克笔在各种透明器皿、透明塑料膜上涂鸦填色,在光影小屋里用手电筒照涂鸦处,可以投影出彩色的光影。

活动反思

在"漂亮的霓虹灯"科学探究活动中,教师利用科学活动室具备情境化设备、科技化仪器的特性,支持幼儿在手电筒、玻璃纸、色素、玻璃烧杯、玻璃棒等科学室特有的材料刺激下,直观地发现光透过彩色玻璃纸后形成彩色影子的奇妙现象。幼儿通过光源照射半透明彩色液体和彩色玻璃纸两种探究活动,感知体验不同的彩色光影现象,并在教师搭建的交流和分享平台中自信地与同伴分享自己在探究过程中学到的知识和获得的体验,有初步的梳理探究经验、理清事物之间联系的总结概括能力与科学思维能力。

(教师:赵佳佳　李　丽)

方案 53:水的秘密(小班)

活动目标

1. 知道水是无色、无味、透明、可流动的。

2. 通过操作感知、探究水的特性。

3. 乐于探索水的特性,体验玩水的快乐。

活动准备

1. 经验准备。

(1) 幼儿有玩水的经验,对水的特征感兴趣。

(2) 幼儿能大胆地表达自己的想法。

2. 物质准备。

幼儿操作材料:脸盆、瓶身扎了洞的塑料瓶、毛巾,分别装有牛奶、水、醋、白酒等液体的杯子。

活动过程

1. 回顾认知,导入活动。

◆ 提问:小朋友,谁来说说水是什么样子的?

[指导要点:出示三个装了不同液体的杯子(一杯牛奶、一杯醋、一杯清水),引导幼儿观察并说出水的特性]

2. 小组操作,观察探索。

◆ 教师引导幼儿以小组为单位到材料区寻找相关材料,自主探索。

◆ 导语:有两组不同的材料,请你们去看一看、闻一闻、玩一玩,探索水的特性。

(1) 游戏一:好玩的水。

◆ 进行水和牛奶、醋、白酒的对比观察,在操作中感知水无色、无味的特性。

(指导要点:提示幼儿不能用嘴巴尝各种液体)

◆ 小结:我们用眼睛看一看、鼻子闻一闻的方法知道了水是无色、无味的。

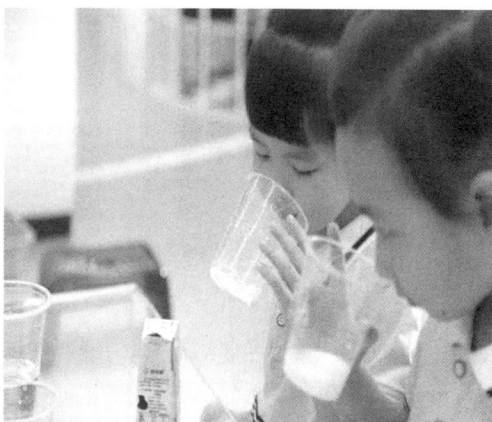

(2) 游戏二:流动的水。

◆ 介绍操作材料,幼儿尝试用瓶身扎了洞的塑料瓶和水做游戏,用手捏塑料瓶感知水会发生什么变化。

(指导要点:引导幼儿重点观察水的流动性特点,并鼓励幼儿小声交流自己的发现)

◆ 小结:当我们用手捏塑料瓶时,水会从瓶子里流出来,说明水具有会流动的特点。

(3) 互换材料进行探究。

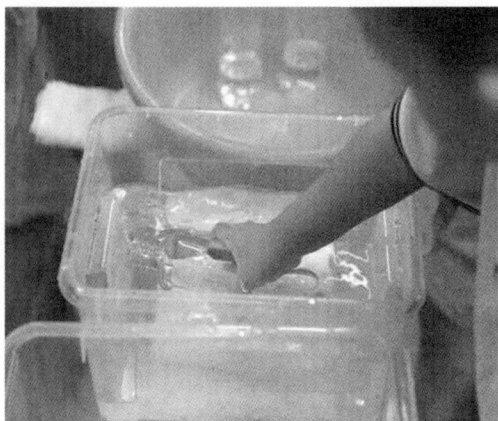

3. 交流发现,总结提升。

◆ 小结:我们在游戏中发现了水的秘密,原来水是透明、无色、无味的,并且会流动。

活动延伸

★ 活动名称:会流动的水。

材料:一根吸管,两个碗(一个碗里有水,一个碗里没有水)。

玩法:把吸管放入水里,让吸管装满水,用手堵住两端,一端放在水里,另一端放到另外一个碗里,松开双手。

★ 活动名称:小树苗快长大。

材料:一个喷壶。

玩法:把喷壶里面装满水,用喷壶浇小树苗,从中感知水的特性。

★ 活动名称:摩天轮。

材料:摩天轮玩具,水瓢,水。

玩法:用水瓢装满水,把水淋到摩天轮玩具上让摩天轮转起来,在游戏中感知水的特性。

活动反思

在"水的秘密"活动中,我们以帮助幼儿了解水的特性为核心目标,考虑到幼儿的发展水平不同,提供多种材料,满足不同幼儿的探究需要。我们发现,部分幼儿在科学活动室多元的材料激发下,会使用牛奶、醋、白酒等各种液体与水进行比较,在操作中更加直观、清晰地了解水无色、无味的特性,从而习得了知识,发展了探究品质。这让我们深刻感受到科学活动室实施小组化教学的魅力。科学活动室能够为我们提供良好的环境支持,让我们在"师幼互动"和"幼幼互动"中满足幼儿个性化的发展需求以及幼儿全面发展的需要,促进幼儿综合性成长。

(教师:张淑燕 李虹丽)

方案54:油和水的故事（大班）

活动目标

1. 初步感知探索水和油不相溶的现象。
2. 愿意表达自己的发现。
3. 了解生活中水和油分离的现象,体验科学知识在生活中的应用。

活动准备

1. 经验准备。

   幼儿听过《包公审石头》的故事。

2. 物质准备。

   (1) 教师资源:《包公审石头》故事视频。

   (2) 幼儿操作材料:清水,食用油,"彩虹雨""消失的油"操作材料包等。

活动过程

1. 回顾认知,导入活动。

◆ 提问:你们还记得《包公审石头》的故事吗? 包公是根据什么证据找到偷钱人的?

◆ 小结:原来小孩的钱币上沾有油,偷钱的人把钱丢入水盆后,水面上泛出一些油光,包公就凭此证据找到了偷钱的人。

(指导要点:引导幼儿回顾故事,激发幼儿对水和油的探索兴趣)

2. 实验操作,观察探索。

◆ 教师引导幼儿自主到材料区去寻找"彩虹雨"的操作材料包,自主探索。

(1) 游戏一:彩虹雨。

◆ 教师介绍操作材料,引导幼儿利用"彩虹雨"操作材料包探索发现水和油互不相溶的现象。

(指导要点:引导幼儿仔细观察水和油互不相溶的现象,大胆与同伴交流自己的发现)

◆ 小结：水的密度大沉在下层，油的密度小浮在上层，色素在水中的溶解度大于在油中的溶解度，所以加入色素就会出现彩虹雨下降的现象。

(2) 游戏二：消失的油。

◆ 操作"消失的油"材料包，感知水和油的变化。

◆ 提问：水和油在一起的时候，为什么水会沉在下面？加入洗洁精后油和水会发生什么变化？

（指导要点：引导幼儿思考油和水是不相溶的，注意观察加入洗洁精后，油和水的变化。鼓励幼儿合作完成实验，交流发现）

◆ 小结：洗洁精具有分离、包围油分子的功能。当我们倒入洗洁精，用筷子进行搅拌后，油和水就会相溶。

(3) 互换材料进行探究。

3. 交流发现，总结提升。

◆ 小结：水的密度大，油的密度小，密度小的物质重量轻，所以油就浮在水上面。把油倒在水里，无论我们怎么搅拌，最后油都会浮到水的上面，它们会分成明显的两层，这说明油和水是不相溶的。当我们加入洗洁精后再搅拌，就发现在洗洁精的作用下水和油相溶了，这就是我们用洗洁精洗碗可以把油污洗得更干净的原因。

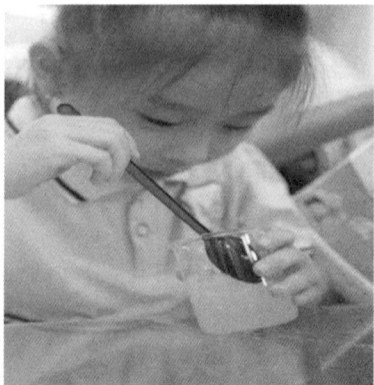

活动延伸

★ 活动名称:泡腾熔岩灯。

材料:泡腾片、油、水、食用色素、透明的瓶子。

玩法:瓶子里倒入水后滴入食用色素进行搅拌,再倒入食用油,感受水和油不相溶的特性,最后放入泡腾片,观察瓶子里的现象。

活动反思

油和水是生活中常见的事物,两者混合会出现神奇的不相溶现象。但是,幼儿即使发现了这一现象,却缺乏对这一现象的思考与探索。为此,我们基于科学活动室富有情境性、探究性、神秘感的特性,组织幼儿在科学活动室展开"油和水的故事"科学探究活动。在探究的过程中,我们不仅发现幼儿对"油和水"探究实验表现出了极大兴趣,同时能够看到幼儿主动探索,积极表达,友好地合作、交流。通过这次活动,我们深刻地感受到科学活动室不仅为幼儿在学习与探究中提供了环境与材料支持,同时也能为幼儿建立探究兴趣,养成探究习惯和培养探究品质提供高质量支持,是培养幼儿科学素养的有效资源,是幼儿科学探究中不可缺少的元素之一。

(教师:张淑燕 李虹丽)

方案 55:水宝宝不见了(中班)

活动目标

1. 根据水滴到其他物体上消失的现象,了解水的渗透性。

2. 在观察和操作中感知水的渗透现象,并说出自己的发现。

3. 乐于探究水的渗透现象。

活动准备

1. 经验准备。

知道水的特性,懂得滴管的使用方法。

2. 物质准备。

(1)教师资源:演示文稿。

(2) 幼儿操作材料:放大镜、滴管、水、杯子、海绵、锡纸、沙子、黏土、棉球、玻璃片、石头等。

活动过程

1. 猜谜导入,引发兴趣。

◆ 提问:你们知道什么液体是无色、无味、会流动的吗?

◆ 导语:今天水宝宝要和大家玩捉迷藏的游戏,看看它能躲到哪些东西里。

2. 小组操作,观察探究。

◆ 教师引导幼儿以小组为单位,去材料区拿取关于水的实验材料,自主选择一组游戏探索。

(1) 游戏一:自然物与水的渗透。

◆ 部分小组开展水在自然物中的渗透实验与观察,在操作中感知水能渗透到哪些自然物中。请幼儿选择一种自然物,用滴管吸水,把水滴到材料上进行观察。

(指导要点:引导幼儿根据操作观察水在自然物中的渗透现象)

(2) 游戏二:非自然物与水的渗透。

◆ 部分小组进行水在其他材料中的渗透实验与观察,在操作中感知水能渗透到哪些材料中。请幼儿选择一种非自然物,用滴管吸水,把水滴到材料上进行观察。

(指导要点:引导幼儿根据操作观察水在非自然物中的渗透现象)

(3) 小组间互换材料进行探究。

(指导要点:引导幼儿运用第一次探索的经验对水在物质上的渗透现象进行观察)

3. 交流分享,提升经验。

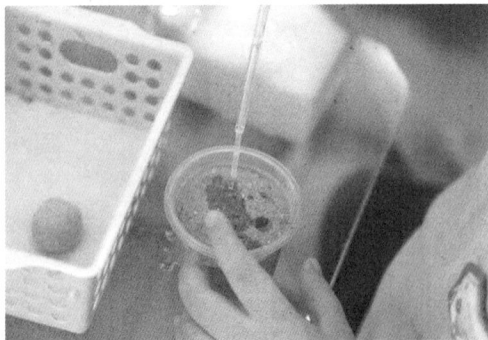

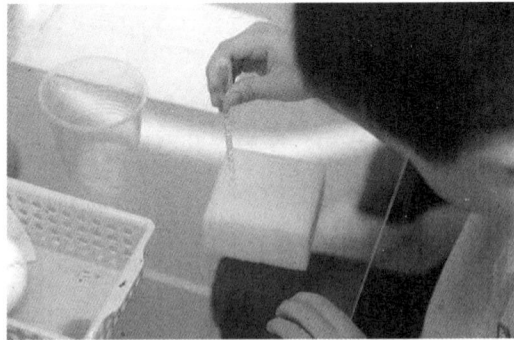

◆ 提问:你发现了水能藏在哪些物体中? 为什么水能渗透进这些物体?

(指导要点:引导幼儿用放大镜观察物体的表面结构,发现水能渗透到有孔、有洞、有缝隙的物体中,感知水的渗透性)

◆ 小结:水在纸巾、布、沙子、海绵球等材料中能够"躲"起来,是因为它们身上都有洞、有孔,水能够渗进去,我们把水渗到其他材料里的现象叫作水的"渗透",水是有渗透性的。

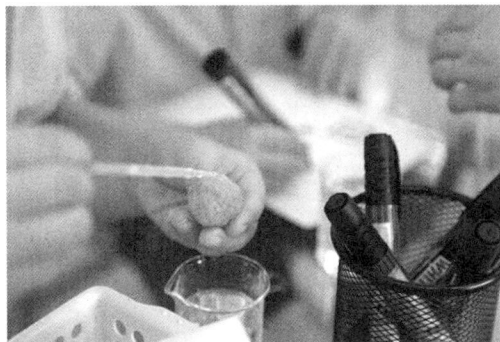

活动延伸

★ 活动名称:变大的面膜纸。

材料:滴管、面膜纸、水、量杯

玩法:将滴管装好水后,把滴管的水滴到面膜纸上,不断地重复以上动作,观察面膜纸不断变大的现象。

活动反思

在本次操作活动中,教师尊重幼儿的自主探索需求,让幼儿在科学活动室里自主寻找、选择适宜的材料探索水的渗透性。在科学活动室材料形式多样、数量充足的优势下,幼儿自主地寻找到纸巾、布、沙子、海绵球等物品与水进行实验,发现水滴到有些物体上会消失的现象,高效地达成了教育目标。在小组探索的过程中,幼儿能够积极主动地把自己发现的水的特性与同伴进行分享,在与同伴的思维碰撞中,进一步激发了科学探究的兴趣,表达与分享能力也得到了提高。

(教师:黄亚妹 李虹丽)

方案56：水宝宝去哪了（大班）

活动目标

1. 能够根据水渗透到物体中速度的变化,发现物体的材质影响水的渗透速度。

2. 在观察和操作中感知物体材质和水的渗透速度之间的关系,并记录和表达自己的发现。

3. 乐于参与水的渗透性的探究。

活动准备

1. 经验准备。

幼儿知道水有渗透性。

2. 物质准备。

(1) 教师资源:水、烧杯、毛巾。

(2) 幼儿操作材料:不同材质的纸和布,放大镜、滴管、水、杯子、调查表等。

活动过程

1. 回顾认知,导入活动。

◆ 提问:水宝宝有一个很棒的本领,你们还记得是什么本领吗?

(指导要点:教师把毛巾放置在烧杯里,请个别幼儿往烧杯里倒水,水倒完后,教师慢慢倾斜烧杯,引导全体幼儿观察水在物体中的渗透现象)

2. 小组操作,观察探究。

◆ 教师引导幼儿以小组为单位,去材料区拿取关于水的渗透速度实验材料,自主选择一组材料进行探索。

(1) 游戏一:水和纸的游戏。

◆ 部分小组开展水在不同纸上的渗透实验与观察,在操作中感知水的渗透速度和纸的材质有关。请幼儿选择材料,用滴管滴同量的水在不同的纸上面,引导幼儿进行观察,并把观察到的现象记录下来。

(指导要点:引导幼儿在操作中比较水在不同材质的纸上的渗透速度,引导幼儿把自己观察到的现象记录下来,鼓励幼儿小声交流自己的发现)

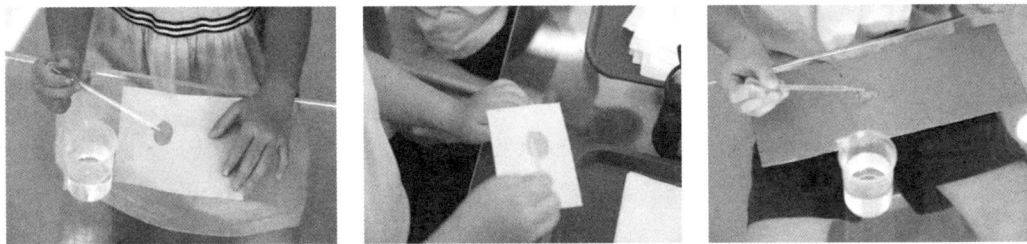

(2) 游戏二:水和布的游戏。

◆ 部分小组进行水在不同布上的渗透实验与观察,在操作中感知水的渗透速度和布的材质有关。请幼儿选择材料,用滴管滴同量的水在不同的布上面,引导幼儿进行观察,并把观察到的现象记录下来。

(指导要点:引导幼儿在操作中比较水在不同材质的布中的渗透速度,引导幼儿把自己观察到的现象记录下来,鼓励幼儿小声交流自己的发现)

(3) 互换材料进行探究。

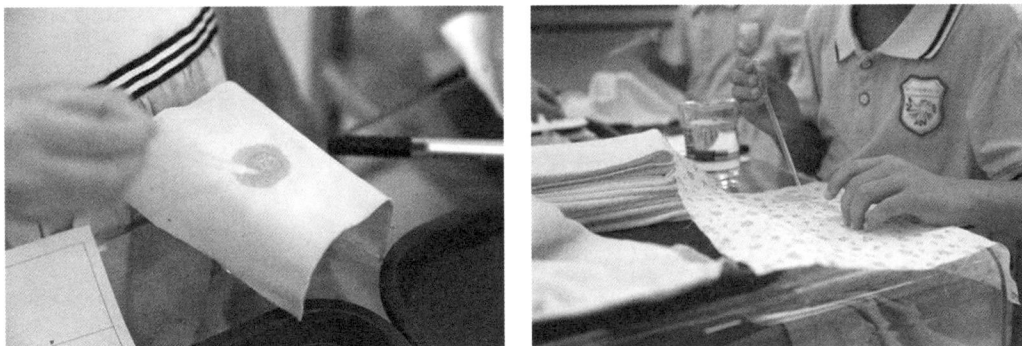

(指导要点:引导幼儿运用第一次探索的经验对水在不同材质的纸或布的渗透速度观察和记录)

3. 交流分享,提升经验。

◆ 提问:你发现水在哪些材料上渗透速度快? 在哪些材料上渗透速度慢? 为什么?

(指导要点:引导幼儿使用放大镜观察纸和布材质的疏密)

◆ 小结:水的渗透速度和物体的材质疏密有关,在薄、软、缝隙大的纸和布上,水宝宝"跑"得快,渗透速度就快;水宝宝在厚、硬、缝隙小的纸和布上"跑"得慢,渗透速度就慢。

活动延伸

★ 活动名称:水在哪里跑得快。

材料:滴管、水、杯子、沙子、土、棉花、树叶、芹菜等。

玩法:选择材料,把水倒在上面,观察水的渗透速度。

★ 活动名称:宠物吸水垫。

材料:棉花、纸巾、海绵、皮革布、麻布、胶布、剪刀。

玩法:在麻布上铺满棉花、纸巾、海绵,用胶布从上到下把这些材料和麻布固定住,保证材料不移动。接着在材料上面铺上皮革布,用胶布把皮革布和麻布四周粘起来,最后把麻布面朝上放置好,宠物吸水垫就做好了。

活动反思

在本次操作活动中,教师利用科学活动室材料多样的特点,支持幼儿自主寻找、选择适宜的材料探索水在不同物体中的渗透速度,大大提升了幼儿对于活动的探索欲望和兴趣。在小组操作的过程中,幼儿能够主动把自己的实验发现记录下来,在与同伴交流的过程中,发现同伴和自己的实验结果不同时,再次进行操作,反复验证自己的实验结果。通过与同伴交流、分享,幼儿不断调整认知,丰富了关于水在不同物体的渗透速度的知识经验。

(教师:黄亚妹 李虹丽)

方案 57：神奇的水面（中班）

活动目标

1. 能够通过实验了解水的表面张力,感知水的表面有一定弧度。

2. 在观察和操作中感知水的表面张力,愿意表达自己的发现。

3. 喜欢参与探究活动,乐于探索与水的表面张力有关的科学现象。

活动准备

1. 经验准备。

   (1) 幼儿会使用滴管。

   (2) 幼儿有玩肥皂泡的经验。

2. 物质准备。

   幼儿操作材料:滴管、硬币、可食用色素、玻璃杯、回形针等。

活动过程

1. 回顾认知,导入活动。

◆ 提问:你们还记得上次的肥皂泡泡游戏吗? 为什么肥皂泡泡戳不破?

(指导要点:根据幼儿的表达进行回应并激发幼儿对水的表面张力的探索兴趣)

2. 实验操作,观察探索。

◆ 教师引导幼儿自主去水的探秘区寻找有关材料,幼儿利用硬币开展关于水的张力的观察与探究,在操作中感知水的表面张力。

(1) 游戏一:贪吃的玻璃杯。

◆ 在玻璃杯里装满水,把硬币一个一个小心地放进玻璃杯。从玻璃杯侧面观察,我们就会发现,水平方向上,玻璃杯上拱起一座"水山"。

(指导要点:引导幼儿放入硬币后从侧面平视进行观察)

◆ 小结:水面有一层水膜,水的内部由无数的水分子组成,这些水分子手拉手紧紧地靠在一起便形成了水的表面张力。

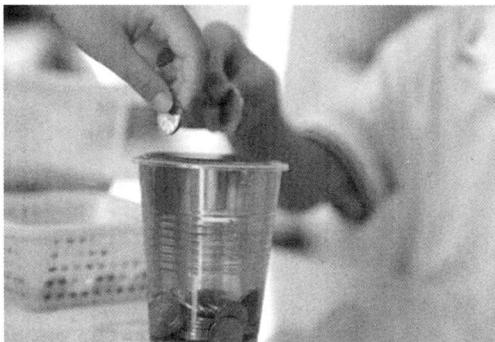

(2) 游戏二:硬币上的水滴。

◆ 在玻璃杯中加入清水,并滴入两滴色素,用滴管吸取色素水滴到硬币表面,不断往上滴水,硬币上的水珠越来越大,观察水面形成的圆弧。

(指导要点:引导幼儿观察每滴一滴水在硬币上水表面形成的弧度变化,注意需平视进行观察)

◆ 小结:水滴在硬币上形成了水膜,水面形成圆弧状,这就是水的表面张力。

3. 交流发现,总结提升。

◆ 小结:一杯水是由许许多多我们眼睛看不见的水分子宝宝组成的。水分子宝宝和小朋友一样,都喜欢手拉手,很团结,谁也不想离开谁,所以当它们在一起的时候总是紧紧地牵着手。它们牵着手时,水的表面就会形成一层"水皮肤",把里面的水都裹起来。

活动延伸

★ 活动名称:神奇的杯子。

材料:玻璃杯、纱布、皮筋。

玩法:在玻璃杯口放一块纱布,用皮筋固定好,通过纱布倒满一杯水。然后用手掌盖住玻璃杯口,把杯子倒扣起来水不会漏。

★ 活动名称:会转动的蚊香。

材料:卡纸、笔、剪刀、装满水的盘子、滴管、洗洁精。

玩法:画好双螺旋线并剪出蚊香的形状,把剪纸放进水中浮于水面上,往螺旋的中心滴入准备好的洗洁精水,可以看到螺旋形的"蚊香"转了起来。

★ 活动名称:跷跷板。

材料:纸杯、水、纸牌、硬币。

玩法:将纸杯倒满水,接着把纸牌放在杯子上面并且和水面接触,然后将硬币再次放置到卡片的边缘,看看能放多少枚硬币。

活动反思

幼儿在"神奇的水面"的科学活动里,能够通过回顾、实验、交流、小结等多种方式感知水的表面张力,感知水的表面有一定弧度的特性。在操作中幼儿能够主动使用不同材料、不同的方法,探索科学知识,体验实验带来的快乐。幼儿通过学习不仅了解了水的表面张力,感知到水的表面有一定弧度的科学现象,而且在科学活动室有滴管、可食用色素、玻璃杯等工具与材料可选择和使用,幼儿习得了常见的科学工具与材料的操作方法,提升了科学素养与科学技能。同时幼儿操作时表现出的严谨的态度、专注的神情、持续的学习行为值得我们为之点赞。

(教师:李虹丽 张淑燕)

方案 58:神奇的魔法水(中班)

活动目标

1. 能够观察到肥皂水、洗洁精等材料产生的离散现象,发现水的表面张力可以被破坏。
2. 在观察和操作中感知肥皂水、洗洁精等洗涤用品和水的作用关系,愿意记录和表达自己的发现。
3. 喜欢参与探究活动,乐于探索水的表面张力的奥秘。

活动准备

1. 经验准备。
   (1) 幼儿对水的表面张力有初步的了解。
   (2) 幼儿知道肥皂水、洗洁精等洗涤用品的作用。
2. 材料准备。
   (1) 教师资源:实验短视频。
   (2) 幼儿操作材料:快艇(六边燕尾形纸片),胡椒粉、肥皂水、洗洁精等操作材料若干,记录表和笔。

活动过程

1. 回顾认知,导入活动。
◆ 提问:你们知道这是什么吗? 你们猜一猜胡椒粉能不能在水面上"走路"? 为什么?
(指导要点:教师出示胡椒粉,通过看、闻等方式引导幼儿认知)
2. 小组操作,观察探索。
◆ 教师引导幼儿以小组为单位去材料区拿取有关材料,自主选择一种游戏探索。

(1) 游戏一:逃跑的胡椒粉。

◆ 部分幼儿进行"逃跑的胡椒粉"观察与探究,在操作中感知洗洁精、肥皂水等材料能够改变水的表面张力。请幼儿把胡椒粉撒到盘子里,用滴管吸取肥皂水或洗洁精滴在胡椒粉上,观察水面上的胡椒粉发生的现象并记录。

(指导要点:引导幼儿仔细观察洗洁精或肥皂水滴落在不同位置时胡椒粉离散的方向。引导幼儿把自己的发现记录下来,并鼓励幼儿小声交流自己的发现)

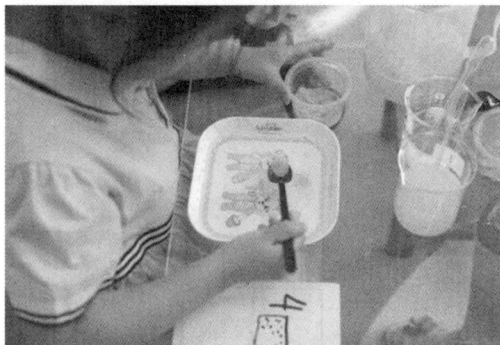

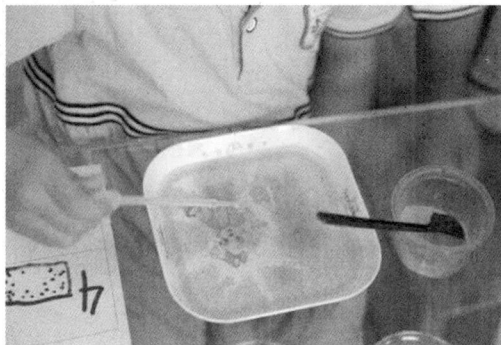

(2) 游戏二:水中快艇。

◆ 部分幼儿进行"水中快艇"的观察与探究,在操作中感知洗洁精、肥皂水等材料能够改变水的表面张力。请幼儿把快艇放到盘子里,用滴管吸取肥皂水或洗洁精滴在快艇周围的水面上,观察水面上的快艇发生的现象并记录。

(指导要点:引导幼儿仔细观察洗洁精或肥皂水滴落在不同位置,快艇运动的方向。引导幼儿把自己的发现记录下来,并鼓励幼儿小声交流自己的发现)

操作位置	实验结果

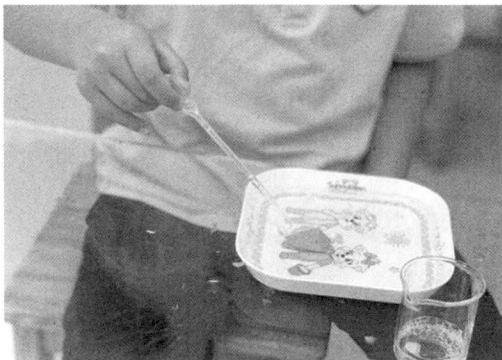

3. 集体分享,提升经验。

◆ 提问:在刚刚的游戏中,你发现了什么?

◆ 提问:为什么洗洁精、肥皂水能够让胡椒粉散开,并让快艇动起来?(观看实验视频寻找答案)

◆ 小结:原来洗洁精、肥皂水等洗涤用品含有表面活性剂,当它们进入水里,马上就把水宝宝结成的保护膜给挤开了,因此水的表面张力就被表面活性剂破坏,胡椒粉和快艇就会动起来。

活动延伸

★ 活动名称:会动的小船。

材料:折纸、水、盘子、滴管、洗洁精、肥皂水、洗手液、洗衣液。

玩法:幼儿用纸折出小船,把小船放到水里,用滴管吸入一种液体并滴到小船周围的水面,观察小船在水面上的变化。

活动反思

在"神奇的魔法水"活动中,幼儿能够自主地选择胡椒粉、肥皂水、洗洁精、快艇等材料进行分组实验操作,在科学活动室的普适功能与交互功能的背景下,幼儿能够多元地使用生活化的工具和材料展开探究,达到科学现象从生活中来,回归到生活中去使用的目的。同时幼儿在科学活动室中养成了个性化学习与相互学习的学习习惯。幼儿不仅能够在自选材料的个性化学习中发现水的表面张力被表面活性剂破坏,胡椒粉和快艇就会动起来的现象,而且能够在交互分享的同伴学习中发现洗洁精、肥皂水等洗涤用品含有表面活性剂,它们进入水里,马上就把水宝宝结成的保护膜给挤开了。在幼儿探究的过程中,我们充分感受到幼儿对科学现象的兴趣与求知欲,他们在探索、分享、实验中培养了科学意识,形成了科学素养,提升了科学技能,为持续的科学研究奠定了扎实的基础。

(教师:李虹丽　黄亚妹)

方案59:停不下来的水分子(小班)

活动目标

1. 通过实验知道色素在热水里比在冷水里扩散得更快。
2. 在对比和观察中感知水温对色素扩散速度的影响,尝试简单记录并大胆向同伴分享自己的发现。
3. 乐于探索关于色素在水中扩散的现象。

活动准备

1. 经验准备。
   (1) 幼儿会使用滴管。
   (2) 幼儿有玩水经验。
2. 物质准备。
   (1) 教师资源:水分子卡通图片。
   (2) 幼儿操作材料:色素、量杯、手套、冷水、热水、纸和笔。

活动过程

1. 回顾认知,导入活动。

◆ 提问:小朋友们,我们上次做了关于"水的秘密"的小实验,知道了水是无色、无味、透明的,那么谁还记得水是由什么组成的呢?

◆ 小结:没错,水是由许许多多的水分子宝宝组成的,这是水分子宝宝的样子,它们在水里可是手牵着手呢。

(指导要点:出示水分子卡通图片,帮助幼儿回顾并加深印象)

2. 小组操作,观察探索。

◆ 导语:这么多的水分子宝宝,它们在水里会玩游戏吗?教师引导幼儿以小组为单位去器皿区拿取实验相关容器。

（指导要点：提醒幼儿做实验时需要戴上手套，拿取玻璃器皿时注意轻拿轻放）

（1）游戏一：色素变变变。

◆ 幼儿分小组玩游戏，在冷水中滴入色素进行观察与探究，感知色素在水中扩散的过程。

◆ 导语：小朋友们，色素在水里刚开始是什么样子，后面变成了什么样子呢？

（指导要点：提示幼儿滴入少量色素，将发现用自己的方式记录在纸上。鼓励幼儿小声交流自己的发现，大胆向同伴及教师分享色素在冷水中的变化）

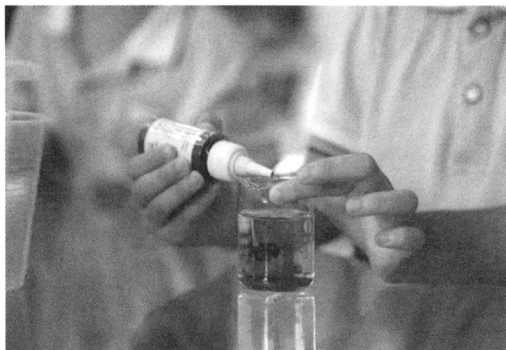

（2）游戏二：色素真好玩。

◆ 在实验中加入一杯热水（水温不宜过高，保证幼儿安全）作为实验对照，幼儿分别往装了冷水和热水的两个量杯中滴入色素，在观察中感知、探究温度对色素扩散快慢的影响。

◆ 导语：色素尽量同时间分别滴入量杯中，注意同时对比两个量杯中的色素变化。

（指导要点：幼儿接热水时教师应格外留意，并提醒幼儿两个量杯中水位应一样。引导幼儿发现热水中的色素扩散得又快又均匀，鼓励幼儿以自己的方式做记录）

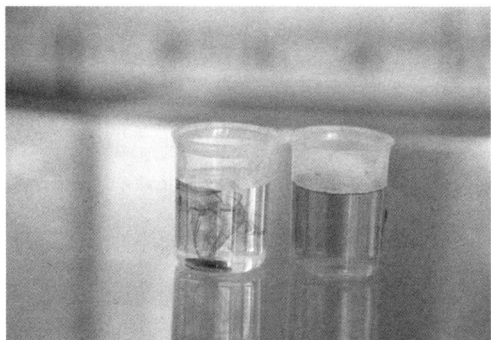

3. 集中交流,表达自己的发现。

◆ 提问:你发现了什么? 为什么会这样?

◆ 小结:因为水分子宝宝在冷水里运动得慢,在热水里运动得快,所以当色素滴入热水中时,水分子宝宝带着色素一起快速运动,不一会儿就在热水里扩散开来。

4. 自主探究,提升经验。

◆ 教师引导幼儿在更多种温度的水里探索色素扩散的快慢。

活动延伸

★ 活动名称:色素变魔法。

材料:量杯、冷水、热水、色素、搅拌棒等。

玩法:① 将色素滴入冷水,用搅拌棒快速搅拌,观察量杯中色素的变化。② 将色素滴入冷水,往量杯里倒入热水使水温升高,观察量杯中色素的变化。

★ 活动名称:谁跑得快。

材料:量杯、搅拌棒、盐、色素、水、油。

玩法:① 准备一杯盐凉水和一杯凉水,分别加入色素,对比色素的扩散速度。② 准备20毫升油,往油中滴入色素(不少于10滴),用搅拌棒搅拌后倒入凉水,观察现象并记录。

活动反思

在该活动中,教师尊重幼儿的个性化学习,材料更为丰富、环境更为宽松的科学活动室满足了幼儿的探究兴趣,激发了幼儿的好奇心与求知欲,让幼儿在快乐学习中体验科学游戏带来的满足感与成就感。幼儿操作时,我们发现他们学习的自主性、觉察性与探究欲望都十分高涨。幼儿能够根据教师提出的问题进行自我思考与小组讨论,然后积极主动地在材料区取来色素、水、手套、量杯等材料与工具展开探究。探究过程中即使出现了操作失误,幼儿也没有气馁,会在教师的鼓励和支持下反复尝试直至成功地完成实验。他们不怕失败、乐于探索的科学精神让我们动容。在这个过程中,教师始终以支持者、合作者、引导者的角色配合并支持着幼儿的学习与探究,培养了幼儿合作学习的意识,提高了幼儿的动手、动脑积极解决困难的能力。

(教师:翁茜茜　李虹丽)

方案60：冰宝宝不见啦（小班）

活动目标

1. 能够根据实验操作的结果发现水的温度对冰块融化速度的影响。

2. 在观察和操作中了解冰变水的现象,愿意表达自己的发现。

3. 乐于探究平时生活中有趣的关于水的科学现象。

活动准备

1. 经验准备。

幼儿知道水遇冷会结冰,冰融化后会变成水。

2. 物质准备。

幼儿操作材料:冰块、冰块恐龙蛋、冷水、热水、量杯、碟子、手套、夹子、盐等。

活动过程

1. 回顾认知,导入活动。

◆ 提问:冰块是怎么形成的? 从冰箱里拿出来会融化吗? 融化后会变成什么呢?

◆ 小结:冰块是由水变成的,当温度在零摄氏度以下的时候水就会结成冰。一旦温度升高,冰块就会慢慢融化为水。

(指导要点:出示冰块,引发幼儿自主表达)

2. 自由操作,观察探索。

◆ 教师引导幼儿在科学活动室冰箱中拿取冰块的相关材料,选择一种进行探索。

(1) 游戏一:冰块融化。

◆ 导语:冰块在热水和凉水中融化的速度一样吗?

◆ 引导幼儿在观察中感知水的温度对冰块的融化速度的影响。幼儿分别使用量杯接热水和凉水,探究水的温度对冰块融化速度的影响,在操作和观察中感知实验结果。

(指导要点:提示幼儿戴手套做实验。教师提示幼儿热水杯和凉水杯可用贴纸做上记号,两个量杯里的水位要相等,一个杯中一次只能放一块冰。教师注意幼儿接热水时的安全状况)

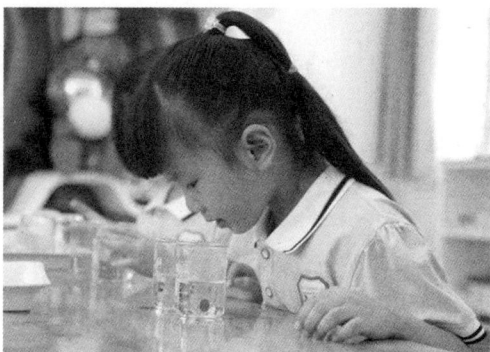

（2）游戏二：解救小恐龙。

◆ 导语：小恐龙被冰封起来了，谁有好办法来帮助它？

◆ 幼儿在进行化冰的探究过程中，发现热水能够更快地将冰块融化，解救出小恐龙。

（指导要点：引导幼儿根据自己的想法自主寻找化冰材料，鼓励幼儿尝试不同方法）

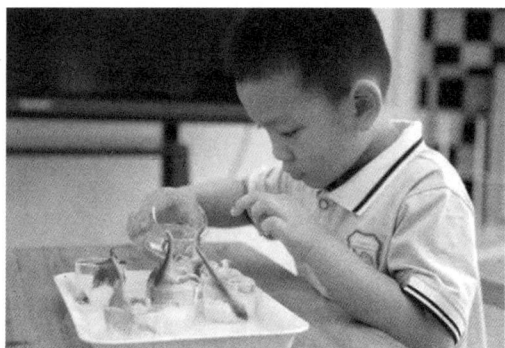

3. 集中交流，表达自己的发现。

◆ 小结：热水能够使冰块更快地融化，并且温度越高，融化的速度就越快。

活动延伸

★ 活动名称：谁先结冰。

材料：一杯热水、一杯凉水。

玩法：将一杯热水与一杯凉水分别做上记号，同时放进冰箱冷冻层里，让幼儿记录好时间，过两小时后来看看哪杯水先结冰了。

★ 活动名称：美丽的冰块项链。

材料：盐、冰块、细绳子。

玩法：将 3—4 块冰块平行排列，绳子拉直放在所有冰块上，在绳子与冰块接触的地方撒上盐，过一会儿冰块会把绳子"吸住"，漂亮的冰块项链就做好了。

活动反思

在"冰宝宝不见啦"科学实验中,教师首先帮助幼儿回忆已有经验,如水放进冰箱会结冰,冰块能在水中融化等,以此激发幼儿的探究兴趣。随后教师引导幼儿在科学活动室内自主寻找适宜的材料并进行实验,大胆探索水的温度对冰块融化速度的影响。

幼儿在实验探索的过程中都能够基于已有的经验与阶段性思考去发现、去探索,在科学活动室特有的冰箱中取出冰块展开冰变水的实验探究,真正做到在直接感知与亲历探索中习得了发现现象并解决问题的能力,养成了主动、专注、自信的学习品质。

（教师：翁茜茜　李虹丽）

方案 61：水宝宝去哪儿了（中班）

活动目标

1. 知道水蒸气是水的另外一种形态,了解水蒸气的特点。

2. 在观察和实验操作中了解水遇热会蒸发,水蒸发后会变成水蒸气。

3. 乐于探究水变成水蒸气的实验活动。

活动准备

1. 经验准备。

  幼儿在太阳底下用塑料膜收集过水。

2. 物质准备。

  (1) 教师资源:酒精灯、三脚架、石棉网、烧杯。

  (2) 幼儿操作材料:50℃左右的热水、烧杯、玻璃片、彩纸、纸巾、锡纸、儿童手套、保鲜膜等。

活动过程

1. 回顾经验,导入活动。

◆ 提问:今天我们将一杯水用保鲜膜套住后在太阳底下放了一中午,发生了什么变化? 为什么?

（指导要点:出示实物帮助幼儿回忆在室外收集水蒸气的经过,引导幼儿猜测原因）

2. 教师操作，幼儿观察。

◆ 教师利用酒精灯加热水，幼儿观察水的变化。

◆ 提问：水宝宝发生了什么变化？这些气体是什么？

（指导要点：鼓励幼儿大胆表述自己观察到的现象，教师小结时引出"蒸发"和"水蒸气"的概念）

3. 自主操作，实践感知。

（1）游戏一：纸和水蒸气相遇。

◆ 导语：纸能收集水蒸气吗？当纸遇到水蒸气会发生什么变化呢？请你试一试。

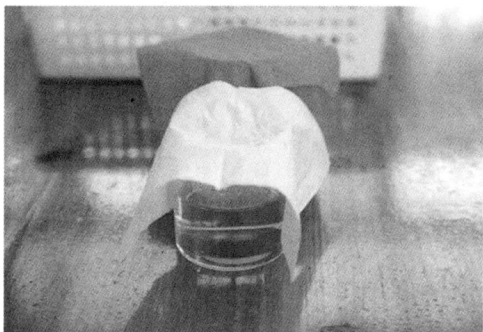

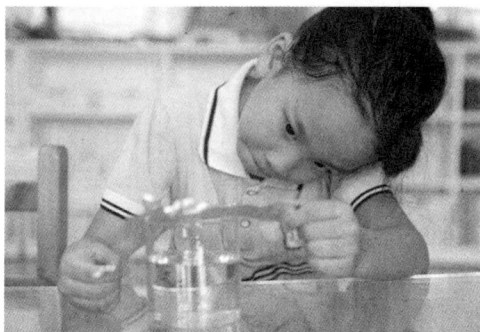

（指导要点：鼓励幼儿尝试用不同的纸来收集水蒸气，观察纸和水蒸气相遇时发生的现象，感受水蒸气是水的另外一种形态）

（2）游戏二：和水蒸气握握手。

◆ 导语：水蒸气是冷的还是热的呢？请你戴上手套感受一下。

（指导要点：引导幼儿用自己的手收集水蒸气，感受水蒸气的温度。提醒幼儿手与瓶口要保持一定的距离，避免烫伤）

（3）游戏三：蒸气宝宝。

◆ 导语：你能抓到会蒸发的水蒸气宝宝吗？老师给你们提供了热水、玻璃片等材料，请你使用这些材料试着收集水蒸气，看看你抓到的水蒸气宝宝是什么样子。

（指导要点：引导幼儿根据第一次收集水蒸气的经验，自主选择材料收集水蒸气，

并大胆表达自己的发现。提醒幼儿轻拿轻放,小心热水)

4. 分享交流,总结提升。

◆ 小结:经过刚才的实验,我们发现水蒸气是水宝宝加热变身后的样子,所以它是热的,水蒸气飘在空气中我们是看不见的,但是我们可以用玻璃片、锡纸、纸巾等各种材料收集到水蒸气宝宝,而且摸一摸你收集到的水蒸气宝宝,你会发现它又变成了水。

活动延伸

★ 活动名称:"雨"的形成。

材料:烧杯、玻璃片、冰块、儿童手套等。

玩法:教师将收集到水蒸气的玻璃片交给幼儿,幼儿将玻璃片放在烧杯上,并立即在玻璃片的上方放置冰块,水蒸气遇冷会形成小水滴,并且滴落下来,可观察到类似"下雨"的现象。

★ 活动名称:谁蒸发得快。

材料:杯子、常温水、开水、手套、滴管、玻璃片。

玩法:幼儿和教师分别将两滴管的常温水和开水同时滴到玻璃片上,在太阳下静置一会儿,观察哪边的水先蒸发完。

活动反思

牛顿曾经说过:"没有大胆的猜测,就不会有伟大的发现。"在该活动中,我们首先带领幼儿回顾经验,导入"水宝宝去哪儿了"的活动。随后,我们抛出"水宝宝发生了什么变化? 这些气体是什么?"等问题引发幼儿猜想,幼儿能根据自己的已有经验和观察发现大胆地猜想现象产生的原因,具备良好的思维习惯及思维方法。其实,烧水、煮饭时会冒出水汽的现象幼儿并不陌生,但是由于缺乏经验的总结与提升,幼儿在探究中使用的语言不是特别规范,常常会说"有水出来了""有气体出来了""冒烟了"等。为此我们利用科学活动室,让幼儿使用多样化的生活材料与工具展开科学探究,切实地理解"蒸发""水蒸气"等概念,规范幼儿的科学术语,引导幼儿正确理解与表达科学现象。最后,我们充分尊重幼儿的自主权,让幼儿在科学活动室内自主探索,在收集水蒸气、感受水蒸气的温度等活动中感知水蒸气的特点,既调动了幼儿学习的积极性、趣味性,又加深了幼儿对水蒸气特点的印象。

(教师:肖 荟 李虹丽)

方案62：雨的秘密（中班）

活动目标

1. 在实验中初步了解水的三态变化过程,知道雨的形成过程。
2. 在观察和操作中感知"雨"的形成和温度有关,水遇热会蒸发形成水蒸气,水蒸气遇冷会形成小水滴。
3. 对水的三态变化现象感兴趣,乐于参与实验活动。

活动准备

1. 经验准备。

   (1) 幼儿认识水的三态:水、水蒸气、冰。

   (2) 幼儿熟记儿歌《水宝宝变变变》。

2. 物质准备。

   (1) 教师资源:酒精灯、三脚架、石棉网、气象图片。

   (2) 幼儿操作材料:烧杯、玻璃片、透明垫板、大小不一的冰袋、冰块、儿童手套等材料若干。

活动过程

1. 回顾经验,导入活动。

◆ 提问:谁来说一说水宝宝会哪几种变身术,分别在什么情况下会变呢?

(指导要点:如果幼儿语言表述不清,可以出示气象图片,帮助幼儿回顾水的三态变化)

2. 合作操作,观察探究。

◆ 教师利用酒精灯加热水,让幼儿更直观地观察水变水蒸气的过程,引发幼儿思考如何收集水蒸气。幼儿两两合作探究。

(1) 游戏一:雨的形成。

◆ 导语:水加热后会变成热热的水蒸气,那水蒸气再遇到冷空气时会发生什么变化呢? 请你试一试,我们收集到的水蒸气遇到冷空气会发生什么变化。

(指导要点:教师将收集到水蒸气的玻璃片拿给幼儿,鼓励幼儿自行在科学活动室内寻找"冷空气"进行实验,如空调下、风扇下或者利用科学活动室冰箱内的冰袋,尝试将收集到水蒸气的玻璃片和冷空气接触,并耐心观察结果)

◆ 小结：水加热后会变成水蒸气，水蒸气越往上飘，遇到的温度就越低，当足够多的水蒸气遇到冷空气时就会形成雨了。

（2）游戏二：大雨小雨。

◆ 导语：你们都知道雨是怎么形成的了，那为什么有时候下的雨很大，有时候下的雨很小呢？玻璃片上收集的水蒸气多和少、冰袋的大和小对下雨有没有影响呢？我们来试一试吧。

（指导要点：教师可以尝试直接在刚烧开的水上面放一个大冰块，引导幼儿观察教师制造的雨滴和自己的有什么不一样）

◆ 小结：我们会发现收集的水蒸气越多，让它们越快和冷空气接触，形成的雨就越大。像我们居住的海南，四周都是大海，天气又比较热，海水在太阳的照射下也会有大量的水蒸气往天上飘，遇冷空气就形成雨，所以海南一年四季经常下雨。

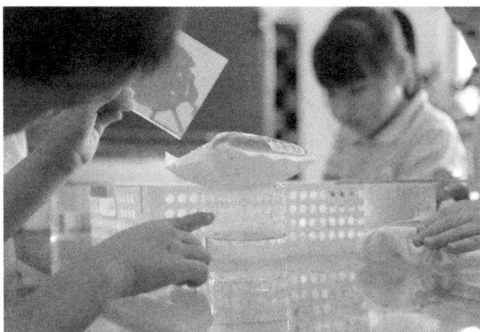

3. 集体小结，提升经验。

◆ 提问：小朋友们，谁可以跟我们分享一下水蒸气遇到冷空气会发生什么变化？像我们平时看到的什么现象？那雨究竟是怎么形成的呢？

（指导要点：引发幼儿思考空气中的加热器是什么、哪里存在冷空气，发现雨的形成和温度有关，温度越高，水蒸气越多，降雨就会越多）

◆ 小结：雨的形成和你们今天的实验过程是一样的。在大自然中，太阳公公就像一个大火炉，在太阳的加热下，大海里的水会产生水蒸气往天空飘，水蒸气在高空中遇到冷空气会形成小水滴，越来越多的小水滴团结起来变成大水滴后就会形成雨，重新回到大自然。

活动延伸

★ 活动名称：制作"雨的形成"过程图示。

　　结合已有经验，自制"雨的形成"过程图示或者小书。

　　材料：绘本《雨是怎么形成的》、气象卡、白纸、记号笔、水彩笔、剪刀等。

　　玩法：参考活动室的绘本和气象卡，绘制"雨的形成"过程图示或制作小书。

★ 活动名称：人工降雨的秘密。

　　在活动室模拟人工降雨试验，观察干冰遇到热水的变化。

　　材料：烧杯、小块干冰、开水、手套、沾有肥皂的细绳。

　　玩法：将一小块干冰放进烧杯，在烧杯中倒入半杯开水，观察并触摸冒出的雾。用沾有肥皂的细绳在杯口划过一圈，杯口会形成一个大泡泡。

　　实验原理：干冰升华为气体的过程会吸收大量的热，降低周围环境的温度，使热水挥发出来的水蒸气液化成小水滴，雾就是大量的水滴，水滴遇到肥皂就会形成泡泡。

活动反思

　　陈鹤琴先生说过："大自然是我们的知识宝库，是我们的活教材，我们应该向它请教、向它探讨。"为此，我们抓住了大自然赋予的教育契机，鼓励并引导幼儿在观察和操作中感知"雨"的形成和温度有关，知道水遇热会蒸发形成水蒸气，水蒸气遇冷会形成小水滴的现象。在科学活动室中幼儿能够多层次、多维度地使用烧杯、玻璃片、陶瓷碟子、透明垫板、冰块、儿童手套等材料展开"收集水蒸气""水蒸气遇到冷空气会产生什么变化"的科学探究，对水蒸气的蒸发、雨的形成秘密更是充满好奇。我们始终追随幼儿兴趣，利用科学活动室中特有的酒精灯、烧杯等材料进行现场演示，让幼儿能更为直观地观察现象，从而更好地发现现象、分享收获、习得知识。在探究中，有些幼儿因急于向他人展示收集到的水蒸气，导致水蒸气流失，降雨现象不明显。这时我们应该适时地介入，引导幼儿先思考原因或观察其他组幼儿的操作结果，让幼儿汲取经验后再次展开操作，充分给予幼儿探索的时间和空间。

（教师：肖　荟　李虹丽）

方案63：各种各样的沙子（小班）

活动目标

1. 认识各种不同的沙子,感受沙子的种类多样。

2. 在观察和操作中,感受沙子的颜色、流动性,并大胆表述自己的发现。

3. 对生活中的自然物感兴趣,喜欢参与与沙子相关的探究活动。

活动准备

1. 经验准备。

   幼儿有玩沙子的经验。

2. 物质准备。

   幼儿操作材料:海沙、河沙、石英砂、太空沙等。

活动过程

1. 回顾认知,导入活动。

◆ 导语:小朋友,除了在幼儿园的沙池里玩过河沙,你还玩过什么样的沙子呢?

2. 小组操作,观察探究。

◆ 教师引导幼儿自主到材料区选取各种沙子进行探索。

(1) 游戏一:我和沙子交朋友。

◆ 通过观察和触摸感知沙子的颜色、颗粒状以及流动性,并说一说自己的发现。

(指导要点:引导幼儿观察发现沙子的不同颜色、粗细,认识各种不同的沙子)

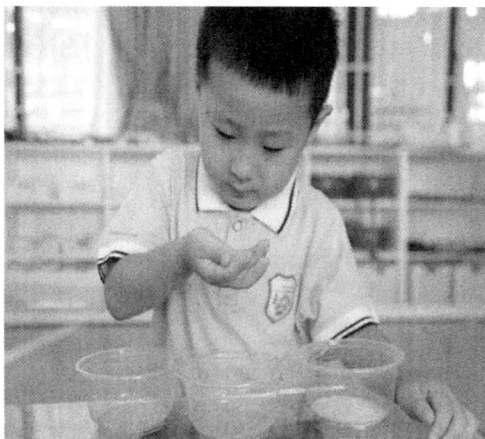

(2) 互换材料感知观察不同种类的沙子,在操作中比较和感知沙子的不同。

(指导要点:在操作过程中,鼓励幼儿小声交流自己的发现)

3. 师幼小结,提升经验。

◆ 提问:你的沙子是什么颜色的? 摸起来感觉怎么样? 你知道这是什么沙吗?

◆ 小结:今天,我们一起认识了各种不一样的沙子,有海沙、河沙、石英砂、太空沙。不同的沙子的颜色是不一样的;沙子是一粒一粒的,抓一把沙子握紧拳头,沙子会从手指缝溜走;有的沙子摸起来软软绵绵的,有的沙子感觉有些扎手,不同的沙子摸起来会有不一样的感觉。

活动延伸

★ 活动名称:好玩的沙子。

材料:沙子、小瓢、托盘、筛网、空盆等。

玩法:幼儿用小瓢将沙子倒进筛网中,分离出较大颗粒的沙子,感受小颗粒沙子软软的、细细的、轻轻的、容易被风吹动的特性。

活动反思

在探索"各种各样的沙子"活动中,教师始终以保护、激发幼儿的科学探究意识、行为、方法、情感与态度为科学启蒙方向,引导幼儿使用观察、比较等方式感受沙子的颜色、颗粒状、流动性等特性,并鼓励幼儿大胆地表达自己的发现。操作时幼儿能够发挥主观能动性,积极主动地参与感受沙子多样性的科学探究。在科学活动室神秘且富有趣味的环境中,幼儿的探索、思考也变得更加自然。幼儿在多感官的配合下观察、识别海沙、河沙、石英砂、太空沙等不同的沙子,在自由玩沙过程中,以细致的观察、自然的交流在玩中学、做中学、想中学、议中学,习得技能,掌握知识。

(教师:吴亚强　李虹丽)

方案64：好玩的沙子（小班）

活动目标

1. 在实验中初步感知干沙具有松散、不溶解于水的特性。

2. 在观察和操作中探索干沙和湿沙的不同特性,尝试用自己的方式记录。

3. 喜欢玩沙子,愿意体验各种沙子游戏。

活动准备

1. 经验准备。

   幼儿有玩沙的经验。

2. 物质准备。

   (1) 教师资源:沙子、水、搅拌棒、杯子。

   (2) 幼儿操作材料:小瓢、筛网、沙子、沙箱、杯子、水。

活动过程

1. 结合经验,大胆表达。

◆ 提问:小朋友,你们还记得在户外沙池玩沙吗? 沙子摸起来是什么样的感觉?

(指导要点:教师引发幼儿回忆玩沙子的经验,说说沙子摸起来都有哪些感觉)

2. 实验操作,观察探索。

◆ 教师引导幼儿以小组为单位,自主到材料区选择一种关于沙子的实验材料进行
   探究。

(1) 游戏一:沙子里都有什么。

◆ 玩法:幼儿用小瓢将沙子倒进筛网中,分离出颗粒较大的沙子。将过筛后的沙子
   捏起一些放在手掌心吹一吹,对筛出的大颗粒沙子也重复同样的动作。

(指导要点:引导幼儿利用筛网分离出颗粒较大的沙子和细沙,感知细沙的小和软,
提醒幼儿吹沙时不要太用力,摸过沙子的手不能摸眼睛)

◆ 小结:沙子有大粒也有小粒,大粒的沙子叫粗沙,小粒的叫细沙。细沙轻轻的,很
   容易被吹跑。

(2) 游戏二:不溶解的沙。

◆ 提问:盐、糖和沙子摸起来一样吗? 看起来一样吗? 它们都能够融化吗?

◆ 幼儿分别将盐、糖、沙子装入不同的杯子中,加入等量的水后进行搅拌,并将结果
   记录在记录表上。

(指导要点:提醒幼儿每种材料只取一小勺,往杯中加水时注意看杯子上的刻度。如
幼儿没有接触过刻度,教师可以提前在杯子上做明显标线)

◆ 小结:糖、盐、沙子摸起来都是一粒一粒的,但是糖和盐加水后会溶解,沙子不会
   溶解。

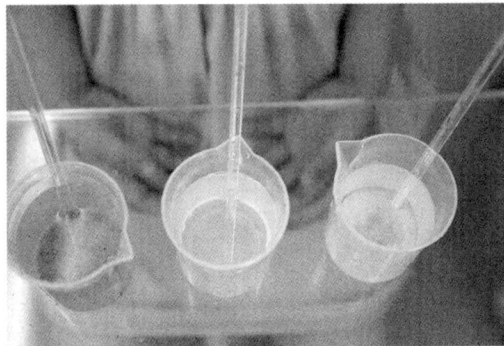

(3) 游戏三:沙子团汤圆。

◆ 提问:小朋友,沙子能团成汤圆吗? 为什么? 怎么样才能成功?

◆ 幼儿尝试用干沙团成汤圆,失败之后加入适量的水,将干沙变成湿沙后再次操作。

(指导要点:提示幼儿制作湿沙时不要加入太多水)

◆ 小结:干沙是松散的,抓在手里会从指缝中流走,不会变成沙团,但是只要加入一
   些水,就能成功地团成"汤圆"啦。

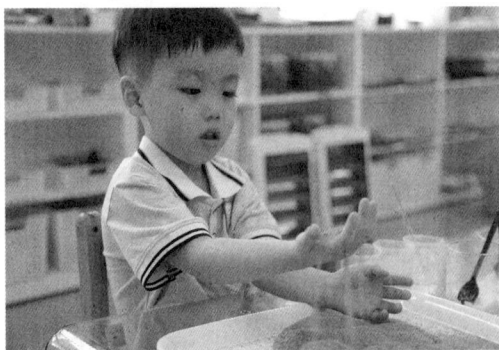

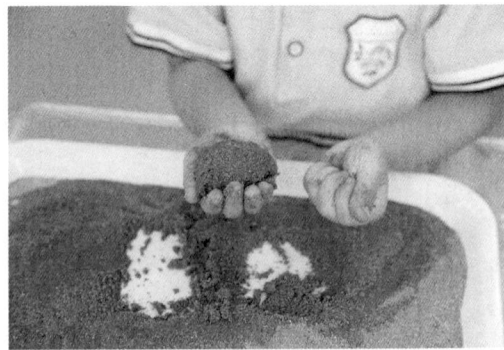

3. 交流分享,提升经验。

◆ 小结:沙子是一粒一粒的、松散的、不溶解于水的;干沙不能堆出好看的造型,但只要在干沙里加适量水,让干沙变成湿沙,就能够用沙子堆出各种各样的造型了。

活动延伸

★ 活动名称:制作沙漏。

材料:细沙、空矿泉水瓶、硬纸板、胶枪。

玩法:剪出两个空矿泉水瓶的上半部分,在两个瓶盖上钻出一样大的孔洞,接着用胶枪将瓶盖对着瓶盖粘贴起来,将一边瓶身粘上硬纸板,在另一边装入过筛好的细沙,再封住瓶口即可。

活动反思

教师在"好玩的沙子"科学活动中,给予幼儿充分的空间,让幼儿在科学活动室中自主地选择水、搅拌棒、筛网、沙子、沙箱、杯子等丰富的工具和材料展开探究,科学活动室中富有生活化的工具,贴近幼儿的生活,更加利于幼儿建构经验,从而帮助幼儿更好地在动手动脑以及多感官的配合下初步感知干沙具有松散、不溶解于水、颗粒状、细小、流动等特性。在整个活动过程中,教师始终以"引导者"的角色要求自己,引导幼儿观察实验现象,启发幼儿去讨论、去思考,从而得出科学的探究结论。该活动不仅满足了幼儿的探究意愿,而且帮助幼儿学习了干沙和湿沙的不同特性,促进幼儿的全面发展。

(教师:李虹丽　翁茜茜)

方案65:谁漏得快(大班)

活动目标

1. 知道沙漏速度与瓶口大小有关。

2. 在操作探索中感知沙漏的计时作用,并能够自主选择不同大小的瓶子制作沙漏。

3. 喜欢参与制作沙漏活动,愿意表达自己的发现。

活动准备

1. 经验准备。

幼儿知道沙子是有流动性的。

2. 物质准备。

(1) 教师资源:塑料瓶制作的沙漏1个。

(2) 幼儿操作材料:瓶口大小不同但容量相同的塑料瓶若干,沙箱、漏斗、计时器、宽胶带、记录表、笔等若干。

活动过程

1. 导入活动,观察沙漏。

◆ 提问:请你们猜一猜,如果我把沙漏倒过来,会发生什么现象呢?

(指导要点:教师引发幼儿回忆生活中的经验,说说自己看到的沙漏都是什么样子的)

2. 实验操作,观察探索。

(1) 游戏一:记录沙漏的时间。

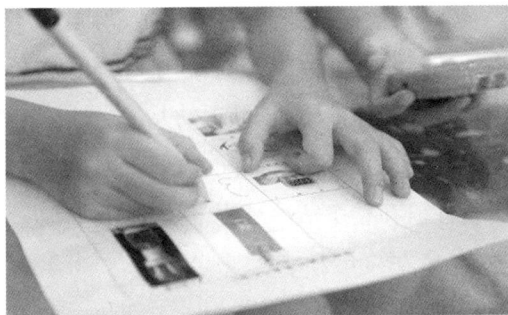

◆ 操作要求:幼儿自主在材料区取拿两个瓶口大小相同的瓶子制作沙漏,将沙漏转过来,同时按压计时器计时,最后在记录表上记录沙子流完的时间。

(指导要点:引导幼儿仔细观察沙子流动,感知沙漏有计时的作用)

(2) 游戏二:比一比谁最快。

◆ 操作要求:幼儿分小组合作,每组在操作材料区分别拿取一对相同的瓶子,组与组之间瓶子大小不同,制作沙漏,比一比哪组的沙漏沙子流动速度快,并将时间记录在记录表上。

(指导要点:引导幼儿观察对比两个沙漏中沙子的流动速度,探索发现沙子流动速度与沙漏瓶口的大小有关系)

3. 交流发现,总结提升。

◆ 小结:通过观察记录,我们发现沙子流动的速度和沙漏瓶口的大小有关。瓶口大,沙子流得快;瓶口小,沙子流得慢。在我们的生活中,沙漏还有一个名字叫"沙钟"，可以用来计时，比如餐厅常用沙漏计时上菜，在家里也可以用沙漏计时，来提醒你们是否按时完成任务等，所以沙漏在我们的生活中的用途非常大。

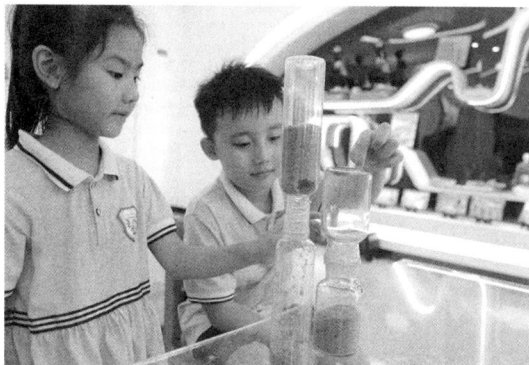

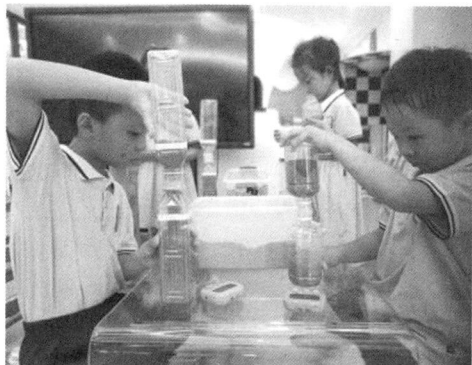

活动延伸

★ 活动名称：沙子沙漏、绿豆沙漏大比拼。

材料：绿豆、沙子、空瓶子、胶带。

玩法：尝试用不同材质的物品制作沙漏，比一比用相同的瓶子、不同的材料制作沙漏，沙漏漏完的时间是否也会不同。

活动反思

幼儿操作时，教师充分激发幼儿的主观能动性，引导幼儿能够根据自己的需求自主寻找所需材料，利用小组合作和相互配合等方式完成沙漏制作。教师利用科学活动室的补充功能和促进功能，鼓励幼儿使用计时器和记录表辅助科学探究，引导幼儿观察、比较、分析沙子的流动速度跟瓶口大小有关的现象。幼儿能够用一定的方法验证自己的想法，并用数字与符号等记录自己的发现，有较强的表征能力、识别能力。在整个探究过程中，教师会及时给予幼儿鼓励和肯定，幼儿也表现出认真细致、严谨求真的科学精神与积极向上、专注自信的学习品质。

（教师：叶丹青　刘亭亭）

方案66：有魔法的泥土（中班）

活动目标

1. 在操作探索中,感知水的多少与泥土的黏结力大小有关。
2. 在看一看、摸一摸、玩一玩中,感知并且发现泥土的特性。
3. 喜欢参与探究活动,乐于探索泥土的秘密。

活动准备

1. 经验准备。

   (1) 幼儿知道土具有松、碎散等特性。

   (2) 幼儿能够区分红土、黄土和沙土,了解土的多样性。

   (3) 幼儿会使用电子秤。

2. 物质准备。

   幼儿操作材料:不同种类的土(红土、黄土、沙土等),水、电子秤、量杯、玩泥工具。

活动过程

1. 回顾认知,导入活动。

◆ 提问:你们还记得在户外看到的泥土都有哪些颜色吗？ 摸起来有什么感觉？

(指导要点:教师引发幼儿回忆玩各种土的经验,说说自己摸土时的感觉)

◆ 小结:土具有松、碎散等特性,不同类型的土摸起来的感觉不一样。

2. 实验操作,观察探索。

(1) 游戏一:谁吸得最快。

◆ 请幼儿用电子秤分别称同重量的红土、黄土和沙土,使用量杯装水,将等量的水分别
   倒入土中,观察不同类型的土的吸水效果,并交流自己的发现。

◆ 提问:你发现了什么？ 水到哪里去了,土与水混合后是怎样的？

(指导要点:引导幼儿正确使用电子秤,仔细观察土的吸水效果)

◆ 小结:土具有吸水性,不同的土吸水的效果不同。沙土比红土和黄土的吸水性更
   强。这是因为沙土的颗粒较大,所以很容易吸水;相反,黄土和红土的颗粒比较
   小,所以吸水速度较慢。但是由于沙土颗粒较大,所以失水情况也比红土和黄土
   严重。

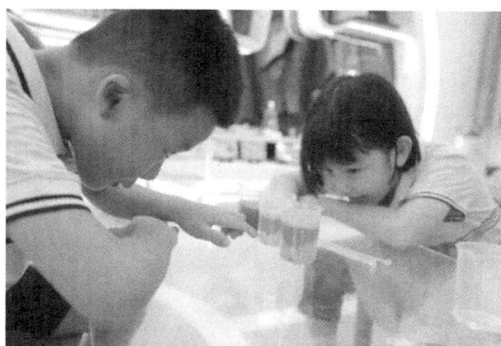

(2) 游戏二:有魔法的红土。

◆ 给同重量的红土分别加入不同的水量,观察红土的黏结力有什么不同。

◆ 操作要求:使用电子秤称250克的红土,并将红土放到盒子里,每个盒子的红土为250克,总共3个盒子。请幼儿分别往干的红土里加入10毫升、30毫升、100毫升的水,然后进行搅拌,将搅拌好的红土搓一搓,放到一旁观察。

(指导要点:引导幼儿注意三次实验分别取的红土重量一样,三次实验往红土里加水的重量要有明显的区别,鼓励幼儿小声交流自己的发现与探索感受)

◆ 小结:红土加水后会变得软软的,有黏性,会变形,有韧性;往250克的红土中加入10毫升的水时,由于加水过少,红土有点干,不易成型,易碎;往250克的红土加入100毫升的水时,红土就变成稀泥,会流淌,不易成型;往250克的红土加入30毫升的水时,泥土的黏结力变强,使劲揉几遍就会变得光滑细腻。

活动延伸

★ 活动名称:玩泥巴。

材料:泥土、水、玩泥工具、量杯。

玩法:往泥土里加入适量的水,搓一搓、揉一揉,将泥土制作成各种各样的造型。

活动反思

"有魔法的泥土"科学活动十分符合幼儿好动手、喜探究的心理特点。幼儿在富有情境性的、具有多样化材料的科学活动室中改变了以往玩土时缺乏目的性的状态。科学活动室充分发挥着多层次、多维度的普适功能,让幼儿不仅能够使用不同种类的土(红土、黄土、沙土等)展开"谁吸得最快"的探究,而且能够使用单一的红土探究水的多少与泥土的黏结力大小有关的现象。在幼儿探究的过程中,教师充分发挥幼儿的主体作用,把时间、空间大量地留给幼儿,让幼儿通过操作发现问题、解决问题,在相互交流、操作的过程中构建知识经验,习得探究方法,获得探究乐趣。

(教师:唐春暖　叶丹青)

方案 67:多样的石头(小班)

活动目标

1. 认识石头的外部特征,知道石头多种多样,各不相同。
2. 通过观察、讨论发现不同的石头表面与内部的不同,愿意表达自己的发现。
3. 喜欢参与探究活动,乐于探索石头的秘密。

活动准备

1. 经验准备。
   (1) 幼儿知道石头不仅颜色多种多样,而且不同石头摸起来的感觉也不一样。
   (2) 幼儿能够说出看到的石头颜色,并用简单的词语表达触摸石头的感受(硬硬的、凉凉的、光滑、粗糙)。
2. 物质准备。
   幼儿操作材料:收集的各种石头,如岩石、火山石、雨花石等,放大镜、手电筒若干。

活动过程

1. 回顾认知,导入活动。
   ◆ 提问:还记得我们在户外看到的石头都有哪些颜色吗?摸起来是什么感觉?

（指导要点：教师提出问题，引发幼儿回忆玩石头的经历）

2. 实验操作，观察探索。

◆ 教师引导幼儿实验操作和对比观察，探索石头的表面与内部有什么不同。

（指导要点：教师指导幼儿利用工具观察收集来的各种石头；提醒幼儿使用工具时注意安全）

（1）游戏一：石头表面有什么。

◆ 幼儿用放大镜对石头表面进行观察与探究，在操作中感知石头表面花纹的变化与不同。

（指导要点：引导幼儿仔细观察石头表面的花纹特征，了解花纹的多样性，并鼓励幼儿小声交流自己的发现）

◆ 小结：利用放大镜放大石头的表面，我们就能够清楚地看到石头表面有直线花纹和弯弯的花纹，原来石头的表面有各种各样的细腻的花纹。

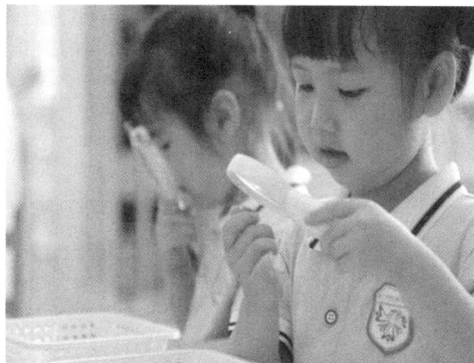

（2）游戏二：石头里的小秘密。

◆ 幼儿用手电筒观察与探究石头的内部，观察石头里面有什么，发现有的石头会透光，有的石头则不透光。

（指导要点：引导幼儿根据对石头的观察，发现石头里面的不同，了解有的石头有透光性，通过手电筒照射能够看到里面，不用手电筒照射是看不到的，并鼓励幼儿小声交流自己的发现）

3. 交流发现，总结提升。

◆ 小结：不同石头的外表颜色、表面花纹、里面的纹理都不一样，摸起来的感觉也不同，有的滑滑的、凉凉的，有的粗糙。每一块石头都是独一无二的。

活动延伸

★ 活动名称：探秘石头。

材料：岩石、石灰石、火山石、鹅卵石、水晶石等材料。

玩法：利用放大镜、手电筒等观察工具，对各种各样的石头进行观察、探究，从而发现石头里的秘密。

★ 活动名称：挖掘宝石。

材料：考古宝石、考古凿子、考古刷子、考古锤子。

玩法：幼儿自主去材料区拿取操作材料和工具，利用工具挖掘寻找宝石。

活动反思

石头是生活中常见的物品，幼儿常常会好奇地摆弄石头并询问关于石头的各种问题，为此我们抓住教育契机，让幼儿在科学活动室中自由地选择不同难度的探索工具与材料展开"多样的石头"的探究活动，为幼儿探究石头的多样性提供了更多的选择，同时满足不同发展水平和兴趣爱好的幼儿在自己的经验水平上的探究需要，让幼儿利用多种感官去探索石头，产生探究的好奇心，并在做做玩玩中轻松快乐地获得关于石头的相关经验。

（教师：陈丝丝　叶丹青）

方案68：各种各样的石头（中班）

活动目标

1. 初步了解多彩矿石和天瑜矿物的基本特征，感受两种石头的不同。

2. 在观察和操作中感知石头的基本特性。

3. 对生活中的自然物感到好奇，喜欢参与与石头相关的探究活动。

活动准备

1. 经验准备。

幼儿有寻找、收集石头的经验。

2. 物质准备。

(1) 教师资源：演示文稿课件。

(2) 幼儿操作材料：矿物标本盒——29种矿物标本，天瑜矿物标本盒；科普绘本《儿童宝石圣典》《小石子，大秘密》

活动过程

1. 回顾认知,导入活动。

◆ 导语:小朋友,除了在咱们班级的石头展上见过的石头,你还知道有什么样的石头呢? 在生活中,你见过哪些石头制品或建筑?

(指导要点:引发幼儿回顾关于石头的经验,自主表达。展示关于石头制品或建筑的课件,丰富幼儿经验)

2. 自由操作,观察探索。

◆ 教师引导幼儿自主到材料区拿取与石头标本有关的材料,自由成组,选择一种感兴趣的石头标本进行探索。

(1) 游戏一:玩转多彩矿石。

◆ 进行矿物标本盒的观察与探究,在操作中感知石头坚硬、颜色多样、表面光滑的特征。

(指导要点:引导幼儿观察并操作矿物标本盒——29 种矿物标本,发现矿石的基本特征,鼓励幼儿小声交流自己的发现)

◆ 小结:原来石头是五颜六色的,很坚硬,很多石头摸起来滑溜溜的。

(2) 游戏二:探秘天瑜矿物。

◆ 进行天瑜矿物标本盒的观察与探究,感知石头坚硬,颜色有黑色、灰色、褐色等,表面粗糙的特征。

(指导要点:引导幼儿观察并操作天瑜矿物标本盒,发现矿石的基本特征,鼓励幼儿小声交流自己的发现)

◆ 小结:这些矿石的颜色大多是黑色、灰色和褐色的,颜色看起来没有那么亮丽,摸起来很坚硬,也很粗糙。

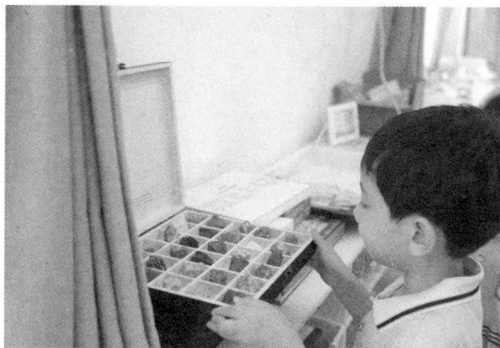

（3）游戏三：制作石头身份证。

◆ 导语：石头的秘密真多呀！还有很多我们不了解的，请小朋友找一找跟石头有关
的书籍，了解更多关于石头的知识，为你喜欢的石头制作一张身份证吧。

◆ 引导幼儿到视听区寻找《儿童宝石圣典》，找到自己喜欢的石头的介绍，制作并介
绍石头身份证，在观察、对比与操作中感知石头的特性与作用。

（指导要点：引导幼儿利用科普绘本探索自己喜欢的石头的秘密，为自己喜欢的石头
制作一张简介卡片，即"石头身份证"，相互交流介绍）

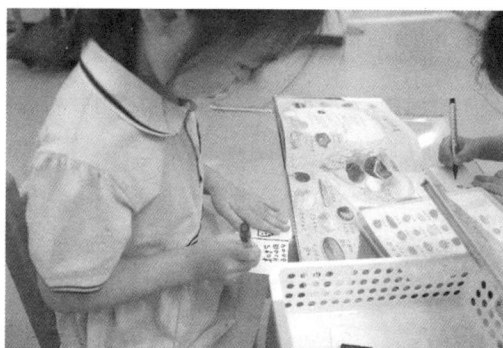

3. 师幼合作，回顾小结。

◆ 导语：小朋友，石头可真有趣，它们都有哪些特点呢？一起来说一说吧！

（指导要点：引发幼儿关于石头的经验回顾与知识小结，鼓励幼儿自主表达）

◆ 小结：石头大多很坚硬，表面摸起来有的光滑，有的粗糙；石头有的很重，有的轻一
些，有很多种颜色和种类，在生活中有很多用途。

活动延伸

★ 活动名称：石头会浮起来吗？

材料：云母、砂石、滑石、浮石、花岗岩样本，水，透明容器以及笔和记录表。

玩法:在活动室小组合作探索,猜想石头放入水中的沉浮状态,并通过实验验证。小组可分工合作,一名幼儿将每种石头放入水中,另一名幼儿观察并记录。

活动反思

在"各种各样的石头"科学活动中,教师能够运用科学活动室的优势,如宽松的环境、丰富的材料以及适宜的交流,引导幼儿自主寻找各类石头标本以及与石头相关的科普绘本,通过观察、操作、对比、查阅资料等感知石头的特性。幼儿在对石头探索感兴趣的基础上,运用科普绘本进一步了解石头的秘密,掌握相关知识。在科学探究活动中,幼儿不仅激发了自主学习的兴趣,并且养成了运用书籍解决问题的良好的学习习惯,在实践操作感知的基础上,积累了查阅资料的科学探索素养。

(教师:柳 岩 李虹丽)

方案 69:制作化石(大班)

活动目标

1. 发现石膏粉经过一定的时间会从软变硬,感受化石形成的过程。
2. 通过观察和操作,感知化石能够保持原始生物的形态。
3. 喜欢参与探究活动,乐于参与制作化石。

活动准备

1. 经验准备。

幼儿知道化石的存在。

2. 物质准备。

幼儿操作材料:黏土、贝壳、石膏粉、水、杯子、贝壳化石、植物化石等材料若干。

活动过程

1. 回顾认知,导入活动。

◆ 提问:上一次我们一起走进了恐龙世界,看到了很多恐龙化石,你们还记得恐龙化石是怎样的吗?

(指导要点:教师通过提问,调动幼儿对恐龙化石的已有经验)

2. 小组操作,观察探究。

◆ 教师引导幼儿以小组为单位,自主到材料区选择一种关于制作化石的实验材料进行探究。

(1) 游戏一:贝壳石膏变变变。

◆ 把黏土压平制作成一个小船形状的底胚,再把贝壳压在黏土中,接着把贝壳取出来,最后将石膏粉加入水形成的液体倒入黏土中,等待石膏粉凝固后即可脱模。

(指导要点:引导幼儿观察贝壳压在黏土上的纹路,知道黏土能够保留贝壳的原始形态,观察石膏粉加水在一定的时间后会由液体转变为固体的现象,并能小声交流自己的发现)

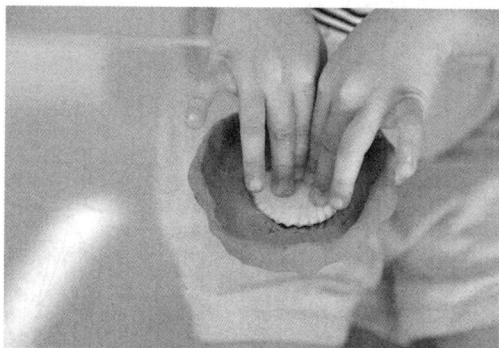

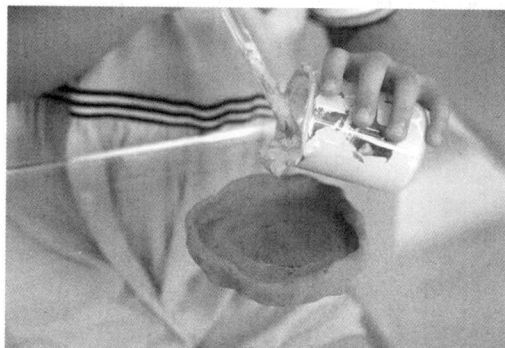

(2) 游戏二:植物石膏变变变。

◆ 把黏土压平制作成一个小船形状的底胚,再选择一种植物压在黏土中,接着把植物取出来,最后将石膏粉加入水形成的液体倒入黏土中,等待5分钟石膏粉凝固后即可脱模。

(指导要点:引导幼儿观察植物压在黏土上的纹路,知道黏土能够保留植物的原始形态,观察石膏粉加水在一定的时间后会由液体转变为固体的现象,并能小声交流自己的发现)

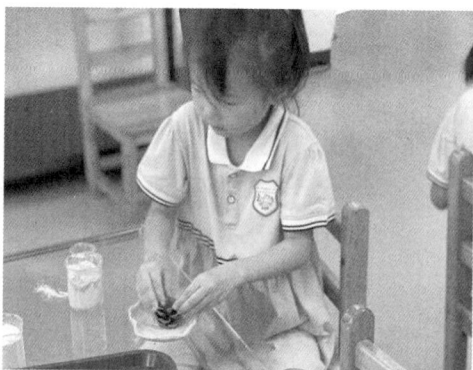

(3) 小组间互换材料进行探究。

（指导要点：引导幼儿运用第一次探索的经验再次进行操作，探索发现化石能够保留动植物的形态）

3. 交流分享，提升经验。

◆ 提问：你制作了怎样的化石？化石是怎样形成的？

◆ 小结：原来化石是由植物或者动物的躯体以及泥土、水汇合在一起，经过一定的时间，慢慢从软的变成硬的石头，沉淀到土里就变成了化石。化石可以保留动植物最原始的形态。

活动延伸

★ 活动名称：恐龙化石。

材料：恐龙玩具、陶泥、滚板、石膏粉、水、搅拌棒、杯子。

玩法：用滚板压平陶泥，把陶泥边缘立起来制作成小船的底胚，把恐龙玩具压在陶泥上，再把恐龙玩具取出来，最后把石膏粉加入水后的液体倒入底胚中，等待石膏粉凝固后即可脱模。

活动反思

在本次操作活动中，教师利用科学活动室材料的多元化特点，支持幼儿根据自己个性化的需要，自主寻找不同难度的材料制作化石，为幼儿的自主学习与创造性开展活动提供了可能。同时科学活动室也极大地满足了幼儿小组学习的需求，支持他们分别展开"贝壳石膏变变变""植物石膏变变变"两种实验。教师组织幼儿分享和交流活动经验，习得多元的探究方法。幼儿在探索化石的制作中真切地感受了化石的形成过程，大幅提升了自己的思维能力、表达能力等综合能力。

（教师：李虹丽　黄亚妹）

方案 70：神奇的石头（中班）

活动目标

1. 在自由探索中，感知石头的不同种类与用途。

2. 通过对比与观察，愿意大胆说出自己的发现。

3. 喜欢参与石头分类的探索活动。

活动准备

1. 经验准备。

(1) 幼儿对石头的种类名称有所了解。

(2) 幼儿能够按类别区分石头的种类,如岩石类、矿物、宝石类,了解各种石头的用途。

2. 物质准备。

幼儿操作材料:"地球秘史"材料盒、"水晶矿石标本"材料盒。

活动过程

1. 回顾认知,导入活动。

◆ 导语:生活中我们能够看见很多的石头,在科学室里也有许多石头,今天我们一起来给这些石头分类。

(指导要点:引发幼儿自主表达可以用哪些方法来给石头分类)

2. 自由操作,观察探索。

◆ 幼儿自主去材料区拿取关于石头的材料,自由探索分类。

(1) 游戏一:给石头找朋友。

◆ 导语:请小朋友给小石头找一找朋友,将同一类型的石头放在同一个小筐里。

(指导要点:引导幼儿观察石头的外形特征,按外形特征来给石头分类,鼓励幼儿小声交流自己的发现与探索感受)

◆ 小结:每一个小朋友的分类方式都不一样,有的按颜色分类,有的按大小分类,还有的按摸起来的感觉分类,这些都说明石头有很多种分类的方法。

（2）游戏二：好朋友对对碰。

◆ 提问：除了以上分类方式，你们还知道可以用哪些方法来给石头分类吗？石头的种类有岩石类、矿物、宝石类等。你们可以按照这三种类型来给石头找到好朋友吗？请大家把同种类型的石头放在一起。

（指导要点：引导幼儿观察石头的不同与相同之处，结合不同点与相同点给石头分类，鼓励幼儿小声交流自己的发现与探索感受）

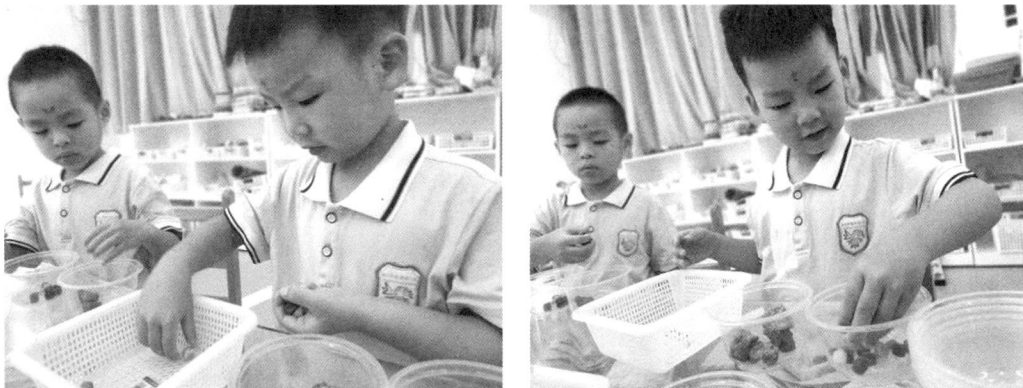

◆ 小结：岩石类的石头外表看起来粗糙，表面有颗粒感，不平整；矿物也是属于岩石类的一种，外表像水晶一样看起来有棱角、有碎屑颗粒感；宝石类石头非常稀少，一些首饰就是用宝石做成的，如亮闪闪的钻石戒指，也有五颜六色、光彩夺目的宝石首饰，这些都是非常稀少的宝石。

3. 交流发现，总结提升。

◆ 小结：通过给石头分类，我们发现原来小石头是有种类的区分的。不同种类的石头作用则不一样，有些石头可以用来做首饰，有的石头可以用来盖房子。在我们的生活中，还有许许多多不同种类的石头，我们下次再一起去探索吧！

活动延伸

★ 活动名称：探秘化石。

材料：鱼骨化石、植物化石、昆虫化石等不同种类的化石材料。

玩法：利用放大镜、手电筒观察发现化石的秘密，注意工具使用安全。

活动反思

在"神奇的石头"活动中，教师发挥了科学活动室的探索价值，支持幼儿结合自身情况，自主地使用适宜的方式对石头进行分类；同时，教师也发挥了科学活动室交互的功能,不仅支持了幼儿进行个性化的学习,而且鼓励幼儿大胆地进行合作探究,鼓励幼儿通过交流与分享、总结与提升等方式,吸收知识经验,提高学习能力。在幼儿学习时,教师充分给予幼儿探索的机会和时间,让幼儿自主发现石头的各种奥秘。在幼儿对石头进行分类时,他们能够通过看、摸等方式发现石头的不同,根据观察到的现象积极去讨论、思考,愿意表达自己的发现,并在分类游戏中探索出不同的分类方式,知道石头种类的多样性。在整个探究过程中,教师及时给予幼儿鼓励和肯定,提升了幼儿的自信心和探索欲,让幼儿在做做玩玩中轻松愉快地获得关于石头的相关经验。

(教师:叶丹青　陈丝丝)

方案 71:捉空气(小班)

活动目标

1. 了解空气看不见、摸不着、无处不在的特性。
2. 尝试用不同的方法感知空气的存在。
3. 体验发现空气的乐趣。

活动准备

1. 经验准备。

   幼儿知道我们呼吸需要空气。

2. 物质准备。

   幼儿操作材料:透明塑料袋、瓶子、透明器皿等操作材料若干。

活动过程

1. 回顾认知,导入活动。

◆ 提问:气球为什么是鼓鼓的? 里面装了什么?

(指导要点:引发幼儿自主讲述空气看不见、摸不着的特性)

2. 自由操作,观察探索。

◆ 教师引导幼儿自主去材料区拿取透明塑料袋、瓶子、透明器皿等有关材料,尝试用不同的方法捕捉空气。

(1) 游戏一:用透明塑料袋捉空气。

◆ 将透明塑料袋打开,用力上下左右摆动,再迅速把口捏紧,袋变鼓了。再把袋里的空气挤压出来。

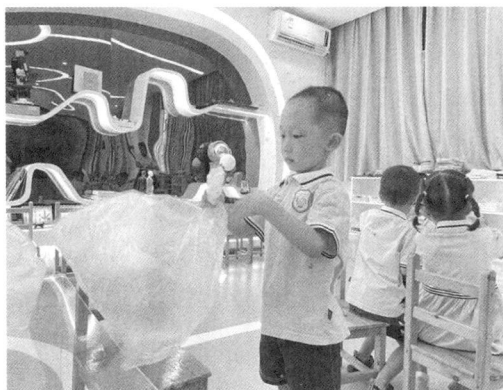

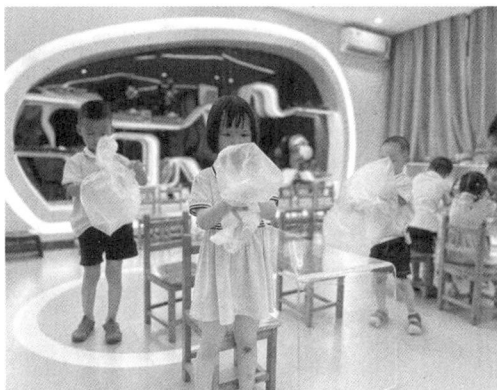

(指导要点:引导幼儿观察透明塑料袋的变化,并鼓励幼儿小声交流自己的发现与探索感受)

◆ 小结:透明塑料袋变得鼓鼓的,里面装满了空气,空气没有颜色也没有味道。

(2) 游戏二:瓶子吹气泡。

◆ 操作要求:把一个空的塑料瓶拧紧盖子,按压到装水的器皿中,在水下慢慢拧开瓶盖。

(指导要点:引导幼儿观察水中的变化,发现瓶中冒出很多气泡)

◆ 小结:空瓶中其实也装满了空气,当打开瓶盖的时候,瓶中的空气被水挤出来,就出现了很多气泡。

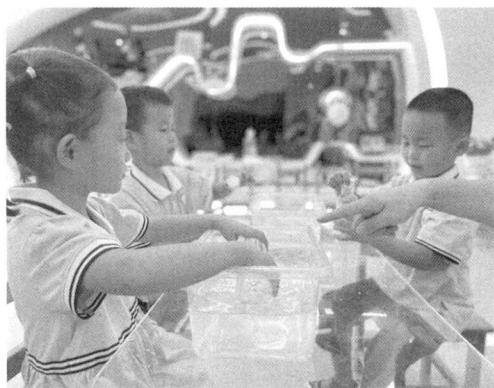

3. 互换材料进行探究。

◆ 小结:空气就在我们身边,它没有颜色、没有味道、会流动,我们都离不开它。我们要保护好我们的空气,不要让它受到伤害。

活动延伸

★ 活动名称:吸盘捉空气。

材料:吸盘、塑料盘子。

玩法:把吸盘用力按压到塑料盘子上面,吸盘会牢牢地吸住塑料盘子。

活动反思

活动中教师能够根据小班幼儿的年龄特点,运用生活中常见的气球进行导入,极大程度地激发了幼儿的探索欲望。幼儿会在"用袋子捉空气""瓶子吹气泡"两种游戏中,使用不同的方法感知空气的存在。同时教师也充分发挥着科学活动室的促进功能,为幼儿的观察、实验、操作提供了环境支持,推进幼儿感知、发现、探索生活中空气看不见、摸不着、无处不在的特性,帮助幼儿形成主动、积极、专注、自信的学习品质。

(教师:任慧燕　叶丹青)

方案 72：神奇的空气宝宝（大班）

活动目标

1. 能够根据实验结果,了解空气占据空间的特性。
2. 在操作中感知空气占据空间的原理,愿意与他人合作,表达自己的发现。
3. 喜欢参与探究活动,乐于探索空气的奥秘。

活动准备

1. 经验准备。

    (1) 幼儿知道空气看不见、摸不到的基本特征。

    (2) 幼儿听过《乌鸦喝水》的故事。

2. 物质准备。

    幼儿操作材料:去底带盖的瓶子、方形透明器皿、乒乓球等操作材料若干。

活动过程

1. 回顾认知,导入活动。

◆ 提问:你们还记得《乌鸦喝水》的故事吗? 瓶中的水为什么会上升呢? 如果不用石子而利用空气,能让水上升吗?

(指导要点:引发幼儿自主表达空气能否占据空间)

2. 自由操作,观察探索。

◆ 幼儿自主去材料区拿取去底带盖的瓶子、方形透明器皿和乒乓球等有关材料,自由探索。

(1) 游戏一:会跑的空气。

◆ 请每组的小朋友取一个去底带盖的瓶子,先扣在乒乓球上,然后竖直向下压入水中,观察乒乓球的位置,再慢慢拧松瓶盖,观察乒乓球的位置变化。

(指导要点:引导幼儿观察乒乓球的位置变化,发现空气占据了瓶子里的空间,并鼓励幼儿小声交流自己的经验与实验心得)

◆ 小结:刚开始盖上瓶盖时,空气占据了瓶中的空间,瓶中没有水,乒乓球随着水位下降了。当拧开瓶盖,空气跑出去,乒乓球随着水位上升了。

(2) 游戏二:瓶子吹气球。

◆ 请每组小朋友先将去底瓶子的瓶盖拧开,然后把气球套在瓶口上,再竖直向下压入水中,观察气球的变化。

(指导要点:引导幼儿观察气球的变化,发现空气占据了气球里的空间)

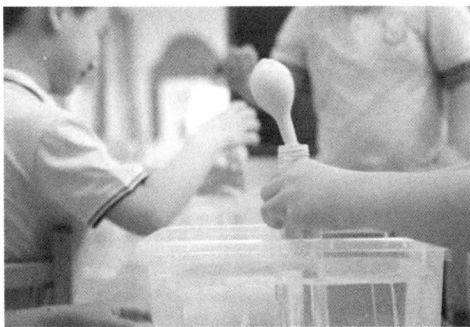

◆ 小结：瓶中的空气跑到了气球里面，占据了气球里的空间，所以气球变大了。

(3) 游戏三：小小潜水艇。

◆ 请每组小朋友先用一个去底带盖的瓶子装满水，竖直放入水中，然后用另一个去底带盖的瓶子不装水竖直放入水中，在水下把瓶底挨在一起，让空瓶中的空气跑到装满水的瓶中。

(指导要点：操作过程中两个瓶子都不要离开水面，观察瓶中水的变化)

◆ 小结：空瓶中的空气跑到了装满水的瓶中，把瓶中的水挤压出来，水又跑到了空瓶中。

3. 互换材料进行探究。

◆ 小结：空气虽然看不见、摸不到，但是我们通过实验发现空气会占据空间。所以，在《乌鸦喝水》的故事中，如果我们把瓶中的石子换成空气，空气占据了瓶中的空间，瓶中的水位也是会上升的。在我们生活中，比如充气城堡、游泳圈、轮胎等，它们都是利用了空气占据空间的本领。

活动延伸

★ 活动名称：不会湿的纸团。

材料：透明器皿、透明杯子、干纸巾。

玩法：把干纸巾放进透明杯子的底部，再竖直倒扣进装有水的透明器皿，观察纸巾是否会被打湿。

活动反思

在"神奇的空气宝宝"科学活动中，幼儿能够自主地使用科学活动室中丰富的材料去探索空气占据空间的原理，并从"会跑的空气""瓶子吹气球""小小潜水艇"三个不同的游戏中，通过观察、思考、交流与操作等方式了解空气占据空间的特性。在活动探究的过程中幼儿建立了发现问题—思考问题—解决问题的科学探究闭环,有良好的科学学习惯、科学素养和探究能力。同时幼儿在探究的过程中即使遇到了失败,他们也能够欣然接受。幼儿不仅能够直面困难,而且能够利用小组合作的方式解决问题,有较好的合作意识与抗压能力。科学是严谨的,也是需要反复尝试与验证的,幼儿在探寻空气占据空间的原理的过程中,极大地表现出了"小小科学家"应有的认真细致与严谨求真的精神,真切地达到教育树精神、明态度、促能力、求创新的目的。

(教师:任慧燕　叶丹青)

方案 73:空气有重量吗(大班)

活动目标

1. 了解空气是有重量的。

2. 在操作中感知空气的重量,愿意与他人合作,表达自己的发现。

3. 喜欢参与探究活动,乐于探索空气的奥秘。

活动准备

1. 经验准备。

   (1) 幼儿知道空气看不见、摸不到的基本特征。

   (2) 幼儿初步了解高原反应。

2. 物质准备。

   幼儿操作材料:气球、打气筒、吸管、绳子、双面胶、电子秤等操作材料。

活动过程

1. 回顾认知,导入活动。

◆ 提问:为什么很多人会有高原反应? 为什么离地面越高,空气就越少?

(指导要点:引发幼儿自主表达空气是否有重量)

2. 自由操作,观察探索。

◆ 幼儿自主去材料区拿取气球、打气筒、吸管、绳子、电子秤等有关材料,自由探索。

(1) 游戏一:气球天平。

◆ 将两只气球用双面胶粘在吸管的两头,绳子系在吸管中央,提起绳子,使两侧气球在一条水平线上。再取下一侧的气球,将它吹大,把气球口系上,再粘到原来的位置。

(指导要点:引导幼儿观察气球天平的变化,并鼓励幼儿小声交流自己的发现)

◆ 小结:吹了气的气球一端低于没有吹气的一端,说明空气是有重量的。

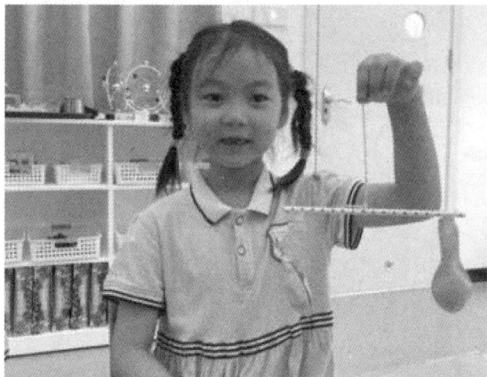

(2) 游戏二:猜猜空气有多重。

◆ 操作要求:先把一个没有气的气球放在电子秤上,记录它的重量。再把气球打满气放在电子秤上,记录重量。

(指导要点:引导幼儿观察气球重量的变化,发现空气是有重量的)

◆ 小结:打了气的气球比没有气的气球更重了,说明空气是有重量的。

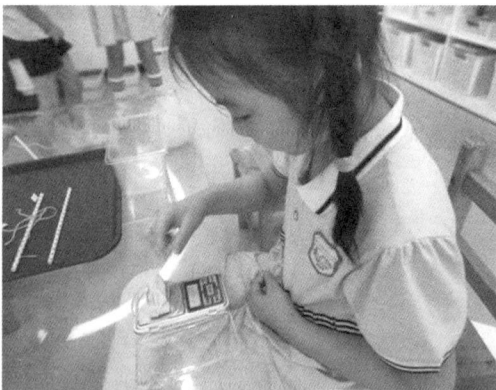

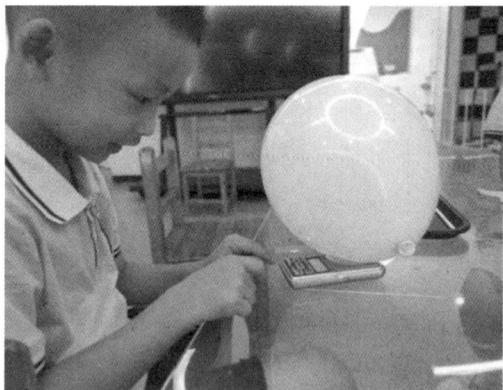

3. 互换材料进行探究。

◆ 小结:原来空气是有重量的,空气会慢慢下沉,离地面越近,空气就越多,离地面越高,空气就越少。因此,去海拔很高的地方,很多人都会出现缺氧的现象。

活动延伸

★ 活动名称:比比谁更重。

材料:塑料袋、电子秤。

玩法:把塑料袋压平,并折叠起来放在电子秤上称重量,做好记录;再把塑料袋装满空气,放在电子秤上称重量;比较两次重量发生了什么变化。

活动反思

因为空气有看不见、摸不到的特征,所以常常会被幼儿忽视。但当教师利用科学活动室富有情境性的环境,抛出"为什么很多人会有高原反应?"的问题后,幼儿十分感兴趣,在相互讨论与自主寻找材料中寻找"离地面越高,空气就越少"的原因。幼儿操作时使用了生活中常见的气球与打气筒、吸管、绳子、电子秤等操作材料,通过"气球天平""猜猜空气有多重"两个游戏发现:原来空气是有重量的,空气会慢慢下沉,离地面越近空气就越多,离地面越高空气就越少。电子秤作为科学活动室特有的材料,为幼儿成功完成实验提供了极大的帮助,因为气球中的空气很少、很轻,所以只有利用特别精准的电子秤才能显示出空气的重量数值,这样的材料最大限度地满足了幼儿的探究需求。在"猜猜空气有多重"活动中,我们能够看见幼儿严谨、专注的特质,同时幼儿对问题的深度思考以及同伴合作协调能力也深深地打动着我们,这样的探究品质和探究能力将为他们后续的学习和生活奠定基础,对幼儿的一生都带来了深刻的影响。

(教师:叶丹青 任慧燕)

方案 74:神奇的热胀冷缩(大班)

活动目标

1. 观察和了解热胀冷缩的原理。
2. 在操作中感知热胀冷缩的现象,并积极表达自己的发现。
3. 善于发现生活中热胀冷缩的科学现象,并产生浓厚兴趣。

活动准备

1. 经验准备。

幼儿知道使用热水时的注意事项。

2. 物质准备。

(1)教师资源:热胀冷缩实验的相关材料。

(2) 幼儿操作材料:塑料盆4个,洗洁精1瓶,纸杯1个,矿泉水瓶8个,气球8只,热水、冷水各2盆。

活动过程

1. 回顾认知,导入活动。

◆ 提问:还记得上次游戏时乒乓球被压扁吗? 被压扁的乒乓球可以如何复原?

(指导要点:教师提出问题,引发幼儿回忆玩乒乓球的经验,使他们对热胀冷缩的现象感兴趣)

2. 实验操作,观察探索。

◆ 教师引导幼儿实验操作和对比观察,探索热胀冷缩的原理。

◆ 教师引导幼儿自主去材料区寻找并选择相关材料进行探索。

(1) 游戏一:吹泡泡。

◆ 幼儿把洗洁精倒入杯子里搅拌,将两个空瓶倒扣入洗洁精中,再将空瓶底部分别浸入热水和冷水,观察产生的现象,在操作中感知热胀冷缩的原理。

◆ 提问:当我们分别用热水和冷水进行瓶子吹泡泡时,泡泡会有什么变化?

(指导要点:引导幼儿在热水、冷水的不同环境下,进行"吹泡泡"的实验,根据实验操作大胆地交流自己的发现)

◆ 小结:塑料瓶里面有很多空气,空气里的分子宝宝就像散步一样运动着,加热之后就像开运动会跑步一样非常活跃,分子之间的间隔渐渐地拉开。于是,泡泡就鼓起来啦! 遇到冷水之后分子又回到了之前慢慢活动的状态,开始聚集在一起,这样泡泡又瘪下去了。这就是热胀冷缩的现象。

(2) 游戏二:瓶子吹气球。

◆ 进行瓶子吹气球的观察与探究,幼儿把气球套在瓶口上,把瓶子分别放到热水盆和冷水盆中观察气球的变化。

◆ 提问:当我们把套气球的瓶子分别放到热水和冷水中,气球会发生什么变化?

(指导要点:引导幼儿用气球套在瓶口上,把瓶子放入热水探究,在实验探索中发现瓶子受热膨胀后气球就鼓起来了)

◆ 小结:瓶子放进热水里,瓶内空气受热膨胀,气压变大,气球就鼓起来了;瓶子放进冷水里,瓶内空气受冷缩小,气压变小,气球就缩小了。

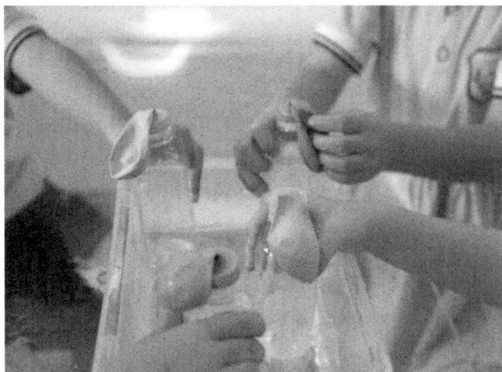

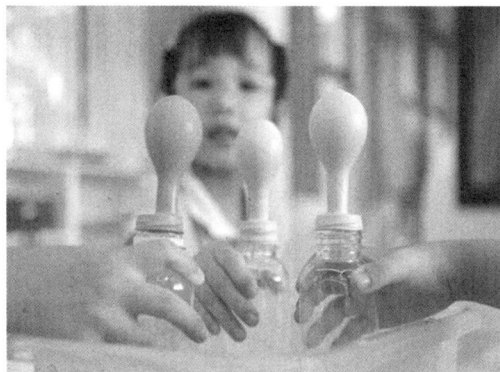

3. 交流发现,总结提升。

◆ 小结:当温度上升时,物体受热,物体内的粒子的震动幅度加大,令物体膨胀;而当温度下降时,粒子的震动幅度便会减少,使物体收缩。这就是热胀冷缩现象。

活动延伸

★ 活动名称:乒乓球大变身。

材料:乒乓球、杯子、热水等。

玩法:把被压瘪的乒乓球放进杯子里,往杯子里倒入适量热水,在操作中感知乒乓球遇热水时产生的变化。

★ 活动名称:神奇的吸管。

材料:一杯冰水,一杯热水,插了吸管的瓶子(里面装满液体)。

玩法:将插了吸管的瓶子(里面装满液体)分别放到冰水杯子和热水杯子中,观察两个瓶子在不同温度环境下的变化。

★ 活动名称:会吃鸡蛋的瓶子。

材料:煮熟剥好的鸡蛋,一杯冰水,一杯热水,瓶子(瓶口比鸡蛋略小)。

玩法:幼儿将热水倒入瓶中轻轻摇晃,瓶子预热后把水倒掉,把煮熟剥好的鸡蛋小的一头放到瓶口,再把瓶子放到冰水中。发现瓶子会把鸡蛋吸进去,同样地将装有鸡蛋的瓶子直接倒扣在玻璃杯上,发现瓶子并不会把鸡蛋吐出来,将适量的热水浇在瓶子底部,鸡蛋就会慢慢地被瓶子"吐"出来。

活动反思

在整个活动中,教师遵守"幼儿是科学探究学习的主体"的原则,十分注重幼儿在自主探究与合作学习中发现问题、分析问题、探究实验、解决问题的能力发展。我们充分利用科学活动室,让幼儿在有趣的环境以及丰富多样的工具材料中发现热胀冷缩的现象,同时为幼儿搭建"吹泡泡""瓶子吹气球"两个实验的平台,让幼儿更好地分享、交流"神奇的热胀冷缩"中的所学、所思与收获,真正做到学习来源于生活又服务于生活,从而达到培养幼儿从小爱科学、学科学、用科学的目的。

(教师:李虹丽　张淑燕)

方案 75：神奇的地球（大班）

活动目标

1. 认识地球,了解地球的基本特征。
2. 在观察和操作中,了解地球表面不同地形对应在地球仪上的位置,并大胆表述自己的发现。
3. 对地球的奥秘感兴趣,乐于探索地球有关的科学知识。

活动准备

1. 经验准备。
   (1) 幼儿知道我们生存的星球就是地球。
   (2) 幼儿知道地球仪是把地球缩小的模型。
2. 物质准备。
   幼儿操作材料:小地球仪。

活动过程

1. 回顾认知,导入活动。
◆ 提问:小朋友,你知道地球长什么样子吗?

◆ 导语:今天我们就一起来观察地球表面,看看有什么发现吧。

2. 小组操作,观察探究。

◆ 教师引导幼儿以小组为单位去天文区拿取地球仪。

◆ 游戏:探索地球仪。

◆ 请幼儿转一转、看一看、找一找并说一说自己的发现。

◆ 提问:地球是什么样的?

(指导要点:引导幼儿观察地球仪表面不同的颜色)

3. 师幼小结,提升经验。

◆ 提问:地球仪上的蓝色区域代表什么?绿色区域代表什么?黄色区域代表什么?

◆ 小结:地球仪上的蓝色区域代表海洋,黄色区域代表土地,绿色区域代表植物。地球仪最上面是北极,最下面是南极。地球是一个拥有适宜人类、动植物以及其他生物生存的氧气、水和适宜的温度的星球,北极满地是雪,特别冷,那里有北极熊和海豹等动物;南极也很冷,南极有企鹅。迄今为止,地球是唯一一个有生命存在的行星。

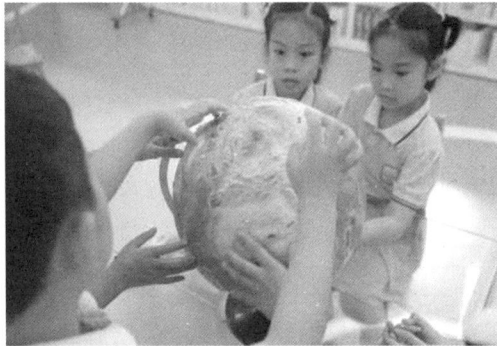

活动延伸

★ 活动名称:白天和黑夜。

材料:地球仪、手电筒、小人贴纸。

玩法:将黑发小人贴在中国地图上,关掉灯,用手电筒在地球仪的斜上方进行照射,观察地球仪上的光面和暗面。

活动反思

科学活动的探究应当来源于生活,贴近幼儿的生活,还原于生活。本次科学活动"神奇的地球"来源于主题活动"遨游太空"的探究需求,幼儿在主题探究的过程中对地球产生了浓厚的兴趣。为此,我们利用了科学活动室的激趣功能,让幼儿在富有科技化的情境中切实地感受科学探究带来的多感官刺激。教师发现幼儿能够在转一转、看一看、找一找、说一说中基本了解地球表面各种颜色的标志以及南北极的生存环境。教师在教学中时刻以培养幼儿主动参与、乐于探究、勤于动手为教育方向，以培养幼儿获取新知识的能力、交流与表达的能力为目标，为幼儿构建积极向上的科学探究意识、能力与品质而努力！

（教师：吴亚强　李虹丽）

方案76：有趣的行星（大班）

活动目标

1. 观察八大行星在太阳系中的轨道位置及排列顺序。

2. 在观察和操作中感知八大行星的位置关系，愿意表达自己的发现。

3. 喜欢参与探究活动，乐于探索太空的奥秘。

活动准备

1. 经验准备。

　（1）幼儿知道太阳系八大行星的名称和典型特征。

　（2）幼儿能够背诵《八大行星》儿歌。

2. 物质准备。

　（1）教师资源：太阳系八大行星轨迹图。

　（2）幼儿操作材料：太阳系八大行星仪，太阳系可操作模型等，太阳系八大行星轨道操作材料若干。

活动过程

1. 回顾认知，导入活动。

◆ 提问：你们还记得太阳系里很酷的一家人都有谁吗？它们是什么样子的？

（指导要点：根据幼儿探究需要选择是否出示轨迹图，引发幼儿自主表达）

2. 自由操作，观察探索。

◆ 教师引导幼儿自主去天文区拿取八大行星的有关材料，选择一种进行探索。

（1）游戏一：探索八大行星仪。

◆ 进行八大行星仪的观察与探究，在操作中感知八大行星的位置关系。

（指导要点：引导幼儿根据八大行星的典型特征及运行轨道发现其排列位置，并鼓励幼儿小声交流自己的发现）

（2）游戏二：探索八大行星模型。

◆ 进行八大行星模型的观察与探究，感知八大行星的位置关系。

（指导要点：引导幼儿根据八大行星的名称及大小发现其排列位置，并鼓励幼儿小声交流自己的发现）

（3）游戏三：八大行星排序游戏。

◆ 将八大行星图片按照轨迹顺序粘贴在太阳系行星轨道板上，在观察与操作中感知八大行星的位置关系。

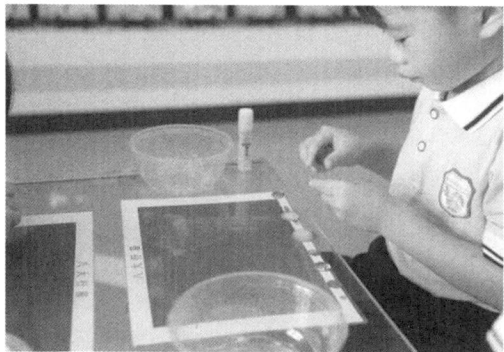

3. 互换材料进行探究。

◆ 在观察和操作中感知八大行星的位置关系，愿意表达自己的发现。

◆ 小结：通过今天的活动，我们更清楚地了解在太阳系里，八大行星围绕着太阳，他们就像一家人。八大行星与太阳的距离，由近到远分别是个头最小的水星、漂亮的金星、人类居住的地球、飘大雾的火星、个头最大的木星、有天使光环的土星、最冷的天王星，还有距离太阳最远吹着大风的海王星。

活动延伸

★ 活动名称：立体八大行星。

材料：泡沫球、超轻黏土、八大行星模型架。

玩法：根据八大行星不同的外形及特征，选取不同颜色的超轻黏土与材料，包裹泡沫球，制作八大行星，将制作好的行星按照相应轨道位置放置于八大行星模型架中，创作出立体八大行星。

★ 活动名称：三球仪的秘密。

材料：三球仪。

玩法：自由分组，相互配合操作三球仪，进行太阳、月亮、地球的运转操作，发现并感受四季变更、昼夜交替等自然现象的变化与成因，组内先交流，再分组交流和探讨各自小组关于三球仪的发现。

活动反思

在本次操作活动中，教师尊重幼儿的自主探索能力，从个性化发展与合作式学习两个方面展开培养。在个性化发展的培养中，教师会请幼儿在科学活动室特有的天文区自主寻找、选择适宜的探索材料，幼儿能够根据前期经验寻找到八大行星仪、太阳系模型等材料，感知八大行星的名称及外形特征并发现其在太阳系中的轨道位置及排列顺序。在合作式学习中，幼儿能够相互交流与学习，在分享收获中建构知识经验，体验不同的探索内容和游戏玩法。这样既调动了幼儿学习的自主性、积极性，又加深了幼儿的探索印象。如果幼儿在操作中出现问题，教师应当充分给予幼儿探索的机会和时间，让幼儿自主发现，尝试更正，在不断的调整中建构经验。另外，教师应当给幼儿质疑、提问的机会。从操作到感知再到思考，同伴间思维的相互碰撞能更好地引发幼儿对探究的兴趣。培养幼儿敢于存疑、乐于探索的科学精神才是科学活动的根本目的。

（教师：柳 岩 李虹丽）

方案77：宇宙三友：地球、太阳、月亮（大班）

活动目标

1. 知道地球、太阳、月亮之间运转的形式：月亮围绕地球转，地球围绕太阳转。

2. 通过操作探索地球上白天和黑夜的变换原因：地球转向太阳的一面是白天，背向太阳的一面是黑夜。

3. 乐意参与探究活动，对探索宇宙的奥秘感兴趣。

活动准备

1. 经验准备。

   （1）幼儿对生活中地球、太阳、月亮的大致特点有初步的了解。

   （2）幼儿知道地球、太阳、月亮都是自转的球体。

2. 物质准备。

   幼儿操作材料：地球仪、三球仪、"白天和黑夜"操作材料包等。

活动过程

1. 回顾认知，激趣导入。

◆ 提问：小朋友，还记得宇宙三友都是谁，它们有哪些一样和不一样的地方呢？关于太阳、地球、月亮，你有什么疑问？

（指导要点：引发幼儿回顾对地球、太阳、月亮的了解，结合生活经验自主表达，大胆质疑）

2. 自由操作，探索奥秘。

◆ 引导幼儿自主到天文区寻找地球仪、三球仪、"白天和黑夜"操作材料包等，自主探索。

（1）游戏一：玩转三球仪。

◆ 观察和正确操作三球仪，感知地球、太阳和月亮的运转规律。

（指导要点：指导幼儿正确操作三球仪，引导幼儿发现并交流"月亮围绕地球转，地球围绕太阳转"的运转规律）

(2) 游戏二：白天和黑夜。

◆ 操作"白天和黑夜"材料包，尝试用手电筒模拟太阳，照亮地球，探索发现地球上白天和黑夜变换的原因：地球转向太阳的一面是白天，背向太阳的一面是黑夜。

（指导要点：引导幼儿思考并寻找能模拟太阳的物体如手电筒来进行实验，鼓励幼儿与同伴合作完成实验，交流发现）

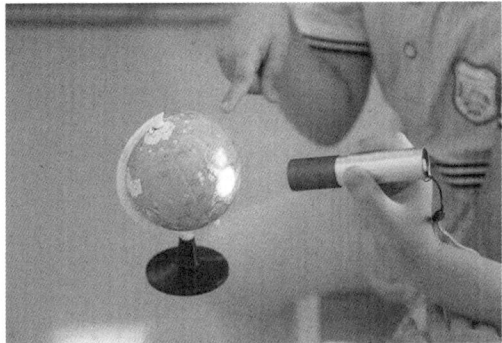

(3) 互换材料进行探究。

（指导要点：引导幼儿运用第一次探索的经验对月地球、太阳、月亮之间运转关系进行探索）

3. 答疑解惑，分享经验。

◆ 导语：小朋友们，通过刚才的各种操作探索，关于太阳、地球、月亮这三个好朋友，你的疑惑消除了吗？大家一起来分享交流一下吧。

（指导要点：引发幼儿自主讨论交流，相互答疑解惑）

活动延伸

★ 活动名称：科普展板"白天与黑夜"。

材料：板报纸、画笔、颜料、剪刀等。

玩法：运用美工材料,通过绘画等表征形式,制作"白天与黑夜"科普展板。

★ 活动名称：四季的变化。

　　材料：三球仪。

　　玩法：自由操作三球仪,交流和探讨地球上四季变化的原因。

★ 活动名称：月亮变亮。

　　材料：三球仪。

　　玩法：自由操作三球仪,探索和交流月球通过折射太阳光变亮的现象。

活动反思

　　在"认识地球、太阳与月亮"的集体活动开展后,个别幼儿对"宇宙三友"之间相互的关联有了进一步的探索兴趣。由此,幼儿在已有经验的铺垫中,带着兴趣的动力,在教师的鼓励下大胆地尝试。幼儿能够发挥主观能动性,积极动脑动手,在科学活动室里寻找探索仪器(如三球仪)与材料(如手电筒、放大镜等),其中三球仪、手电筒、放大镜作为科学活动室特有的设备,充分满足了幼儿的探究需求,帮助幼儿在自主分组游戏、合作探索、交换游戏等不同的探究方式下,真切地知道地球、太阳、月亮之间运转的形式。在幼儿操作的过程中,教师积极支持幼儿结合生活经验和所学知识质疑、思考、探究与总结,支持幼儿间相互答疑解惑、交流自己的探索发现,对于未解之谜存疑留空,给幼儿再进一步思考与探索的机会等。这些都为幼儿树立实践科学探索的精神、体验科学探索的乐趣奠定了基础,为幼儿终身学习提供了有效帮助与指引。

（教师：李虹丽　柳　岩）

方案 78：月亮变变变（大班）

活动目标

1. 初步了解月相变化规律。

2. 在观察和操作中感知月相变化的规律,并把自己的发现表达出来。

3. 乐意参与探究活动,对探索月球的奥秘感兴趣。

活动准备

1. 经验准备。

(1) 幼儿对生活中地球、太阳、月亮的大致特点有初步的了解。

(2) 幼儿了解月相是地球上看到的月球被太阳照亮的部分。

2. 物质准备。

(1) 教师资源:三球仪,"初一""十五"的月相图片。

(2) 幼儿操作材料:月相变化演示仪,月相图卡纸片材料包等。

活动过程

1. 回顾认知,引发兴趣。

◆ 依次出示三球仪及两张月相图片。

◆ 提问:这两张图片大家认识吗? 月相有什么变化呢?

(指导要点:引导幼儿观察月相图片,回顾月相概念,月球发光部分的形状就是月相)

2. 小组操作,观察探究。

◆ 教师引导幼儿以小组为单位去天文区拿取月相变化演示仪,月相图卡纸片材料包,自主选择一种材料探索。

(1) 游戏一:月相的变化。

◆ 部分小组操作月相变化演示仪,转一转、看一看,说一说自己的发现,在操作中感知月相的变化。

(指导要点:引导幼儿通过转动演示仪观察感知月亮的变化规律)

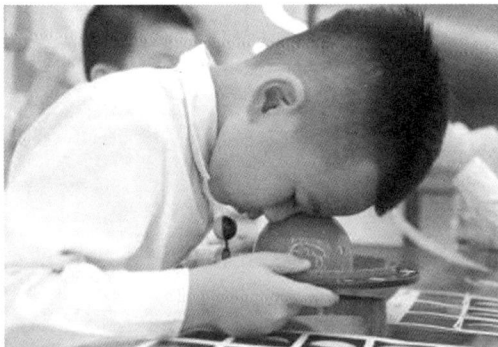

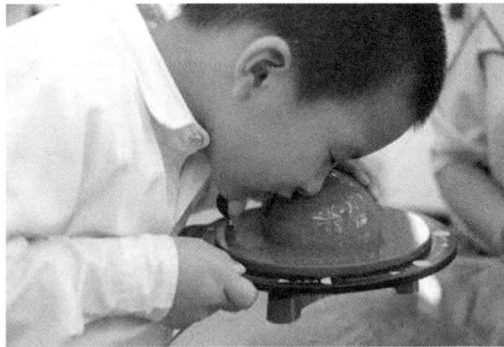

(2) 游戏二:月相排排队。

◆ 部分小组操作月相图卡纸片材料包,看一看、找一找、排一排,将月相变化的顺序进行排列,并大胆分享自己的想法,感知月相每天不同的演变过程。

(指导要点:引导幼儿动手操作,观察发现月亮变化的过程,并根据自己的发现将月相的变化进行排序)

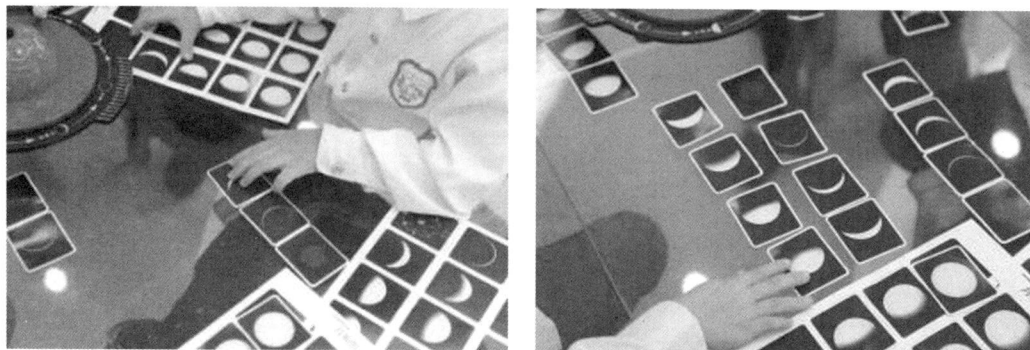

（3）小组间互换材料进行探究。

（指导要点：引导幼儿运用第一次探索的经验对月相的变化进行顺序排列）

3. 交流分享，提升经验。

◆ 出示一组有代表性的幼儿排序的月相照片，师幼共同交流。

◆ 提问：月相的变化是什么样的过程呢？

◆ 小结：就像你们刚刚游戏中那样，一个月里，月相变化是有规律的：新月—峨眉月—上弦月—盈凸月—满月—亏凸月—下弦月—残月，上半月亮面在右边，下半月亮面在左边。

活动延伸

★ 活动名称：月相的变化。

材料：纸杯、卡纸、双面胶、剪刀等。

玩法：幼儿运用材料进行剪贴，自制能够转动的月相变化演示仪。

活动反思

月相变化对于幼儿而言充满着神秘色彩。因班级环境与材料的限制，我带领幼儿来到了科学活动室，让幼儿在神秘又充满趣味性的环境下，观察、感受、发现月相变化的规律，激发和培养幼儿对学习天文知识的欲望。在活动组织前，我们也做足了准备，鼓励幼儿每晚进行观月相、画月相的探究与表征，让幼儿对月相变化有了直观的了解，进一步拉近了幼儿与月相的"距离"，为本次活动做好了铺垫。在探究时，幼儿能够通过观察三球仪的转动轨迹，了解到月相是月球围绕地球公转过程中形成的。同时，幼儿通过自主选择材料，在动手操作和互相观察交流中知道了月相在一个月的不同时期有不同的形状，拥有初步利用模型来解释自然现象的能力，能够独立、持续地展开科学探究。

（教师：李虹丽　吴亚强）

方案 79：神奇的净水器（大班）

活动目标

1. 了解水的过滤净化程度与净化材料和摆放顺序有关,比较一层过滤与多层过滤的效果。
2. 通过观察操作,知道水经过不同物质循环过滤能够净化水质。
3. 喜欢科学操作活动,对制作净水器充满好奇。

活动准备

1. 经验准备。

   (1) 知道一些常用于污水过滤时使用的沙和其他物质的名称及特征。

   (2) 能够了解基本的过滤方法。

2. 物质准备。

   幼儿操作材料:成套的未安装实验净水器、自制净水器的材料,渗水杯、过滤棉、花岗岩、活性炭、陶粒、小苏打、钾明矾、石英砂、沙子、棉花、布、纸、污水等若干。

活动过程

1. 结合经验,畅谈滤器。

   ◆ 提问:你们还记得水的净化需要哪些材料吗? 你们还知道哪些过滤器?

   (指导要点:教师重点引导幼儿回忆可以净化、过滤水的材料)

   ◆ 小结:原来花岗岩和活性炭等具有吸附水中杂质的功能。

2. 自由操作,观察探索。

   ◆ 导语:这些材料是怎么净化水的呢? 今天我们来当魔术师,一起通过实验操作来净化污水。

   ◆ 教师引导幼儿自主去材料区取安装净水器的有关材料,每次选择一种游戏材料进行实验。

   (1) 游戏一:一层过滤与多层过滤。

   ◆ 操作要求:操作对比实验时,请小朋友先选择材料分别放入平底漏斗容器中,容器中放入的材料一样,但数量不一样,一组平底漏斗容器中放一层材料,另外一组平底漏斗容器中摆放多层材料,再向容器里倒入等量的污水,比较一层过滤与多层过滤的效果。

(指导要点:引导幼儿将同样多的污水倒入单层滤器和多层过滤器中,观察过滤后的效果并交流自己的发现)

◆ 小结:化妆棉和过滤纸有过滤污水中的杂质从而净化污水的功能,多层过滤的效果比一层过滤的效果好。

(2) 游戏二:安装净水器。

◆ 操作要求:请每组幼儿根据净水器安装说明进行安装,在操作中感知水的过滤现象和原理。

(指导要点:引导幼儿根据图示摆放材料,并鼓励幼儿小声交流自己阅读说明的发现)

◆ 小结:水的净化效果与净化材料及其摆放顺序有关,在实验操作中,我们要轻轻地将污水倒入过滤器中,静静地等待污水被净化。

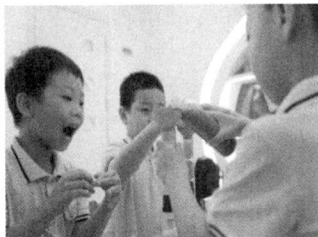

活动延伸

★ 活动名称:自制净水器。

根据净水器的原理,自主选择材料进行观察与探究,在实验中观察材料的过滤效果。

材料:棉花、过滤纸、化妆棉、无纺布、污水、沙、过滤杯等。

玩法:先将棉花、化妆棉、无纺布、过滤纸按顺序分别摆放到过滤杯里,再往过滤杯里倒污水,最后观察并且记录污水的净化效果。

活动反思

在制作净水器的活动中,幼儿充分发挥主观能动性,在科学活动室多元、多维度材料的刺激下,自主地寻找适宜的材料展开个性化学习与合作式科学探究。幼儿自主地开展了"一层过滤与多层过滤"和"安装净水器"两个游戏,通过操作、实验等方式,知道净化的过程和意义。在制作和改进等环节,他们积极思考问题并展开深入的探索。在遇到困难时,小组内有协商、有帮助、有讨论、有合作,幼儿具备合力解决问题的能力。分享时,幼儿会结合自己的已有经验,大胆清楚地表达自己的想法,在与同伴共同游戏中互相帮助。

通过实验操作,幼儿知道了水的净化程度与净化材料及其摆放顺序有关,习得了水净化的多种方式,养成了多角度思考问题,多维度、多方式展开科学探究的能力,养成了好探究、乐思考的探究品质。

(教师:叶丹青　唐春暖)

方案 80:虹吸魔法(大班)

活动目标

1. 感知虹吸实验原理,知道虹吸技术在生活中的广泛应用。

2. 在实验操作中观察虹吸现象,尝试发现产生虹吸现象的条件。

3. 愿意参与虹吸实验操作,体验探究的乐趣。

活动准备

1. 经验准备。

   (1) 有用吸管玩水的经验。

   (2) 见过虹吸实验,对虹吸现象有初步的了解。

2. 物质准备。

   (1) 教师资源:生活中有关虹吸原理应用的视频,如给鱼缸换水、输液打吊瓶、马桶排水等。

   (2) 幼儿操作材料:小盒子 4 个、30 厘米软管两根、透明塑料杯若干、带有吸管的塑料杯 12 个、食用色素 6 瓶、常温水、干毛巾 6 块。

活动过程

1. 问题导入,引发思考。

◆ 提问:我想给鱼缸换水,但是鱼缸太重了搬不动,请问有什么好办法可以既不用搬动鱼缸又能把脏的水排出去呢?

(指导要点:教师提出问题,鼓励幼儿自由表达,若有幼儿同时说到用虹吸原理和用勺子舀等答案,可让幼儿猜想比较哪种方法更方便,引发幼儿回忆见过的虹吸实验)

2. 趣味探究,感知现象。

◆ 教师引导幼儿动手操作,用吸管将水运到空盆,尝试发现产生虹吸实验的条件。

(1) 游戏一：软管运水。

◆ 导语：老师给你们准备了软管和装了水的小盒子，怎样用软管将小盒子里的水运到空盆里去呢？

◆ 提问：你们是怎么用软管来运水的？怎样才能让水从软管里自动流出来呢？

（指导要点：引导幼儿尝试调整软管、装有水的小盒子和空盒子的位置，探究产生虹吸现象的条件）

◆ 小结：想要让水从软管中自动流出来，需要让软管充满水并用手指堵住软管两端，保持软管的出水口低于进水口，然后同时放开手指，水就会自动流出来了。

(2) 游戏二：探索一个虹吸管杯子的虹吸现象。

◆ 导语：你们可以试试将一个杯子杯口向下倒放在桌子上，上面放好带吸管的杯子，在吸管出口处放置一个透明空盆用来接水，看看会出现什么现象。

◆ 提问：将杯子垫高后再往杯子里加水，发生了什么呢？

（指导要点：为了让幼儿更直观地观察实验现象，教师可在水中加入色素。实验操作后教师及时用通俗易懂的语言向幼儿解释）

◆ 小结：是的，你们看到的这个就是虹吸现象，在大气压的作用下，水像爬山坡一样，从压强比较大的一边流向了压强小的一边。

(3) 游戏三：探索两个虹吸管杯子的虹吸现象。

◆ 教师取出两个带有吸管的杯子和一个空杯子，引导幼儿尝试让三个杯子中的水流动起来。

◆ 导语：这里有三个杯子，两个带吸管，一个没有吸管，请你想办法让水在这三个杯子中流动起来。

◆ 提问：杯子应该怎样摆放呢？为什么这样摆放？如果向杯中加入水的话，会发生什么现象呢？

（指导要点：鼓励幼儿说出各自的想法，尝试将杯子呈梯形叠加，说出摆放理由，最后加入水观察，还可引导幼儿在中间的杯子里也加入带有色素的水，观察实验现象）

◆ 小结：因为虹吸原理，水会自动从高处的杯子流向低处的杯子，并且我们还发现两种颜色的水混合后变成了其他的颜色。

(4) 游戏四：探索三个虹吸管杯子的虹吸现象。

◆ 教师取出三个带有吸管的杯子和若干个空杯子，引导幼儿尝试让多个杯子中的水流动起来。

◆ 提问：再加一个带有吸管的杯子，你还能让水流动起来吗？怎么摆放呢？

（指导要点：在三个杯子实验的基础之上，鼓励幼儿合作继续叠高杯子，猜想会发生

的现象)

◆ 小结:即使有再多的杯子,我们也可以不断将他们垒高,在大气压的帮忙下水仍然可以流动起来。

3. 交流发现,总结提升。

◆ 小结:刚才我们看到的就是虹吸现象,在大气压的帮助下,杯子里的水会被压着进到吸管里,再从吸管较低的一边流出来,将开口高的一端置于装满液体的容器中,杯子里的液体会持续通过虹吸管向更低的位置流出。虹吸现象的技术在我们生活中也是经常用到的。

活动延伸

★ 活动名称:M 型虹吸管。

材料:普通吸管、大烧杯、水、色素等。

玩法:将普通吸管的连接处弯折变成平时使用的 L 型虹吸管,再将两根吸管弯折并连接后制作成 M 型虹吸管,在大烧杯内接满水,并滴入 3 滴色素至水变色,分别将 L 型虹吸管和 M 型虹吸管放入大烧杯,观察虹吸现象。

★ 活动名称:虹吸小漏斗。

材料:两个带盖子的塑料瓶、吸管、记号笔、水、色素、胶水等。

玩法:将两个带盖子的塑料瓶的盖子取下,圆面贴圆面粘在一起,用记号笔在瓶盖内画出两个不挨着的小圆圈做好打孔标记,教师根据幼儿的打孔标记戳穿两个孔。幼儿在两个孔处插入吸管,吸管一长一短,为防止漏水,可在吸管和瓶盖的连接处用胶水固定。在一个瓶子里加入有色素的水,两个瓶子都拧上瓶盖,将装有水的瓶子倒放,观察水的流动现象。

★ 活动名称:给金鱼换水。

材料:长软管、鱼缸、空盒子等。

玩法:让软管充满水并用手指堵住软管两端,保持软管在鱼缸里的出水口低于在空盒子里的进水口,然后同时放开手指进行换水。

活动反思

大班幼儿对生活现象好奇、好探究,对水的探究充满浓厚的兴趣。在幼儿了解了水的基本特性后,我们开展了一系列关于水的实验。幼儿已具有一定的生活经验和知识储备,但是解决实际生活问题的能力还比较欠缺,于是我们基于幼儿需要,在科学活动室中借用简单的吸管、纸杯等材料开展了此次活动。幼儿在猜想、探究和分享的过程中清晰直观地观察到了虹吸现象,也逐渐探索出了产生虹吸现象的条件,最后还能利用虹吸原理制作虹吸水塔。整个活动操作性强、充满乐趣。

在总结提升环节中,我们向幼儿介绍了虹吸现象在生活中的广泛应用,如给鱼缸换水、生病时打吊瓶等。这激发了幼儿对科学现象进行探究的兴趣。由于幼儿前期只是对虹吸实验有粗浅的经验,所以我们采用了逐步递进的教学方式。如果在活动最后,教师能及时结合饲养区的小鱼缸,现场让幼儿运用虹吸原理换水和海绵吸水换水的方式展开实验对比,让幼儿在操作中体验虹吸原理带来的便利性,幼儿的印象会更深刻,同时也能巧妙地将实验原理应用在生活当中。

(教师:符惠萍 肖 荟)

方案81:自制风向标(大班)

活动目标

1. 知道风向标的构成及原理,并能够借助材料制作风向标。
2. 在观察、操作中感受不同材质的风向标在风中飘动的状态。
3. 愿意大胆尝试,体验风向测试的乐趣。

活动准备

1. 经验准备。
   认识风向标,会使用风向标。
2. 物质准备。
   (1) 教师资源包:风向标模型。
   (2) 幼儿操作材料:风向标操作材料包,剪刀、胶带、大头针、吸管、橡皮泥、一次性杯子、皱纹纸条、木块、布条、塑料膜长条、硬卡纸条、纸板、风扇等。

活动过程

1. 实物导入，回顾经验。

◆ 提问：你们还记得风向标有什么了不起的本领，是怎么使用的吗？

◆ 小结：风向标可以测试风的来向，将风向标水平放置在有风的地方，风向标的箭头指向就是风的来源方向。

（指导要点：结合风向标模型引导幼儿回顾风向标的使用方式）

2. 观察特征，猜测材料。

◆ 提问：风向标由哪几个部分组成？哪一部分会指示风向？风向标的头部和尾翼有什么区别？

◆ 小结：一般来说，风向标由指针、支架和底座组成，指针指示风向，支架用于支撑，底座用于固定，其中指针部分头部小、尾翼大。

（指导要点：出示风向标模型，引导幼儿观察风向标的结构和特点，了解制作风向标最关键的是指针部分头部要比尾翼小）

3. 自由操作，观察探索。

(1) 游戏一：自选材料制作风向标。

◆ 导语：这里有剪刀、胶带、大头针、吸管、纸杯等，你们可以选择自己需要的材料和工具制作风向标。

（指导要点：制作过程中提示幼儿要使风向标的指针指示风向，风向标的指针应能灵活转动。同时提醒幼儿在使用剪刀、大头针等工具时注意安全）

(2) 游戏二：安装风向标模型。

（指导要点：如果幼儿还不太能根据风向标的模型进行制作，可使用整套的材料包，根据说明书上的步骤图进行安装）

◆ 小结：说明书能够很好地帮助我们正确地安装物体，所以我们只要在安装风向标的时候按照说明书的步骤安装，就能够安装出能转动的风向标。

(3) 游戏三：猜猜风从哪儿来。

（指导要点：可引导幼儿手持自制的风向标，自然走动寻找风的方向，也可以将风向标放置窗口，观察风向标在自然状态下的情况）

◆ 小结：注意风向与风向标箭头所指方向的关系，箭头所指的方向就是风向。

(4) 游戏四：谁的风力大。

（指导要点：鼓励幼儿将不同材质的风向标放置同一强风口下，观察不同材质的风向标在风中飘动的状态）

◆ 小结:不同材质的风向标在风中飘动的状态是不一样的,轻薄的材料飘动的频率会高,厚重一些的材料飘动的频率就会低一些。

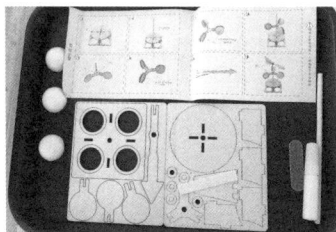

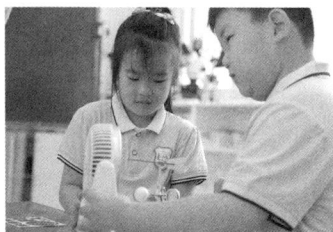

4. 集中交流,表达自己的发现。

◆ 提问:你的风向标制作成功了吗? 你发现了风向标的哪些秘密?

(指导要点:给机会让幼儿自由表达,让幼儿体验成功的喜悦)

◆ 小结:风是有方向的,风吹来的方向即风向。风向标是一个两侧不对称的物体,重心点固定于垂直轴上。当风吹过时,对空气流动产生较大阻力的一端便会顺风转动,指示风向。风向标的箭头永远指向风的来源。

活动延伸

★ 活动名称:人体风向标。

利用我们的身体或衣着,比如头发、袖子等,观测风向。

材料:人体指南针。

玩法:人站在强风口下,观察头发或者袖口飘动的方向,结合指南针判断风吹来的方向,了解"人体风向标"。

★ 活动名称:风力测试。

在会使用风向标的基础上学看风力的大小。

材料:风向标、三叶或四叶螺旋桨、旋转式风速测量仪。

玩法:将一个三叶或四叶螺旋桨安装在一个风向标的前端,使它随时对准风的来向,同时根据说明书,配合使用旋转式风速测量仪测试风力的大小。

活动反思

在活动中,我们请幼儿到科学活动室自选不同材料制作风向标,以满足幼儿不同的探究需求。通过观察幼儿的操作行为,我们适时给予引导和帮助,让他们更好地了解风向标的构成和原理。在这个过程中,幼儿能够积极表达自己的发现,与同伴交流自己的操作经验。在总结提升环节中,我们向幼儿介绍了风向标的作用和意义。这激发了幼儿对科学探索的兴趣,让他们意识到科学在生活中的重要性。

此外,本次活动也让我们意识到科学实验在解决生活问题中的重要性。通过科学实验,我们可以更好地了解事物的本质和规律,找到解决问题的方法。因此,在今后的教学中,我们将更加注重将科学实验与生活问题相结合,引导幼儿通过实验操作来解决生活中的实际问题,提高他们的科学素养和解决问题的能力。

(教师:肖　荟　符惠萍)

方案82：风车转呀转（中班）

活动目标

1. 初步了解风车的基本结构,感知风车扇叶以中间的十字轴为支点转动的特点。

2. 在观察和操作中发现风车扇叶绕支点旋转的秘密。

3. 乐于与同伴合作拼搭齿轮机械积木,体验操作探索的快乐。

活动准备

1. 经验准备。

(1) 初步了解风车的基本结构。

(2) 有玩过机械积木的经验,知道齿轮机械积木的基本玩法。

2. 物质准备。

(1) 教师资源包:风车图片。

(2) 幼儿操作材料:齿轮机械积木(底板、4孔颗粒、8孔颗粒、8孔插块、十字棒、11孔连杆、手摇把、小滑轮等)。

活动过程

1. 回顾认知,导入活动。

◆ 提问:小朋友们,你们还记得风车由哪几个部分组成吗？风车扇叶是怎么运动的？

◆ 小结:我们常见的风车包含风车底座、风车架、风车扇叶、观光台等几个部分。风车的扇叶是会转动的。

(指导要点:出示风车图片,引导幼儿观察风车的基本结构,了解风车的构成和风车扇叶的运动方式)

2. 自由操作,观察探索。

◆ 教师引导幼儿两两合作去科学技术区拿取齿轮机械积木的有关材料,自主进行操作探索。

(1) 游戏一:探索用机械积木搭建风车,发现搭建过程中的问题。

◆ 幼儿两两合作进行操作探究,在操作中感知风车的结构特点,发现、讨论搭建风车的难点。

◆ 导语:请小朋友们两两为一组,利用筐里的积木材料合作搭建一架风车吧。

◆ 提问:你们在搭建风车的过程中遇到了什么困难?

(指导要点:提醒幼儿在搭建风车的过程中,注意风车扇叶是否能够转动起来,并鼓励幼儿小声交流自己的发现)

◆ 小结:用齿轮机械积木搭建的过程中,风车的扇叶会不稳,转不起来。

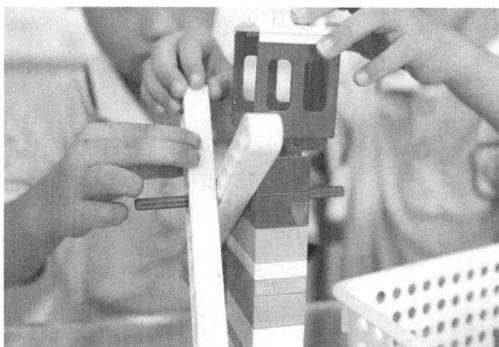

(2) 游戏二:探索齿轮机械积木搭建风车,解决扇叶固定和转动的问题。

◆ 幼儿两两合作进行操作探究,在操作中感知风车扇叶以中间的十字轴为支点转动的特点,发现用小滑轮、手摇把搭建风车扇叶的方法。

◆ 导语:这里除了常见的齿轮机械积木外,还有小滑轮、手摇把等材料,请你们拿到材料后继续搭建风车,让你们的风车转动起来吧。

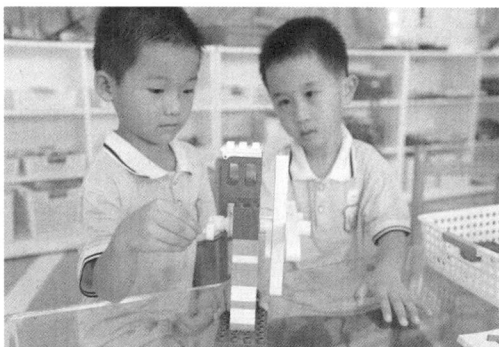

◆ 提问:你们搭建风车时遇到了什么困难? 为什么加了小滑轮和手摇把后风车就能转动起来了呢?

◆ 小结:在扇叶的中心位置加上小滑轮和手摇把,并将扇叶固定,通过摇动手摇把带动滑轮转动,扇叶就能跟着一起转动。

(指导要点:引导幼儿利用新增加的齿轮机械积木材料,探索风车扇叶绕支点旋转的秘密)

3. 分享讨论,提升经验。

◆ 教师引导幼儿分享今天操作齿轮机械积木材料后的发现,总结风车扇叶转动的秘密。

◆ 小结:风车扇叶需要以中间的十字轴为支点才能转动。在搭建风车扇叶过程中,我们利用十字棒、小滑轮、手摇把等材料与平时常见的机械积木组合,就能够让扇叶转动起来了。

活动延伸

★ 活动名称:齿轮迷阵。

在科学活动室外长廊的"齿轮迷阵"互动墙自主操作。

材料:墙面互动齿轮迷阵。

玩法:幼儿在墙面操作区自由拼摆齿轮材料,利用齿轮与齿轮之间的关系带动整体材料的转动。

★ 活动名称:搭建直升机。

用齿轮机械积木搭建螺旋叶能够转动的直升机。

材料:齿轮机械积木等。

玩法:搭建直升机,注意使直升机的螺旋叶能够转动,感知直升机螺旋叶转动的特点。

活动反思

搭建齿轮机械积木是幼儿生活中常进行的游戏活动,幼儿对搭建活动十分感兴趣。该活动的目标明确,符合中班幼儿的认知特点和学习需要。通过活动,幼儿能够初步了解风车的基本结构,感知风车扇叶以中间的十字轴为支点转动的特点。同时,他们在观察和操作中发现风车扇叶绕支点对称旋转的秘密。活动中,幼儿乐于与同伴合作拼搭齿轮机械积木,体验到了操作探索的快乐。

在实际操作中,我们及时地引导幼儿使用十字棒、小滑轮、手摇把等齿轮机械积木材料组合进行搭建。幼儿也在不断地尝试和思考中发现将十字棒、小滑轮、手摇把安装在中心位置,能够固定风车扇叶并使其转动的原理。在幼儿的操作中,我们发现部分幼儿对风车转动的认知仅停留在扇叶转动层面,对扇叶绕支点对称旋转的原理的认识还不够清晰,我们应该在幼儿操作过程中引导幼儿发现问题,并进一步思考扇叶对称旋转的原因,以巩固幼儿的认识。在总结提升环节中,我们应向幼儿介绍风车的作用和意义,让幼儿了解它可以帮助我们利用风能进行发电、灌溉等。这可以激发幼儿对科学探索的兴趣,让他们意识到科学在生活中的重要性。

(教师:邱　瑶　符惠萍)

方案 83:3D 打印太阳花(小班)

活动目标

1. 在探索与操作中,初步感知 3D 打印笔工作原理。
2. 掌握 3D 打印笔的使用方法,并能熟练操作。
3. 体验用 3D 打印笔创作的乐趣,萌发对科技智能的探索欲望。

活动准备

1. 经验准备。

(1) 有根据自己的想象独立作画的经验。

(2) 玩过 3D 游戏。

2. 物质准备。

教师资源:太阳花图片,3D 打印笔使用方法视频。

幼儿操作材料:3D 打印笔及各色耗材若干、3D 打印机、剪刀等。

活动过程

1. 导入活动,激发幼儿兴趣。

◆ 提问:你们喜欢玩 3D 游戏吗? 为什么喜欢?

◆ 提问:有一朵太阳花,它想变成 3D 花,你们愿意帮它实现愿望吗?

(指导要点:引导 2—3 名幼儿简要表达自己的想法,出示太阳花图片激发幼儿探索 3D 打印笔的兴趣)

2. 了解 3D 打印笔,并操作完成 3D 太阳花。

(1) 观看视频,了解 3D 打印笔及其使用方法。

◆ 导语:帮助太阳花实现愿望,需要一支神奇的 3D 打印笔,我们一起来认识它吧。

◆ 观看视频,了解 3D 打印笔。

(2) 使用 3D 打印笔制作 3D 太阳花。

◆ 导语:现在我们就用神奇的 3D 打印笔帮助太阳花实现愿望吧!

◆ 鼓励幼儿大胆操作 3D 打印笔,尝试制作 3D 太阳花。

(指导要点:引导幼儿根据 3D 打印笔的使用方法进行操作)

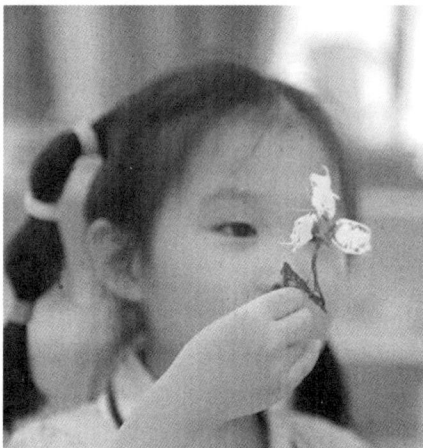

3. 交流总结,提升经验。

◆ 提问:3D 太阳花可真漂亮啊! 你们知道 3D 打印笔是怎样做出 3D 花朵的吗?

(指导要点:鼓励 2—3 名幼儿大胆表述自己的猜测)

◆ 小结:制作 3D 花朵的材料是热熔塑料,3D 打印笔里有加热装置,热熔塑料遇热就会变成液体,可以用它创作出你想要的造型,过一会儿热熔塑料冷却下来又变回硬硬的固体,让我们的作品既漂亮又结实。

活动延伸

★ 活动名称:皇冠。

用 3D 打印笔在画册上制作皇冠。

材料:3D 打印笔及各色耗材若干。

玩法:用 3D 打印笔在画册上绘出皇冠的各个部分,再将各部分粘贴组合成皇冠。

★ 活动名称:想象天空。

用 3D 打印笔自由创作想要的物品。

材料:3D 打印笔及各色耗材若干。

玩法:鼓励幼儿大胆想象一件物品,用 3D 打印笔一一制作物品的各个部分,最后将各部分粘贴组合成自己想要的样子。

活动反思

随着科技智能的发展,越来越多的科技智能产品日趋低龄化,使得幼儿也能越来越多地接触科技智能。该活动符合小班幼儿的认知特点和学习需要。通过活动,幼儿能够初步感知 3D 打印笔的工作原理,掌握 3D 打印笔的使用方法,并能熟练操作。同时,活动激发了幼儿用 3D 打印笔创作的乐趣。

我们发现小班幼儿已经具备了初步的探究能力和动手能力。他们能够通过实验操作来掌握 3D 打印笔的使用方法,并积极表达自己的发现,与同伴交流自己的操作经验。该活动面向小班幼儿开展,因为小班幼儿手指的灵活性还不足,在用 3D 打印笔制作 3D 太阳花时,对花的各个部位塑形及里面耗材的填充都有一定的困难,所以教师要给予关注和指导。

(教师:郑金丹　张可心)

方案 84：自动烧烤架（大班）

活动目标

1. 认识智能积木,并了解智能积木的不同功能。

2. 在合作探索与尝试中,通过智能积木间的相互作用,制作自动烧烤架。

3. 喜欢探索编程游戏,体验成功的乐趣。

活动准备

1. 经验准备。

(1) 已了解自动烧烤架的结构。

(2) 有用积木完整拼出各种物品的经验。

2. 物质准备。

幼儿操作材料:智能积木若干。

活动过程

1. 导入活动,激发幼儿兴趣。

◆ 导语:小动物们好想吃烧烤啊,想请你们帮忙制作一个自动烧烤架,你们愿意帮忙吗?

2. 幼儿合作探索。

(1) 认识、探索智能积木的不同功能。

◆ 导语:这些是制作自动烧烤架的智能积木,每块积木都有自己独特的作用,快去试一试,发现它们的独特之处吧!

(指导要点:鼓励幼儿大胆拼接智能积木,通过拼接、操作发现不同智能积木的不同功能)

◆ 小结:橙色积木叫作执行器,它们收到指令后可以旋转、亮灯、发出声音;蓝色积木叫作感应器,可以发出开、关的指令;红色积木叫作控制器,其他智能积木都要靠它的控制才能发挥作用,就像人类的大脑一样。控制器、感应器、执行器间相互作用,就可以让你想拼搭的东西动起来了。

(2) 制作自动烧烤架。

◆ 提问:还记得自动烧烤架由哪些部分组成吗?

◆ 现在就用这些智能积木制作自动烧烤架吧!

(指导要点:引导幼儿利用智能积木的不同作用,通过商讨与合作,大胆尝试制作自动烧烤架)

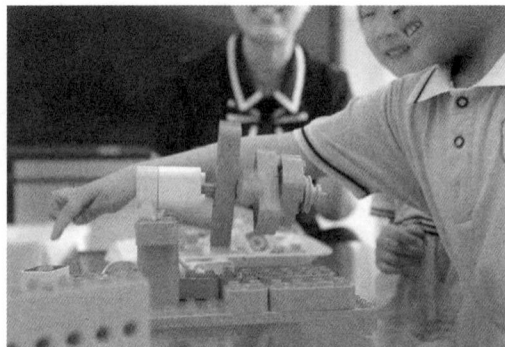

3. "自动烧烤架"作品分享。

◆ 导语:每组派一位代表来介绍一下你们的烧烤架吧。

◆ 教师对每一组的作品都给予具体、鼓励性的评价,引导幼儿相互欣赏、相互学习。

活动延伸

★ 活动名称:多功能烧烤架。

制作有自动旋转杆、烧烤区、食物存放区的多功能烧烤架。

材料:智能积木、超轻黏土等若干。

玩法:鼓励幼儿利用智能积木、超轻黏土等材料,通过商讨与合作,制作有自动旋转杆、烧烤区、食物存放区的多功能烧烤架。

★ 活动名称:创意大比拼。

引导幼儿用智能积木拼搭各种自己想拼搭的物品。

材料:智能积木若干。

玩法:鼓励幼儿大胆想象各种物品,如坦克、轮船等,用智能积木进行拼搭,并利用各个智能积木的不同功能,使拼搭的物品动起来。

活动反思

该活动选择了幼儿感兴趣的自动烧烤架为主题,引导幼儿通过拼搭智能积木进行探索、尝试和合作。活动内容符合大班幼儿的认知特点和学习需要,有利于培养幼儿的创造力和解决问题的能力。

编程游戏可以锻炼幼儿各方面的能力,有效地培养幼儿的逻辑思维,提升幼儿分析问题、解决问题、归纳问题的能力。同时,幼儿在一次次的拼搭创作中很好地提升了成就感、自信心,激发了对编程游戏的探索欲望。幼儿认识了各个智能积木的不同功能,并通过各个智能积木间的相互作用,制作出了自动烧烤架。幼儿在玩中学、学中玩,对编程游戏保持着浓厚的探索兴趣。

在今后的活动中,教师可以增加更多的智能积木,以满足不同幼儿的需求,引导幼儿在制作自动烧烤架的基础上,进一步探索其他物品的制作,培养幼儿的创造力;还可以增加一些更具挑战性的任务,如编程控制等,以满足部分能力较强幼儿的需求。

(教师:张可心　郑金丹)

第四章　管理与保障

为支持教师及幼儿安全、有效探索，满足不同年龄段幼儿的探究需求，我们制定了全面的科学活动室管理制度，构建了安全及人员保障机制，为科学活动室的高效运行奠定了基础。

一、制度建设

科学活动室是教师和幼儿共同完成科学探究活动的重要场所，所有教师及幼儿要自觉维护和遵守科学活动室的规则及制度，确保各类探究活动顺利进行。

（一）管理制度

1. 专人专管

科学活动室由专任教师负责，除按照教学计划或临时申请开展科学探究活动外，其他人未经专任教师同意，不得随意进入。

2. 存放取用

科学活动室内的工具和材料根据活动主题分类存放，仪器和设备按分类编号定位存放，布局规范，陈列美观；幼儿可自己取放材料的材料柜按照细化类别呈现幼儿参与制作分类的标识卡，每格张贴具体的材料图片，便于不同年龄阶段幼儿自由拿取和放回；科学实验套装摆放柜展示儿童化实验套装收纳整理步骤图，帮助幼儿掌握收纳整理方法并准确归位。

3. 卫生清洁

科学活动室在水源区附近投放卫生清洁工具，活动后鼓励班级当日值日幼儿参与力所能及的卫生清洁工作，包括收放工具和材料、清洗器皿、擦拭桌椅等；小中班幼儿在教师的指导下进行分工，大班幼儿由值日组长进行任务安排。同时，专任教师要保证室内地面、门窗清洁，并定期对室内器材及桌椅、展架等进行擦拭；每日下班前专任教师要关闭门窗、断水断电，排查安全隐患。

4. 维修维护

科学活动室器材要经常维护、及时保养,定期统计器材缺失、损坏情况,仪器和设备出现故障要及时修理,报损报废仪器和设备要严格按照审批手续办理。

5. 借用归还

园内教师如有需求借出科学活动室材料,必须跟专任教师报备并进行详细登记(借出人姓名、器材名称及数量、借出时间以及归还时间等),原则上科学活动室材料及仪器不外借出园,如有特殊情况需外借必须经幼儿园主管领导批准,器材遗失、损坏应照价赔偿。

6. 建档建册

完善保存好仪器账册、产品说明书、实验使用仪器通知单、实验记载表等有关档案资料。

(二)使用制度

1. 使用前

各班级按照科学活动室安排表入室活动,并做好记录;如在教学计划之外使用科学活动室,需提前申请,以便专任教师统筹协调时间、做好相关准备工作。

2. 使用中

科学活动室幼儿使用制度由大班幼儿参与讨论制定,师幼共同以图文并茂的形式将其呈现。活动开始前师幼共同回顾制度要求,加强幼儿爱惜实验器具、规范使用材料的意识。教师提醒幼儿活动后不得私自将物品带出科学活动室,以保证下次活动的顺利进行。

3. 使用后

科学活动室使用后,师幼共同进行清洁整理,并及时关灯关电,检查水源是否关闭;专任教师要及时进行检查和消毒,确保下次活动安全、有序开展。

二、安全保障

(一)注意事项

1. 安全教育

科学活动室专任教师及班级教师先行开展系统培训,了解活动室器材的使用方法、注意事项等,掌握基本的安全知识和应急处理办法;班级教师围绕活动室材料使用方法及安全开展教育活动,引导幼儿观察、思考和讨论使用这类器材时要注意什么问题、如何使用等,强化幼儿对安全、规范使用器材的意识;同时,在一日活动中通过儿歌、故事等形式对幼儿加强安全教育,让幼儿知道如何保护自己。

2. 安全检查

幼儿活动前,教师要提前检查工具材料及仪器设备有无破损或安全隐患;幼儿活动时,教师提醒幼儿自查工具材料是否安全,并随时关注幼儿的安全情况。

3. 安全操作

精密仪器和电子设备一般由教师操作,幼儿观察;简单常规的工具仪器,鼓励幼儿自主操作体验,教师做好安全监护;使用小苏打、染料、弹珠、铁丝、胶枪、沸水、电子积木等材料时,要提前做好安全教育,提醒幼儿戴好手套,做好安全防护,关注幼儿的操作过程,避免误食误伤。

(二)防护措施

1. 一般性安全防护措施

科学活动室在装修设计时,应充分考虑到科学活动用水用电的需要,严格执行相关安全建设标准,确保有两个安全出入口,确保所有电源插座安装在 1.8 米以上墙面位置。

桌椅、仪器设备在不影响使用的情况下进行防撞、防割处理,避免划伤幼儿,发生意外。

活动后及时关好门窗,切断电源水源,定期检查消防安全、电路安全。

2. 特殊的安全防护措施

提供幼儿护目镜、防护手套等防护工具,供幼儿开展特殊小实验时进行佩戴或使用,保障幼儿安全。

特殊仪器和材料要做好防尘、防磁、防震、防压、防挤等工作;精密仪器、化学用品应采用专柜储存,避免强光照射,做好防尘防潮处理,加锁或放置在幼儿触摸不到的地方。

制定科学活动室意外伤害事故或突发传染病应急处理预案,确保特殊或紧急情况下幼儿的安全获得保障。

三、 人员配备

(一)专任教师

1. 教学指导

科学活动室开展 A、B 类活动时,专任教师作为配合者协助班级教师进行幼儿探究活动的指导;开展 C 类活动时,专任教师作为活动组织者观察、指导幼儿进行个性化的学习与探究。

2. 日常管理

专任教师作为管理专员负责活动室的日常工作,如活动室仪器编号、定位陈列;活动室材料分类、整齐摆放;外借器材的登记与归还;活动室使用前后的安全排查;活动室使用前后的卫生清洁;仪器设备的日常防护;破损仪器的登记与保修等。

(二)指导专家

1. 社会资源

聘请高校学前教育专业科学领域相关专家或教育集团科学课程研究团队作为科学活动室指导专家,定期对教师进行有计划、有目的的专项培训,指导教师使用科学仪器,帮助教师提升科学素养,为科学、严谨地开展幼儿科学活动室活动打下认知和技术方面的基础。

2. 家长资源

聘请从事科学技术相关工作的家长或在科学技术领域有造诣的家长作为科学活动室的指导专家,根据活动室活动开展的需求及出现的问题进行不定期的指导或交流,帮助教师们及时排除困惑,保证活动室活动正常组织与开展。

四、 资源管理

(一)资源规划

根据3—6岁幼儿科学探究活动的目标和内容,结合不同年龄段幼儿的生活和经验,科学活动室专任教师围绕五大功能区做出资源配备计划,注明获取方式、规格、数量并附上网址或图片说明。

(二)资源审核

1. 适宜适量

教研室根据科学活动室资源配备计划从幼儿认知特点、操作可行性、功能适宜性等方面对材料、工具、仪器等进行审核并提出调整建议,确保资源在种类、数量以及使用上能够满足幼儿的探究活动需求。

2. 卫生安全

教研室围绕配备计划,从资源的卫生和安全方面进行审议,从保护幼儿身体健康角度提出收集、采购材料需要注意的地方,为幼儿的安全操作做好准备。

(三) 资源收集

1. 幼儿收集

根据资源配备计划,教师倡议幼儿和家长收集生活中随处可见的材料与物品以及大自然中触手可及的自然物,由教研室审核其安全性、适宜性后投放到科学活动室供幼儿进行操作,在调动幼儿生活经验的同时可以更好地帮助幼儿将经验运用到生活中。

2. 教师制作

根据教学计划,围绕教师活动组织的需求以及幼儿自主探索的需要,由教研室牵头制作、整理、整合,形成各类视频、图片、学习手册等课程资源,方便教师开展活动选择资料的同时,也为幼儿的自主探究提供了认知和方法上的支持。

(四) 资源采购

1. 批量采购

需统一采购的资源教研室审核后,由采购部门按照幼儿园采购制度和流程进行采购;材料到园后,专任教师要再次对实物的适宜性和安全性进行检查和审核。

2. 零星添购

在教学过程中,根据幼儿的探索兴趣或需求急需购买的零星材料或工具,500 元以下的由教研室审核批准购买;500 元以上的由教研室上报主管部门批准后购买。

(五) 资源使用

1. 分类摆放

专任教师按照科学活动室规划布局将各类资源分类摆放,根据仪器、材料本身的使用特点进行区域内的合理陈列,体现科学性、互动性和操作性。

2. 资源调用

幼儿园建立科学活动室电子资源平台,将收集的图片音像资料和采购的仪器设施等以"可视资源包"和"材料资源包"两种类型分类输入,每种类型资源包里的资源又按照主题活动的关键经验进行细化分类。"可视资源包"方便教师和幼儿在活动中根据需要随时调取使用,"材料资源包"可供教师在活动组织前查看相关的材料种类、数量是否满足幼儿的自主探究,从而对幼儿进行科学分组或寻找其他材料替代补充。

3. 资源维护

科学活动室专任教师负责日常卫生、维护、及时保养,定期统计器材缺失、损坏情况,仪器和设备出现故障及时报修,报损报废仪器和设备要严格按照规定办理相关手续。

(六) 资源补充

1. 及时补充

教师按照课程计划或者幼儿的兴趣、需求开展活动时另行制作、准备的图片、视频或材料资源,活动后按照资源收集程序投放活动室中,并将新收集的资源名称及数量发送给专任教师录入活动室电子资源平台;根据幼儿探究活动需要需补充购买的材料,按照资源采购程序进行采购,做好资源的及时补充与平台的资源录入。

2. 消耗补充

科学活动室投放的消耗性材料,特别是在科技制作活动中消耗的材料,教师在活动组织之后要及时清点剩余数量,如数量不足需及时上报专任教师。专任教师查看库存后如需补充,按照相应的资源采购程序进行采购。

3. 计划补充

每学期开学,专任教师提前做好资源补充计划,各年级组长围绕本学期活动开展的需要提出资源的添置与补充建议,由教研室上报,幼儿园按照采购制度、流程进行资源补充。

(七) 资源更新

1. 破损更新

专任教师上报仪器和设备破损、失灵无法修复使用,材料和工具霉变、虫蛀无法使用等情况,在幼儿园统一履行报废手续后,再按照程序进行购买,同时在电子资源平台中更新购买时间,并注明购买批次。

2. 种类更新

随着时间的推移和幼儿兴趣的变化对材料和工具加以更新,避免幼儿失去新鲜感的同时,满足幼儿新的探索需要。

3. 技术更新

随着科技的进步和发展,科学活动室的部分器材会面临升级。我们会按照采购制度逐情、逐步进行资源更新,以更好地满足幼儿的科学探究需求,不断地提升幼儿的科学探究能力和素养。